東方英語詩的開創者

朗費羅

HENRY WADSWORTH
LONGFELLOW

亨利‧華茲華斯‧希金森——著

孔謐——譯

「我對於去做正義的事情充滿無限信念，
不擔心會遭遇任何邪惡的結果。」

亨利‧朗費羅被譽為美國史上最偉大的詩人之一，懂七國語言，不到三十歲就成為哈佛大學教授。

其〈人生頌〉是全世界第一首被譯為中文的英語詩，連歷經道光至光緒四代的大清國權臣董恂都超愛！
將其書於扇面，再回贈給遠在千里之外的他……

身為浪漫主義代表詩人，面對社會議題卻一點也不含糊，
將生命奉獻給文學，詠出國民真切而飽滿的靈魂——

目錄

前言 ⋯⋯⋯⋯⋯⋯⋯⋯⋯⋯⋯⋯⋯⋯⋯⋯⋯⋯⋯⋯⋯⋯⋯⋯⋯⋯ 5

第一章　大藝術家朗費羅 ⋯⋯⋯⋯⋯⋯⋯⋯⋯⋯⋯⋯⋯⋯ 7

第二章　出生，童年時期與青年時期 ⋯⋯⋯⋯⋯⋯⋯ 19

第三章　初嘗創作 ⋯⋯⋯⋯⋯⋯⋯⋯⋯⋯⋯⋯⋯⋯⋯⋯⋯ 29

第四章　將文學視為人生追求 ⋯⋯⋯⋯⋯⋯⋯⋯⋯⋯⋯ 41

第五章　首次前往歐洲 ⋯⋯⋯⋯⋯⋯⋯⋯⋯⋯⋯⋯⋯⋯⋯ 47

第六章　結婚以及在布倫瑞克的生活 ⋯⋯⋯⋯⋯⋯⋯ 59

第七章　打下的基礎 ⋯⋯⋯⋯⋯⋯⋯⋯⋯⋯⋯⋯⋯⋯⋯⋯ 67

第八章　獲得哈佛學院的任命和再赴歐洲 ⋯⋯⋯⋯ 79

第九章　朗費羅夫人染病與去世 ⋯⋯⋯⋯⋯⋯⋯⋯⋯ 101

第十章　克雷吉屋 ⋯⋯⋯⋯⋯⋯⋯⋯⋯⋯⋯⋯⋯⋯⋯⋯⋯ 109

第十一章　《海柏利昂》及其反響 ⋯⋯⋯⋯⋯⋯⋯⋯ 117

第十二章　《夜籟》⋯⋯⋯⋯⋯⋯⋯⋯⋯⋯⋯⋯⋯⋯⋯⋯ 129

第十三章　第三次前往歐洲 ⋯⋯⋯⋯⋯⋯⋯⋯⋯⋯⋯ 141

第十四章　創作反奴隸制詩歌與第二次婚姻 ⋯⋯⋯ 153

第十五章　在劍橋的學術生活 ⋯⋯⋯⋯⋯⋯⋯⋯⋯⋯ 163

第十六章　在劍橋的文學生活 ⋯⋯⋯⋯⋯⋯⋯⋯⋯⋯ 173

第十七章　辭去教授職位—朗費羅夫人的去世 ⋯⋯ 185

第十八章　漂泊不定的人 ⋯⋯⋯⋯⋯⋯⋯⋯⋯⋯⋯⋯⋯ 195

第十九章　最後一次前往歐洲 ⋯⋯⋯⋯⋯⋯⋯⋯⋯⋯ 201

CONTENTS

第二十章　但丁 …………………………………………… 207

第二十一章　崇高的曲調：基督 ………………………… 215

第二十二章　西敏寺 ……………………………………… 225

第二十三章　詩人朗費羅 ………………………………… 233

第二十四章　朗費羅其人 ………………………………… 249

附錄 ……………………………………………………… 263

前言

　　這本書的創作計畫，一開始是列入《美國文人叢書》系列的，但因為各種原因延誤了。與其他關於這位詩人的回憶錄一樣，創作與朗費羅傳記相關的資料，都必須在其胞弟於十六年前準備好的、充實的資料基礎上展開。不過，我們需要指出的是，今日之版本主要有三方面的特色：首先，本書增加了朗費羅第一位夫人的通信錄，這是從她的家人那裡得到的。這些通信錄講述了朗費羅早期的婚姻生活，以及他第一次旅歐經歷，這段時期顯然是朗費羅人生的塑造階段；其次，本書裡結合了《哈佛學院院刊》刊載的相關資料，這些資料留存於哈佛大學圖書館，詳細地記錄了朗費羅的一生；第三，本書節選了朗費羅所創作的一些文章，其時間跨度從他的大學生涯開始一直持續到其人生終點，這些文章揭示了朗費羅人生觀與思想的成長與發展脈絡，顯現出他曾充分善用美國民眾的生活素材，進而更好地創作出極具本土文化的文學作品。在朗費羅的《伊凡吉琳》與《海華沙之歌》等作品裡，則完好地展現其創作理念。筆者斗膽認為，若從這三方面加以論述和深耕會讓我們對朗費羅的為人及其作品有更加深刻的了解。

湯瑪斯・溫特沃斯・希金森

PREFACE

第一章　大藝術家朗費羅

第一章　大藝術家朗費羅

亨利・華茲華斯・朗費羅的去世，讓波士頓以及附近地區長久以來的詩人圈子的盛名大打折扣。這個詩人圈子裡第一個離世的人愛默生 [001]，也是非常著名的人物。愛默生的作品非常具有思想深度；惠蒂埃 [002] 的詩歌作品以更加深入的角度觸碰到了國民生活的問題；霍姆斯 [003] 的詩歌作品則以更加富有個性的方式呈現在大眾讀者面前；羅威爾 [004] 則展現出了更加傑出與多樣化的才華。不過，倘若我們從整個英語世界的廣泛範圍去看的話，朗費羅身為詩人所享有的名聲要讓前面提到的幾位詩人黯然失色。朗費羅在歐洲大陸的名聲，要比前面提到的幾位詩人加起來的名聲還要大。事實上，我們可以說，朗費羅身為詩人的名聲，要比英語民族所有的當代詩人加起來更大，至少我們可以從參考文獻裡看到這樣的事實。除此之外，他所居住的地方是很多人可以前去拜訪的，他的行為舉止是非常友善的，他的生活是公開透明的，這些都讓他在當代的詩歌領域內獲得了最高的名聲。可以說，他配得上文學領域內的所有桂冠，雖然他會果斷拒絕任何人賜給他這樣的名聲。他擁有財富與安逸的生活，有自己的孩子與孫子，有著健康的身體以及純潔的良知。在某種程度上，他還擁有著莎士比亞 [005] 對老年生活的完美看法：「榮譽、愛意、順從以及一幫朋友。」除了他所遭

001　拉爾夫・沃爾多・愛默生（Ralph Waldo Emerson, 1803-1882），美國思想家、文學家。愛默生是美國文化精神的代表人物，美國總統林肯稱他為「美國的孔子」、「美國文明之父」。以愛默生思想為代表的超驗主義是美國思想史上一次重要的思想解放運動，被稱為「美國文藝復興」。超驗主義強調人與上帝間的直接交流和人性中的神性，具有強烈的批判精神。

002　惠蒂埃（John Greenleaf Whittier, 1807-1892），美國編輯、詩人，廢奴主義者。代表作：《赤腳的男孩》（*The Barefoot Boy*）、《芭芭拉》（*Barbara Frietchie*）、《大雪封門》（*Snow-Bound*）、《勞動者之歌》（*Songs of Labor*）等。

003　霍姆斯（Oliver Wendell Holmes, Sr., 1809-1894），美國醫生，著名作家，被譽為美國 19 世紀最佳詩人之一。

004　羅威爾（James Russell Lowell, 1819-1891），美國浪漫主義詩人、作家、外交家、評論家、廢奴主義者。代表作：《比格羅詩篇》（*The Biglow Papers*），長詩《大教堂》（*The Cathedral*），另著有評論但丁、莎士比亞的論文，以及大量宣傳廢奴的文章。

005　莎士比亞（William Shakespeare, 1564-1616），英國文學史上最傑出的戲劇家，也是西方文藝史上最傑出的作家之一，全世界最卓越的文學家之一。他流傳下來的作品包括 38 部戲劇、154 首十四行詩、兩首長敘事詩和其他詩歌。他的戲劇有各種主要語言的譯本，且表演次數遠遠超過其他戲劇家的作品。

遇的兩次喪親事故之外，他的人生可以說充滿著明媚的陽光，沒有任何的陰影。在他的創作生涯裡，從未遭遇到任何嚴重的挫折，而他個人所表現出來的謙虛與友善，則讓任何人都不會用嫉妒或是敵對的心態去看待他。在所有從事詩歌創作的詩人當中，可以說沒有誰能夠獲得像他這樣長時間輝煌成功的人了。

不過，他在二十年前就去世的事實，會讓人們以恰當的方式提出這樣一個問題，就是這種成功的浪潮是如何跟隨他的記憶，或者說，時間的流逝到底會以怎樣一種方式去承襲他所帶來的影響。在此，我們必須要進行一系列的對比，檢驗一些標準，才能確定最後的結果。我們首先要去做的是關於這一類的分析，之後我們才能對他的人生事業進行一番客觀的評價。

幾年前，倫敦一份著名週刊的編輯曾對一位美國旅行者說：「一位陌生人很難對我們這個國家的一般勞工的想法有真實的了解，特別是對勞工階級裡的女性，但是，朗費羅則對這些人有著真實的看法。成千上萬人能夠背誦他的詩歌，但他們卻從來不會閱讀丁尼生[006]的詩歌作品，甚至都沒有聽過白朗寧[007]的大名。」上面這段話，是我從阿默斯特學院[008]的愛德溫·A·格羅夫納[009]教授那裡聽到的，格羅夫納教授是美國最具開放心態的人，他曾在君士坦丁堡的羅伯特學院裡擔任過七年的歷史學教授。他接

006　丁尼生（Alfred Tennyson, 1st Baron Tennyson, 1809-1892），華茲華斯之後的英國桂冠詩人，也是英國著名的詩人之一。他的主要詩歌成就是悼念友人哈勒姆（A. Hallam）的哀歌《悼念》（*In Memoriam AHH*），其他重要詩作有《尤利西斯》（*Ulysses*）、《伊諾克·阿登》（*Enoch Arden*）、《過沙洲》（*Crossing the Bar*）、《悼念集》（*Poems, Chiefly Lyrical*）等。

007　白朗寧（Robert Browning, 1812-1889），英國詩人，劇作家，代表作：《戲劇抒情詩》（*Dramatic Lyrics*）、《環與書》（*The Ring and the Book*）、詩劇《巴拉塞爾士》（*Paracelsus*）等。

008　阿默斯特學院（Amherst College），位於美國麻州，是麻省第三古老的高等教育機構，也是全美排名最高的文理學院之一。美國總統卡爾文·柯立芝、美國國務卿羅伯特·蘭辛、經濟學家埃德蒙·費爾普斯都是阿默斯特學院大學校友。阿默斯特學院與同位於新英格蘭的威廉姆斯學院及維思大學組成「小三強」（Little Three）。

009　愛德溫·A·格羅夫納（Edwin A. Grosvenor, 1845-1936），美國歷史學家、作家。曾任美國阿默斯特學院歷史系主任。代表作：《君士坦丁堡》（*Constantinople*）、《世界總史》（*A General History of the World*）、《世界當代史》（*Contemporary History of the World*）等。

第一章　大藝術家朗費羅

著表示，當他在鄂圖曼帝國最大的一間私人圖書館裡，一位著名的大臣曾向他展示了朗費羅的一大卷詩歌作品，這卷作品裡有很多用土耳其語寫出來的手稿評論，並且表示他對朗費羅的一些詩歌作品倒背如流。格羅夫納教授在 1879 年的某個時候 —— 從君士坦丁堡乘坐汽船前往馬賽，同行還有一位俄國女士。這位女士熟悉六國語言。當時，一些乘客聚集起來談論著法國的維克多·雨果 [010]。此時，這位俄國女士大聲地用英語對最後一位發言的人說：「你身為一名美國人，怎麼可以將本應該屬於朗費羅的地位讓給維克多·雨果呢？朗費羅才是一位深受世界各地讀者所喜愛的詩人。在外國人看來，朗費羅才是一位更加著名的詩人，要比當代任何一名詩人都要具有盛名！」接著，這位俄國女士開始背誦朗費羅的一些詩歌：「午夜，我站在大橋上，我想要前去波士頓，這樣的話，我就能站在那座大橋上了。」此時，一位剛剛從祖魯戰爭中返程的英國上尉說：「我還可以背誦朗費羅一些更優秀的詩歌片段，」接著，他就用像號角聲的話語背誦了下面這段話：

> 「請不要用悲傷的口吻對我說，
> 人生不過是一場夢幻。」

當時，一位頭髮灰白的蘇格蘭人也開始背誦朗費羅的一些詩歌作品：

> 「無論怎麼看管與照顧，這裡都沒有羊群，
> 有的只是一頭死去的羔羊。」

船上的一位美國人朗讀了朗費羅的〈逝去的青春〉，接著一位暫住在英國的年輕希臘人則唱起了朗費羅的〈夏夜之光〉。最後，這艘蒸汽船的

010　維克多·雨果（Victor Marie Hugo, 1802-1885），法國浪漫主義作家。他是法國浪漫主義文學的的代表人物和 19 世紀前期積極浪漫主義文學運動的領袖，法國文學史上卓越的作家。雨果幾乎經歷了 19 世紀法國的所有重大事變。一生創作了眾多詩歌、小說、劇本、各種散文和文藝評論及政論文章。代表作：《鐘樓怪人》（*The Hunchback of Notre-Dame*）、《九三年》（*Ninety-Three*）和《悲慘世界》（*Les Misérables*）等。

船長，同時這也是法國海軍的一名軍官，也加入了這場討論。當時，沒有人認為他懂得英文。但是，這位法國船長竟然用生硬的發音，背誦了朗費羅的〈更高的目標〉這首詩歌的第一個段落。那位俄國女士聽不懂他到底在說些什麼，不相信這位船長說的是英文。對此，船長回答說：「親愛的女士，我所背誦的就是朗費羅的詩歌作品。」這位精通六國語言的俄國女士在其他人都從桌子上站起來的時候，大聲地說：「你們認為在所有國家的當代詩人裡，無論是在世的還是去世的，還有誰的詩歌作品能像朗費羅的詩歌作品，這麼的耳熟能詳嗎？可以說，我們找不到第二個了。即便是莎士比亞、維克多‧雨果或是荷馬[011]的作品都無法做到這點。」

我們只需要看看朗費羅的作品被翻譯的詳細情況就能對此有所認知 —— 在本書的附錄裡會有詳細的介紹 —— 透過這樣的介紹，我們可以對朗費羅的名聲傳播程度有所了解。這個附錄包括了朗費羅所有作品的三十五個版本或是獨立的詩歌作品，而且這只是德語版本，還有十二卷是義大利語版本，九卷是法語與荷蘭語的版本，七卷是瑞典語版本的，六卷是丹麥語的，五卷是波蘭語版本的，三卷是葡萄牙語版本的，兩卷西班牙語版本，兩卷俄語版本，兩卷匈牙利語版本，與波西米亞語版本，還有拉丁語、希伯來語、中文、梵文、馬拉提語、德國猶太語等版本，加起來差不多一百多個版本，被翻譯的語言有十八種，這還是除去了朗費羅創作時的母語英文。我們無法看到上個世紀其他英語詩人的作品，能夠如此受到世界各國讀者的歡迎。

除此之外，我們還可以從大英博物館裡收藏的關於各位作家的作品數量去進行比較，也可以看到朗費羅在其中所占據的地位。在每個作家名字下面，我們不僅可以發現每位作家作品出版的作品詳細的出版紀錄，而且

011　荷馬（Ὅμηρος, 約西元前 9 世紀 - 西元前 8 世紀），古希臘的吟遊詩人，生於小亞細亞，失明，創作了史詩《伊利亞德》和《奧德賽》（*Odyssey*），兩者統稱《荷馬史詩》。

第一章　大藝術家朗費羅

還包括了與每位作家相關的作品，無論這些作品是以回憶錄、批判文章、模仿文章或是翻譯作品，我們都可以按照這種嚴苛的標準去探討美國與英國作家的地位。比方說，在大英博物館裡收藏的作家作品名錄裡，丁尼生有 487 條，朗費羅有 357 條，白朗寧有 179 條，愛默生有 158 條，阿諾德[012]有 140 條，霍姆斯有 135 條，莫里斯[013]有 117 條，羅威爾有 114 條，惠蒂埃有 104 條，愛倫・坡[014]有 103 條，斯溫伯恩[015]有 99 條，惠特曼有 64 條。與這個關於詩人在本國內所具有地位的相似評價標準，可以從一位匿名的捐款者在紐約大學所舉辦的一個詩人名人堂的標準看出來，因為他們想要創造出一個美國的「西敏寺」。該評選委員會是由一百多評委認真的甄選來自美國各州的作家作品，然後再根據票選排列名人堂裡的一百位作家的順序。最後，只有三十九人的名字獲得了多數票數，當然，這些人都來自美國的各個行業。其中，朗費羅排名第十，獲得了八十五票，排在他前

012　阿諾德（Matthew Arnold, 1822-1888），英國近代詩人、評論家、教育家。曾為牛津大學奧里爾學院研究員。最著名的詩作是〈多佛海灘〉（*Dover Beach*），主要表現維多利亞時代的信仰危機。其他代表作：《文化與無序》（*Culture and Anarchy*）、《文學和教條》（*Literature and Dogma*）等。

013　莫里斯（William Morris, 1834-1896），十九世紀後半期英國一位傑出的積極浪漫主義詩人和小說家，同時又是英國社會主義運動的先驅者之一。代表作：《夢見約翰・鮑爾》（*A dream of John ball*）、《烏有鄉消息烏有之鄉》（*News from Nowhere*）等。

014　愛倫・坡（Edgar Allan Poe, 1809-1849），美國作家、詩人、編輯與文學評論家，被尊崇是美國浪漫主義運動要角之一，以懸疑及驚悚小說最負盛名。愛倫・坡是美國的短篇小說家先鋒之一，蕭伯納說過：美國出了兩個偉大的作家 —— 愛倫・坡和馬克・吐溫。

015　斯溫伯恩（Algernon Charles Swinburne, 1837-1909），英國詩人、劇作家、小說家、批判家。代表作：詩歌《配偶》、《冥后的花園》等。

面的人是華盛頓[016]、林肯[017]、韋伯斯特[018]、富蘭克林[019]、格蘭特[020]、馬歇爾[021]、傑佛遜[022]、愛默生與富爾頓[023]。除了愛默生與朗費羅之外，另外兩名上榜的文人分別是歐文[024]與霍桑[025]，他們所得的票數分別是八十四票與七十三票。

　　一個眾所周知的事實，就是在當代文學領域或是科學領域內的某位領袖去世之後，通常都會帶來一些些微的震動。也許是出於所謂的正名，此

016　華盛頓（George Washington, 1732-1799），美國國父，1775 年至 1783 年美國獨立戰爭時的殖民地軍總司令，1789 年成為美國第一任總統。

017　亞伯拉罕・林肯（Abraham Lincoln, 1809-1865），第十六任美國總統，1861 年 3 月就任，直至 1865 年 4 月遇刺身亡。林肯領導美國經歷其歷史上最為慘烈的戰爭和最為嚴重的道德、憲政和政治危機——南北戰爭。經由此役，他維護聯邦的完整，廢除奴隸制，增強聯邦政府的權力，並推動經濟的現代化。也因此美國學界和民眾時常將林肯稱作是美國歷史上最偉大的總統之一。

018　韋伯斯特（Noah Webster, 1758-1843），美國辭典編纂者、課本編寫作者、拼寫改革宣導者、政論家和編輯，被譽為「美國學術和教育之父」。他的藍皮拼字書教會了五代美國兒童怎樣拼寫，在美國，他的名字等同於「字典」，尤其是首版於 1828 年的現代《韋伯字典》（*Webster's Dictionary*）。

019　班傑明・富蘭克林（Benjamin Franklin, 1706-1790），出生於美國麻省波士頓，是美國著名政治家、科學家，同時亦是出版商、印刷商、記者、作家、慈善家；更是傑出的外交家及發明家。他是美國革命時重要的領導人，參與了多項重要文件的草擬，並曾出任美國駐法國大使，成功取得法國支持美國獨立，同時被視為美國國父之一。

020　尤利西斯・S・格蘭特（Ulysses S. Grant, 1822-1885），美國軍事家、政治家，第 18 任美國總統。為美國重建時期的重要總統，八年任期政績平平，政府更因貪汙腐敗、收受賄賂、對南方奴隸主的妥協而遭批評。但他身為南北戰爭的戰爭英雄，對維護聯邦統一的貢獻，因為軍事身分身分和愛國主義而被繪於 50 元美金上。

021　馬歇爾（John Marshall, 1755-1835），美國政治家、法律家，曾任美國眾議院議員（1799-1800）、美國國務卿（1800-1801）和美國首席大法官（1801-1835）。馬歇爾在首席大法官任期內曾做出著名的馬伯利訴麥迪遜案的判決，奠定了美國法院對國會法律的司法審查權的基礎。

022　傑佛遜（Thomas Jefferson, 1743-1826），美國第三任總統（1801-1809）。同時也是《美國獨立宣言》主要起草人，及美國開國元勳中最具影響力者之一。其任期中之重大事件包括路易斯安那購地案（1803 年）、1807 年禁運法案（Embargo Act of 1807）、以及路易斯與克拉克遠征（1804-1806）。

023　富爾頓（Robert Fulton, 1765-1815），美國工程師、發明家。18 世紀末年到 19 世紀初年在巴黎試驗用人力旋轉螺旋槳的潛水艇和用蒸汽機作為動力的船。

024　歐文（Washington Irving, 1783-1859），美國著名作家、短篇小說家、律師，亦曾當過政府官員，是對西班牙及英國的外交官。在文學上最為著名的作品包括《李伯・凡・溫克爾》、《沉睡谷傳奇》（*The Legend of Sleepy Hollow*）等。

025　霍桑（Nathaniel Hawthorne, 1804-1864），美國小說家，其代表作品《紅字》（*The Scarlet Letter: A Romance*）為世界文學的經典之一。

第一章　大藝術家朗費羅

時會有人出來證明給大眾，某位逝去名人的名聲已經大大削弱。比方說，這樣的情況就出現在司各特[026]、拜倫[027]、華茲華斯[028]甚至是伯恩斯[029]等人身上，但是騷塞[030]與坎貝爾[031]等人故去後削弱的名聲，似乎證明了這些人的看法有一定道理。我們可以大膽地說，直到目前為止，朗費羅的名聲絲毫沒有半點削弱，他的作品仍然受到廣大讀者的喜愛，時間的流逝似乎沒有降低他的影響力。在最近一次前往英國的旅程中，筆者在到訪的每座城市或是每個村莊，都耗費了一些心思去詢問當地的書商，了解一下讀者對朗費羅詩歌作品的需求量是一種什麼情況。每個書商的回答幾乎都是雷同的，一些書商甚至用充滿情感的話語說道：「朗費羅是一名真正的文學大家。」換言之，朗費羅的作品即便在他去世之後，銷量仍在穩定地提升。每到一間書店，我都能在書架上看到他的詩歌作品，我發現沒有其他的美國詩人能夠有這樣的待遇。關於朗費羅的一些作品版本，無論是單行版還是合集，最近都在倫敦上市了。很多人都嘗試將朗費羅具有韻律的詩歌做

026　司各特（Sir Walter Scott, 1st Baronet, 1771-1832），蘇格蘭著名歷史小說家及詩人。

027　拜倫（George Gordon Byron, 6th Baron Byron, 1788-1824），出生於英格蘭倫敦，逝世於希臘，英國詩人、革命家，獨領風騷的浪漫主義文學泰斗。世襲男爵，人稱「拜倫勳爵」（Lord Byron）。拜倫著名的作品有長篇的《唐璜》（*Don Juan*）及《恰爾德・哈羅爾德遊記》（*Childe Harold's Pilgrimage*），以及短篇作品《雲鬢花顏金步搖》（*She Walks in Beauty*）。

028　華茲華斯（William Wordsworth, 1770-1850），英國浪漫主義詩人，與雪萊、拜倫齊名，代表作有與薩謬爾・泰勒・柯勒律治合著的《抒情歌謠集》（*Lyrical Ballads*）、長詩《序曲》（*Prelude*）、《漫遊》（*Excursion*）。曾當上桂冠詩人，湖畔詩人之一，文藝復興以來最重要的英語詩人之一。

029　伯恩斯（Robert Burns, 1759-1796），蘇格蘭農民詩人，在英國文學史上占占有特殊重要的地位。他復活並豐富了蘇格蘭民歌；他的詩歌富有音樂性，可以歌唱。伯恩斯生於蘇格蘭民族面臨被異族征服的時代，因此，他的詩歌充滿了激進的民主、自由的思想。

030　騷塞（Robert Southey, 1774 - 1843），英國浪漫派詩人，湖畔詩人之一。1813 年被封為桂冠詩人。騷塞還是一位多產的書信作家、文學學者、散文作家、歷史學家和傳記作家。他為約翰・班揚、約翰・衛斯理、威廉・古柏、奧立佛・克倫威爾和霍雷肖．納爾遜都寫過傳記。他還研究葡萄牙及西班牙的國情，寫過《巴西歷史》（*History of Brazil*）和《半島戰爭史》（*History of the Peninsular War*）。騷塞的詩作往往具有東方風格和異國情調。

031　坎貝爾（Thomas Campbell, 1777-1844），蘇格蘭詩人。他是波蘭之友文學協會的創辦人之一，也是提議成立倫敦大學的其中一位知名人士。代表作：《希望之樂》（*The Pleasures of Hope*）、《你的英國水手》（*Ye Mariners of England*）、《戰士之夢》（*The Soldier's Dream*）、《霍亨林登》（*Hohenlinden*）等。

成歌曲，並且在一些音樂銷售的攤位都能看到，我們也經常能在大眾演說中聽到有人朗誦朗費羅的詩歌。幾年前，我的朋友 W.J. 羅爾夫 [032] 在瑞士與德國的很多書店裡，也看到了類似的情形，他不需要耗費什麼心力，就能在紐倫堡、科隆、史特拉斯堡、琉森、因特拉肯以及其他地方的書店裡，找到朗費羅德語版本或是英文版本的單行版與合集。

　　關於朗費羅在英語詩人中所占據地位的另一項資料統計，可以根據英國書商所整理的銷售資料得到結論。我手裡就找到了兩個有趣的例子。第一個例子是由威廉・P・尼莫所出版的《詩人的鋼筆與鉛筆畫作》，該書在愛丁堡出版，包括了五十六首詩歌，每一首詩歌都有一幅插畫介紹，這些插畫都由蘇格蘭藝術家繪製。在這些詩歌裡，有六首是朗費羅的，五首是華茲華斯與湯姆森 [033] 的，來自莎士比亞、伯恩斯與摩爾 [034] 等詩人的作品則各有三首。美國詩人布萊恩特 [035] 與威利斯 [036] 都只有一首詩歌入選。另一本書則是《詩人的話語》，這是一本特別為教區學校與圖書館準備的書。這本書主要收錄作品的詩人包括華茲華斯（二十一首）、朗費羅（十八首）、古柏 [037]（十一首）、丁尼生（九首），全部收錄的詩人人數大約在四十三人左右。關於這種類型的資料統計例子還有很多。事實上，我們完全可以承認，沒有哪位美國的詩人，能夠像朗費羅的作品那樣，占據著英語文學市場的重比例。我們還應該承認一點，雖然占據的市場比例無法成為衡量一個詩人唯一或是最高的標準，但這至少也從側面證明了，朗費羅

032　W.J. 羅爾夫（William James Rolfe, 1827-1910），美國教育家、作家、莎士比亞作品研究學者。

033　湯姆森（James Thomson, 1700-1748），英國詩人、劇作家。

034　摩爾（Thomas Moore, 1779-1852），愛爾蘭詩人、歌手、歌曲詞作家。

035　布萊恩特（William Cullen Bryant, 1794-1878），美國浪漫主義詩人、記者和《紐約晚報》（《紐約郵報》前身）資深編輯。

036　威利斯（Nathaniel Parker Willis, 1806-1867），美國詩人、作家、編輯。

037　古柏（William Cowper, 1731-1800），英國詩人和聖詩作者。他是那個時代最受歡迎的詩人之一，透過描繪日常生活和英國鄉村場景，改變了 18 世紀自然詩的方向。在許多方面，他是浪漫主義詩歌的先行者之一。

的詩歌所具有的標準。

　　一些人對朗費羅身為詩人所獲得的永久名聲提出的質疑聲音，可以說完全是基於朗費羅本人的道德問題。很多人仍然堅持著德萊頓[038]的那句格言「偉大的智慧肯定與瘋狂連結在一起」。那些在英國湖畔詩人仍然需要討論的該時期成長起來的人，可能非常清楚地記得一點，即人們長久以來對一位典型詩人的看法，就是找到去批判這位詩人某些特點，或是這位詩人做出某些狂野的行為或是表現出無法馴服的態度。因此，拜倫與雪萊[039]就是因為在這方面做得比較好，從而獲得了屬於自己的名聲。華茲華斯的名聲則是在違背這一傳統的基礎之上獲得的，甚至當有人說華茲華斯在上大學那時喝醉了酒，他的一些崇拜者都對此感到非常高興。不過，希歐多爾·胡克[040]則所表達的觀點則給這些人潑了一盆冷水：「華茲華斯對酒醉的概念，毫無疑問是極為狹隘的。」大眾對這些事情的看法是根深蒂固的，很難消除。但是，每一種考驗都會持續地證明，像朗費羅這樣有著普通人心靈的詩人，其實要比愛倫·坡與惠特曼那樣的詩人更加偉大。在現實的情況下，這樣的情況很容易被這些詩人所隱藏起來，而這樣的事實會讓這些詩人的崇拜者感到憤怒。沒有人像朗費羅這樣，為了獲得詩人的名聲而做出如此之少的犧牲，也沒有人能夠像朗費羅以自尊以及優雅的方式去面對別人的攻擊。朗費羅只是過著自己的生活，摸索出一條屬於自己的文學創作方法。他所尋求的，只是能夠從創作中實現自身的價值。世人對他的讚賞，就是對他這種要求的最好回應。當我們對這個事實有所發現

038　德萊頓（John Dryden, 1631-1700），英國著名詩人、文學批評家、翻譯家，是 1668 年的英國桂冠詩人。代表作：《麥克·弗萊克諾》（*Mac Flecknoe*）、《押沙龍與阿齊托菲爾》（*Absalom and Achitophel*）、《牝鹿與豹》（*The Hind and the Panther*）等。

039　雪萊（Percy Bysshe Shelley, 1792-1822），英國浪漫主義詩人，被認為是歷史上最出色的英語詩人之一。代表作：《自由頌》（*Ode To Liberty*）、《解放了的普羅米修斯》（*Prometheus Unbound*）、《一盞破碎的明燈》（*Lines*）等。

040　希歐多爾·胡克（Theodore Hook, 1788-1841），英國文人、作曲家、玩家。

後，就能重新對朗費羅這位詩人的人生、成長過程以及事業有更加深入的了解。

第二章
出生，童年時期與青年時期

第二章　出生，童年時期與青年時期

　　1807 年 2 月 27 日，亨利‧華茲華斯‧朗費羅生於緬因州波特蘭，是史蒂芬‧朗費羅[041] 與西帕‧華茲華斯‧朗費羅[042] 夫婦的兒子。朗費羅的父母都是約克郡家族的後代，於十七世紀從英國移民到美國。朗費羅這個名字首次出現在英語紀錄裡，是以朗法利的名字出現的。朗費羅的父親史蒂芬‧朗費羅於 1794 年從哈佛大學畢業，與 W.E. 錢寧[043] 牧師以及約瑟夫‧斯多利[044] 是大學同學。史蒂芬‧朗費羅後來成為波特蘭地區一位著名律師，他後來還成為麻州立法會的成員，因為當時的緬因州還是麻州的一部分。後來，他成為了聯邦主義者組成的「哈特福會議」的議員，成為總統選舉團成員，也擔任過聯邦眾議員。往上追溯到更早時期，朗費羅的祖父是民事訴訟法庭的一名法官，他的曾祖父於 1742 年畢業於哈佛學院，後來擔任該鎮一所學校的校長、教區牧師以及法官。他的曾曾祖父則是「村裡的一名鐵匠」，而這位曾曾祖父的祖先則是朗費羅家族在美國大陸上的第一人威廉‧朗費羅[045]，他 1651 年生於英國的漢普郡[046]，早年來到了美國從事商業經營活動。可以說，這就是朗費羅父系家族的簡單概括了。

　　我們再看看朗費羅母系方面的家族。朗費羅的母親是西帕‧華茲華斯，是皮萊格‧華茲華斯[047] 將軍最大的女兒。皮萊格將軍是麻州達克斯伯里地區教區執事皮萊格‧華茲華斯的兒子，也是克里斯多福‧華茲華斯[048]

041　史蒂芬‧朗費羅（Stephen Longfellow, 1776-1849），美國眾議院議員。

042　西帕‧華茲華斯‧朗費羅（Zilpah Wadsworth Longfellow, 1778-1851），朗費羅的母親。

043　W.E. 錢寧（William Ellery Channing, 1780-1842），美國作家、教士。其作品影響了許多超驗主義運動領袖。

044　約瑟夫‧斯多利（Joseph Story, 1779-1845），美國律師、法學家。1811 年至 1845 年任美國最高法院法官。

045　威廉‧朗費羅（William Longfellow, 1650-1690），朗費羅家族移民美國第一人。

046　漢普郡（Hampshire County），英國英格蘭東南部的郡。溫徹斯特是郡治。

047　皮萊格‧華茲華斯（Peleg Wadsworth, 1748-1829），美國獨立戰爭時期的將軍，美國國會議員，來自緬因州。朗費羅的外祖父。

048　克里斯多福‧華茲華斯（Christopher Wadsworth, 1609-1677），華茲華斯家族乘坐五月花號移民美洲大陸的第一人，在波士頓落腳。

的第五代後人，克里斯多福‧華茲華斯在 1632 年前就從英國移民到這裡居住。皮萊格‧華茲華斯將軍生於達克斯伯里，1769 年畢業於哈佛大學。之後，他在普利茅斯教書，娶了該鎮一位名叫伊莉莎白‧巴特利特為妻子。之後，他加入了美國獨立戰爭，擔任民眾連的一名上尉，之後慢慢被擢升為少將，之後主要在東邊防線上服役。他曾被英軍俘虜、監禁，之後又逃脫出來，經歷了很多驚心動魄的事情。獨立戰爭結束之後，他從州政府買下了超過七千五百畝雜草叢生的土地，並在緬因州海勒姆地區，擔任了該地區選區長達十四年的聯邦眾議員。透過華茲華斯與巴特利特，詩人朗費羅在母系方的家族，可以追溯到當年乘坐「五月花號」輪船前往美洲大陸中的四個人，其中就包括了布魯斯特長老[049] 與約翰‧奧爾登上尉[050]。

朗費羅法官是詩人朗費羅的祖父，根據文字紀錄，他是一個「英俊的紳士，有著過去那輩人的氣質。他有著挺直的身板，穿著過去老式的衣服 —— 長長的襯衫外套，加上幾件很短的衣服，然後在穿上白色的靴子，他用黑色的絲帶將頭髮綁起來了」。根據華茲華斯的女兒的描述，華茲華斯將軍是「一位身材中等的人，但身材比例非常勻稱，有著軍人特有的莊嚴氣質，讓很多人都覺得他的形象特別威武。他穿著深紅色的外套，淺黃色的衣服與背心，上衣胸口處位置有點褶皺，穿著白色的襪子，鞋子上還有銀色的鈕扣，白色的領帶上打著領結，頭髮梳理得非常整潔」。可以說，根據當時的地區標準去看，無論從父系的祖先還是從母系的祖先去看，朗費羅是來自一個非常優秀的家族。

史蒂芬‧朗費羅與他年輕的妻子曾在華茲華斯將軍在波特蘭的一間磚屋裡生活過一段時間，這間磚屋現在仍被稱為「朗費羅的房子」。不過，

049　布魯斯特長老（Elder Brewster, 1566-1644），曾為英國官員，隨「五月花號」輪船登陸的第一批乘客。之後成為地方領袖。

050　約翰‧奧爾登上尉（Captain John Alden, 1598-1687），「五月花號」船員之一。1620 年隨「五月花號」輪船登陸美洲大陸。

第二章　出生，童年時期與青年時期

正是在他們暫住在薩謬爾·史蒂文斯（其妻子是史蒂芬·朗費羅的姐姐）
的家裡期間，亨利·華茲華斯·朗費羅出生了。他是史蒂芬·朗費羅的第
二個兒子，他的名字也是以他的舅舅亨利·華茲華斯來命名。朗費羅的舅
舅亨利·華茲華斯當時是一名年輕的海軍中尉，後來在 1804 年在的黎波里
的一艘縱火船上因為發生爆炸而犧牲。根據德懷特博士的紀錄，1807 年的
波特蘭是當時新英格蘭地區的一座港口城市 —— 非常美麗，有很多傑出
的人才。但是，禁運所帶來的負面影響很快就出現了。在 1812 年戰爭期
間，這座城鎮需要海軍防衛，在海岸不遠處發生了一場海上戰鬥。英軍的
雙桅橫帆船「拳師」號在戰鬥中被美軍的「奮進號」所俘獲，最後英軍這
艘被俘虜的船隻於 1813 年被拖到了波特蘭港口。朗費羅在在那首名為「我
失去的青春」詩歌裡，就詳細地記錄了這件事情：

> 「我還記得遠處發生的海戰，
> 海潮上發出的隆隆炮響震耳欲聾！
> 那些死去的海軍上尉漂浮在大海上，
> 望著這一片平靜的海灣。
> 這就是他們殉國的地方！
> 哀悼的悲傷歌曲發出的聲音，
> 讓我整個人都感到莫名的興奮。
> 『一個男孩的意志，就是風的意志，
> 年輕人的思想是那麼的悠長而漫長。』」

亨利·朗費羅就是在這裡度過了童年與青年時期。對戰爭強烈憎恨的
情感，彌漫在他的詩歌創作裡，這可能與他對舅舅早年因為戰爭去世的事
情有著緊密的關聯。

朗費羅的想像力，應該是從母親這邊遺傳過來的，因為他的母親非常
喜歡詩歌與音樂，也是一位熱愛自然的人。正如她最年幼的兒子所說的，

在一場暴風雨就將到來的時候，她就坐在窗戶邊，「欣賞著暴風雨到來時的那種壯美的景色」。她喜歡鄉村生活的悠閒，用她自己的話來說，「就是鄉村生活會讓整個人的精神處於一種平靜的狀態，能夠讓每一種不愉快的情感都變得舒暢起來」。她喜歡彈小型羽管鍵琴，直到她的女兒後來使用的鋼琴取代了這個羽管鍵琴。顯然，她喜歡給自己的孩子閱讀古柏、漢娜·莫爾[051]、莪相[052] 等人的作品。與當時人們的習慣做法一樣，她很早就將自己的孩子送去學校讀書。在亨利·朗費羅三歲的時候，他就跟著五歲的哥哥前去一所私人學校讀書，他就是在這所私人學校裡讀書認字的。在他大約六歲的時候，他被轉到了波特蘭的一所學校。在這個時候，他的老師是卡特。卡特曾評價朗費羅：「亨利·朗費羅同學是學校裡最優秀的學生之一，他的拼寫與閱讀能力都非常好，他也熟悉加法與乘法。他在上個學期的表現是非常正直與友好的。」朗費羅從小的時候就開始學習韻律了。他所創作的第一首詩歌手稿，至今被仍保存下來了，這首詩歌的名稱是〈威尼斯，一首義大利歌曲〉，這是詩歌署名的時間是 1820 年 3 月 17 日，寫於波特蘭學校。當時的朗費羅尚未年滿十三歲。之後沒過多久，在波特蘭《公報》上的一個角落裡，出現了下面這首詩歌。這首詩歌乍看起來非常有趣，因為這首詩歌將國外的主題與國內的主題結合起來了：

051　漢娜·莫爾（Hannah More, 1745-1833），英國作家、詩人、慈善家。

052　莪相（Ossian），即奧伊辛，也被蘇格蘭詩人譯做「奧西恩」。他是凱爾特神話中的古愛爾蘭著名的英雄人物，傳說他是一位優秀的詩人。他的父親是芬尼亞勇士（Fianna）偉大的領袖芬恩·麥克庫爾（Fionn Mac Cumhaill），其子為「戰場絞肉機」奧斯卡（Oscar）。「奧西恩的史詩」在歐洲有這巨大的影響力，包括了許多詩句和曲子。1760 年，一些被認為是奧西恩作品的「譯作」問世便立刻引起轟動，雖然後來有人證明這些詩詞可能出自一位當代詩人詹姆斯·麥克弗森（James Macpherson），但其影響卻長久不衰。

洛弗爾池塘的戰鬥

北風是如此的寒冷，呼嘯的風聲呼呼吹過，
就像來去迅猛的龍捲風。
吹拂著遠方孤獨的松林，發出悲鳴之聲，
就像掠過勇士的棺材時，奏響著安魂曲。

戰爭的吶喊聲仍然還在，野蠻人的嘶叫，
此時已經在荒野的樹林裡早已沉寂了。
戰鬥的喧囂與混亂，早已經過去了。
戰爭的號角聲早已經煙消雲散了。

為國而戰的勇士們鮮血直流，
最後躺下來休息了。潮溼的地面就是他們的床，
沒有人知道他們的骨灰到底埋在哪塊石頭下面，
沒有人知道他們敵人的墳墓又在哪裡。

他們在光榮裡犧牲，獲得了贏得了名聲。
勝利者奏響的鼓聲，宣揚著他們的犧牲精神。
他們死去了，但他們活在每一個愛國者的胸膛，
他們的名字將會被刻在榮譽的殿堂裡。

　　當然，這樣的詩歌不可能就說是高尚的藝術，但是這些詩歌卻象徵著朗費羅詩人的開端，也可以說是他人生中一個有趣的里程碑。這是朗費羅所創作的第一首詩歌，他也決定選擇以美國發生的事情作為創作的主題。我們知道他在創作這首詩歌時所處的環境。當晨報送過來的時候，他的父親會打開報紙，認真閱讀起來，但臉上並未露出過多的神色。可在晚上的時候，當他們與父親前去父親的朋友梅林法官家裡，梅林的兒子弗雷德里克正是朗費羅的玩伴，他們就會一起談論著與詩歌相關的事情。此時，主

人會拿出早上的《公報》，「今天的報紙嗎？這首詩歌太僵硬了，實在是太僵硬了。除此之外，每個詞語都是借來的。」沒有人為此進行辯護，當晚，年輕朗費羅的枕頭浸透了淚水。

年輕的亨利·朗費羅與菲羅斯與卡特一樣，前往很多學校就讀，最後來到了波特蘭學校，當時這所學校是達特茅斯學院的畢業生比撒列·庫什曼[053]所負責的。1821年，朗費羅通過了進入鮑登學院[054]的入學考試，他的父親也是該學校的理事會成員。當時，鮑登學院的歷史只有二十年，緬因州也開始變成了美國聯邦政府裡的一個獨立州，因此當地人都對這所年輕的學院有著強烈的自豪感。亨利·朗費羅比他大兩歲的哥哥史蒂芬與他一起通過了入學考試，但可能是因為他的年齡寫成了弟弟的年齡——因此他當時登記的年齡只有十四歲——於是，在朗費羅上到大二的時候，他才前往布倫瑞克的鮑登學院就讀。亨利·朗費羅在整個大學生涯裡，都表現的非常勤奮與謙虛。他與納撒尼爾·霍桑[055]是同學，他們形成了相當緊密的友情。霍桑後來在《范肖》一文裡，就以有趣的方式描述了這個充滿著鄉村氣息的小村莊。當時年輕的朗費羅與霍桑都不怎麼關心鄉間的運動，但他們都非常喜歡廣泛的閱讀，而且他們都在布倫瑞克美麗的森林裡度過了很多愉快的時光。朗費羅專注於某些方面的研究，喜歡閱讀詩歌作品，特別喜歡歐文的作品，當然他也非常喜歡講述與印第安人相關的故事，這一段學習的經歷對他日後的發展大有幫助。

也許，閱讀這方面的書籍，讓朗費羅內心產生了些許遺憾，我們可以

053　比撒列·庫什曼（Bezaleel Cushman, 1785-1957），美國教育家。

054　鮑登學院（Bowdoin College），位於美國緬因州的一所私立文理學院。1794年成立。它以詹姆斯·鮑登的名字命名，以紀念這位麻州前州長。該大學在美國文理學院中排名第五名以內，在美國東北海岸享有盛名。該校注重通才教育，意即注重學生的全面素養以及修養。學生入校不需要決定專業，學校要求學生學習不同領域的課程。學生一般在大二第二個學期決定專業。前美國總統福蘭克林·皮爾斯，著名美國文學家霍桑，詩人朗費羅，詩人梭羅皆為該校畢業生。

055　納撒尼爾·霍桑（Nathaniel Hawthorne, 1804-1864），美國小說家，代表作品《紅字》為世界文學的經典之一。

從他在大學時期的一些信件裡看的出來。他認為自己應該前往西點軍校就讀，而不是前往鮑登學院就讀——也許，在朗費羅的思想裡，他認為自己那位犧牲的舅舅華茲華斯未竟的願望應該在他身上得到實現。有趣的是，他最終還是做出了不同的選擇。要是他真的選擇從軍的話，那麼世人就可能只會知道他是朗費羅少將了。

　　J.W. 布萊伯利[056]是朗費羅當時的同學，他將亨利·朗費羅描述成「一位身材挺拔而又瘦削的人，有著隨和的面容，散發出智慧的表情」。他接著繼續說：「朗費羅在行為舉止方面始終是一位紳士，他在品格與行為習慣上都堪稱楷模。」朗費羅的另一位同學大衛·謝普利牧師[057]也描述過大學時期的朗費羅：「他對專注於某方面的學習有著特殊的緊迫感，並且在這些方面都做得非常好。而他在日後的歲月裡，也的確將自己的學習熱情延伸到這方面。他所提出的主題、對賀拉斯[058]作品的完美翻譯以及他偶爾給報紙撰寫的文章，這些都會吸引他的注意，最後讓他想要成為一名受人尊重的文人。」朗費羅在波特蘭度過了大學的假期，在這裡與他人展開的有趣社交活動。正如他一位朋友所寫，這裡的女生對他來說，「似乎是某種神聖不可侵犯的存在——他只能遠遠地看著她們，與他們交流，僅此而已。」在某年的冬季假期裡，他在波士頓度過了一週，參加了由艾蜜莉·馬歇爾女士舉辦的一個舞會。馬歇爾女士是當時波士頓最著名的歷史學者，後來成為了兩首著名十四行詩的主角而聞名，其中一首十四行詩是威利斯所創作的，另一首十四行詩則是珀西瓦爾[059]所創作的。朗費羅寫信給他的父親，表示自己在這個場合下，見到了歐斯特菲爾小姐，這位俄國領

056　J.W. 布萊伯利（James W. Bradbury, 1802-1901），美國參議院議員，來自緬因州。

057　大衛·謝普利牧師（Rev. David Shepley, 1804-1881），美國宗教人士。

058　賀拉斯（Horace, 西元前 65- 西元前 8），羅馬帝國奧古斯都統治時期著名的詩人、批評家、翻譯家，代表作有《詩藝》（*The Art of Poetry*）等。他是古羅馬文學「黃金時代」的代表人之一。他在《詩藝》中說過：「忠實原作的譯者不會逐詞死譯。」

059　珀西瓦爾（James Gates Percival, 1795-1856），美國詩人、外科醫生、地質學家。

事的女兒，並且與他一起跳舞。朗費羅這樣評價歐斯特菲爾小姐：「她是一位極為優雅與大度的舞蹈者，舞步總是跟隨著鋼琴發出的美妙音樂而跳動。」後來，朗費羅對這些有外交人員參加的舞會感到非常熟悉，但他始終無法忘記在他二十一歲時，第一次參加這樣的社會活動所留下的印象。特別是在他從歐洲返回美國之後，他表示自己再也沒有跳過舞，除了只是與一些年老的女士跳舞之外。

第三章　初嘗創作

第三章　初嘗創作

　　一件有趣的事是，朗費羅在大學期間，就已經兩次表現出了他的美國情感。第一次場合，是在他在一個展覽日上為印第安人的請願上，另一次場合則是在畢業典禮的演說上，他發表了一篇名為〈我們本土的作家〉的演說。在展覽日上 —— 這是某種小型的典禮上 —— 他站在美國印第安人的立場上與詹姆斯·W·布萊伯利辯論，布萊伯利則站在英國移民的立場上。他們這場面臨得出的結論如下：

　　「移民一方：難道你們應該藐視我們展現出來的所有善意嗎？難道你應該站在違背自己國民的立場上去為別人辯護，以所謂的報復藉口去掩蓋嗎？難道被毒蛇咬了我們一口之後，我們不該將這條毒蛇打死嗎？難道我們應該讓那些搶劫犯或是謀殺犯不受到任何懲罰嗎？當你經歷了這一切之後，難道你仍漠視這樣的殘暴與屠殺行為嗎？你要知道，在你們遷移到這片大陸之前，這片土地是屬於我們的。去告訴你那些恩將仇報的朋友們，告訴世人，你們這些白人是以我們鮮紅的血液作為代價去占領這片土地的，你們用所謂的暴力換來了和平。告訴他們，在這個文明的世界裡停止一切暴行，否則他們將會從這個地球上消失。」

　　「野蠻人的一方 —— 嗚呼！天空上布滿了烏雲，狂暴的雲團似乎要下起傾盆大雨。所有的河流上流淌的不是河水，而是鮮血，但是請不要讓我們的那些青草地，變成一條互相屠殺的戰爭道路。現在，我還記得早年所了解的那位最初的先知，我知道從她的夢境裡，每到秋天到來的時候，所有的葉子都會凋零。看吧，我聽到嘆息聲與啜泣聲：『這是一個強大過度的死亡之歌，這也是那些倒下之人的最後安魂曲。』」

　　當然，我們有理由猜測，此時的朗費羅就已經萌生了日後要創作《海華沙之歌》這本詩歌的念想。當然，他在這個時候所創作的一些詩歌也刊登在波特蘭的《公報》上。在大學期間，他不僅創作了這些詩歌，而且還為《美國月刊》創作了一些散文。這本雜誌的總部在費城，詹姆斯·麥

克亨利[060]擔任這本雜誌的編輯。麥克亨利就在一篇文章裡讚揚了朗費羅在〈青年人與時代〉這篇文章裡所表現出來的品味與才華。不過，對年輕的詩人朗費羅來說，更為重要的是，他與當時一本名為《美國圖書公報》的半月刊雜誌取得了聯絡。這本雜誌同時在波士頓與紐約出版。該雜誌是由已故的西奧菲勒斯·帕森斯[061]所創辦的，但在那個時候，這本雜誌的編輯是波士頓的詹姆斯·G·卡特[062]，他與～公共學校～的發展歷史有著密切的關聯。顯然，朗費羅透過匿名的方式向這份《公報》投稿，因為他的一位同學曾有著這樣的紀錄，即當朗費羅第一次在波士頓見到卡特的時候，這位編輯就用好奇的口吻詢問，到底是鮑登學院的哪位年輕人給他寄去了那麼優秀的詩歌作品。1826 年，《美國圖書公報》雜誌出版了《雜錄集》—— 在這一年，朗費羅從大學畢業 —— 這本詩集是當時最能展現出美國詩歌發展情況的一本書。當時，這本書的聯名作者包括布萊恩特、朗費羅、珀西瓦爾、道斯[063]、梅林與瓊斯。當然，這與 1794 年出版的《哥倫比亞繆斯》的詩集形成了有趣的對比。當時的《哥倫比亞繆斯》的聯名作者是巴羅[064]、特朗布爾[065]、佛瑞諾[066]、德懷特[067]、漢弗萊斯[068]以及其他人，每一位詩人所創作的詩歌內容都沒有什麼相似之處。

不過，從 1824 年 4 月 1 日開始，這本詩集其實只有一卷的摘要內容，

060　詹姆斯·麥克亨利（James McHenry, 1753-1816），美國政治家、教育家、編輯、外科醫生，開國元勳之一，曾任美國戰爭部長（1796-1800）。

061　西奧菲勒斯·帕森斯（Theophilus Parsons, 1750-1813），美國法學家。

062　詹姆斯·G·卡特（James Gordon Carter, 1795–1849），美國教育改革家、政治家。

063　道斯（William Dawes, 1745-1799），美國愛國詩人。

064　巴羅（Joel Barlow, 1754-1812），美國詩人、外交家。

065　特朗布爾（John Trumbull, 1750-1831），美國詩人。

066　佛瑞諾（Philip Freneau, 1752-1832），美國詩人、作家、辯論家，民族主義者。

067　德懷特（Timothy Dwight IV, 1752-1817），美國作家、詩人、學者、神學家、教育家。曾任耶魯大學校長。

068　漢弗萊斯（David Humphreys, 1752-1818），美國詩人、作家。美國獨立戰爭期間的將軍、耶魯大學「哈特福德智囊團」成員之一。

但這都是以《公報》的形式出現了。這本雜錄集對當時的美國文學產生了重要的影響。當我們翻看這本書的時候，總是可以一再看到布萊恩特與朗費羅的詩歌作品都是緊密連繫在一起的，並且經常會放在同一頁上。當時年輕的朗費羅喜歡使用自己名字的大寫字母作為作者的署名，而布萊恩特則會以一個大寫的字母「B」來代替，從而說明他的名聲在某種程度上已經樹立起來了，因此單純使用這樣的字母去替代已經足夠了。我們必須要承認，布萊恩特此時的詩歌作品，要比與他年輕對手朗費羅的詩歌，更加優秀或者說更加成熟。不過，朗費羅很多出版的作品都沒有收錄起來，雖然他的這些詩歌作品後來在斯卡德[069]主編的劍橋版本關於朗費羅的詩集附錄裡出現了。因此，我們可以發現，《美國文學公報》這本雜誌將這兩位年輕詩人的作品放在同一頁上，即朗費羅的〈秋天的黃昏〉與布萊恩特的〈希臘亞馬遜之歌〉。朗費羅的〈義大利的景象〉與布萊恩特的〈致雲朵〉，朗費羅的〈精神錯亂的女孩〉與布萊恩特的〈被謀殺的旅行者〉。至於那位年長的詩人對年輕詩人的詩歌的看法，我們無從得知，但值得注意的是，當編輯開始排版版面的時候，他只留了很少的空間給朗費羅的詩歌。我們需要記住一點，布萊恩特在 1821 年就已經以書籍的形式出版了自己的作品，他早期所創作的詩歌，以及他在《文學公報》上的詩歌作品，已經讓他獲得了大西洋彼岸最有創造力詩人的稱號。「我們所感受到的樂趣，與我們所感受到的驚喜是一樣的。」這本雜誌寫道，「當我們拿到布萊恩特的詩歌，聆聽著這些詩歌閱讀時的那種旋律變化，就會感受到作者對語言的完美掌控，深刻地感受到這些詩歌就是真正的美國詩歌。」「雖然一些英國評論家會對他說三道四，」這篇文章接著說，「但是，英國那邊的詩人現在肯定是忙著為所謂的桂冠詩人創作，讓他們記住一點，只需要在詩歌的競技場競技，他們就能獲得騎士的稱號。」一個有趣的事

069　斯卡德（Horace Scudder, 1838-1902），美國學者、編輯。

實是，老一輩詩人與年輕一輩詩人在詩歌創作數量上的差異，在朗費羅只有十七歲的時候，就已經被這位編輯無意識地說出來了。

因此，從布萊恩特與朗費羅所創作的詩歌當中，我們可以看到美國本土的詩歌文學已經開始慢慢生根發芽了。〈小溪〉與〈摩拉維亞修女的頌歌〉這兩首詩歌也刊登在《公報》出版的雜錄集裡，之後就成為了美國詩歌創作方面的百科全書。這本詩歌的雜錄集收錄了朗費羅年輕時期所創作的十四首充滿情感的詩歌。在這十四首詩歌裡，他認為只有六首詩歌是有保存下來的價值，而將〈在一個無名墓前的輓歌〉、〈感恩節〉、〈垂釣者之歌〉、〈秋天的黃昏〉、〈薩沃伊之歌〉、〈義大利的景象〉、〈威尼斯的貢朵拉船夫〉以及〈海上潛水夫〉等詩歌保存下來。他本人曾說，自己所保存下的這些詩歌，都是在十九歲之前所創作的。從這本詩歌雜錄集的出版日期上，我們也可以知道這點。即便是在一些被他認為是不好的詩歌裡，讀者也依然能夠感受到，朗費羅在語言旋律方面的掌控是多麼的嫻熟，能夠對外在事物的本性表達出一種迅速而又不那麼深沉的情感。不過，他後來修改了這些詩歌，這樣的改變更多只是語言層面上的，因為他更加注重詩歌的旋律性。因此，在〈冬天的樹林〉重新刊印的時候，他刪除了其中的一段詩歌：

「在灰色楓樹剝落的樹皮上，
細嫩的枝丫在白霜中抽枝。
在嚴寒的冰泉上 ── 挺拔！
麻鴉那尖銳的鳥嘴正在喝著水。」

這說明，在年輕的朗費羅看來，他已經選擇放棄了這些讀起來缺乏韻律感的詩句。一般來說，他會睿智地避免重新潤飾早期的詩歌。他還為《公報》雜誌投去了三篇散文，他的這些散文都是以歐文的寫作風格完成的，其中還包括一些詩歌。朗費羅的這些文章在當時都吸引了一些讀者的

注意。《公報》雜誌的所有人帕森斯先生完全相信，這位年輕創作者所具有的活力與創造能力，並且表示他曾將朗費羅所創作的〈秋天的黃昏〉這首歌認為是布萊恩特所創作的。而在《銀河》雜誌上，朗費羅的名字與布萊恩特以及珀西瓦爾等人的名字排列在一起。當然，在這個階段，布萊恩特身為年輕一輩詩人的領袖人物的地位是不容置疑的。多年之後，朗費羅也表達了對布萊恩特的感謝之情，表示：「當我回首早年的時光，我只能微笑地表示，很多的功勞其實都是屬於你的。我認為，自己當時的很多作品都是對布萊恩特作品的一種不自覺的模仿。我必須要承認這一點。」

　　在《文學公報》上的一個研究則顯得更加有趣，因為這篇研究文章本身就是關於三篇散文研究的。這三篇散文都具有濃重的歐文寫作風格，並且都取了一個非美國化的題目〈世俗的修道院〉。這些充滿幻想的題目名稱與詩歌方面相似的轉變之間，存在著一個獨一無二的對比。大約在同一時候，在〈摩拉維亞修女的頌歌〉裡，我們可以看到作者將普拉斯基的旗幟神聖化了。這首詩歌闡述了普通的摩拉維亞姐妹關係，講述了她們透過紡織的工作供養整個家庭的事情。這給我們帶來了一種充滿想像力的畫面：她們的頭部裹著頭巾，那些閃閃發光的錐體，還有充滿著神祕氣息的走廊。關於這些景象的描寫，在散文作品裡是如此的稀少，因此彷彿讓我們見到了一位年邁叔叔的形象，這位叔叔的面容有點像麥地奇家族圓形浮雕上的大獎章。此人曾在情場遭遇過嚴重的挫折，他穿著一件錦緞做成的褪色背心，手上按著很大的樹枝與玫瑰花。因此，作者想要繼續描述這位臆想出來的叔叔以及周圍的美麗景色：

　　「當我的叔叔看到我對他那些黑色封面的大本書表現出充滿稚氣的崇拜心理時，他產生了愉悅的想法，認為從我幼小的心靈世界裡彷彿看到了一種文學層面上的天才。但是，想要等到我的翅膀慢慢地長大，這需要很長的時間。不過，他對我的愛意也隨著我慢慢長大而漸漸增強。直到他最

後決定將他的整個圖書館裡的書都遺贈給我。圖書館裡的書包括了各種類型的古老書籍以及一些古代與當代的手稿。對我來說，這座圖書館就像一座充滿著無限財富的礦場，讓我每分每秒都可以從感受到知識的泉湧與靈感的展現。這座圖書館其實是一個十分狹小的房間，在他房子裡的一個偏僻的角落，房間的四周裝飾著刻有圖案的面板，並且還有一扇又高又窄的威尼斯窗戶。據說，這扇窗戶就是讓那些『微弱的宗教光芒』進入到這個房間的。我覺得，用這個詞語來形容這個光芒，是相當合適的。」

「關於這個房間的一切都是那麼的古老，散發出一種慢慢衰敗的氣息。房間的桌子是用橡木與楓樹樹木做成的，但桌子已經慢慢被蟲子腐蝕了，因此整張桌子都顯得搖搖晃晃的。旁邊的椅子則顯得很大，上面雕刻有著奇怪的圖案，但是刻劃人物形象所留下的鋒利邊緣，也慢慢地被磨平了。還有一些肖像畫所展現出來的莊嚴氣息，也慢慢因為黑色憂鬱的相框的褪色，而顯得不再具有往日的威嚴，這似乎代表往日的一切榮光早已經消失了。在一個隱蔽的角落裡，我們可以看到一座用鋼鐵做成的沉重大鐘，這座大鐘每到一個時辰就會發出沙啞而沉重的聲音。在大鐘所在位置對面的地方，則擺放著一尊用青銅做成的人物形象，這個人物形象顯得十分陰鬱。在房子的窗戶旁邊，則是懸掛著有點褪色的綠色簾幕，這似乎代表著那些已經逝去的天才早已經離開了這個世界，想要找尋他們的蹤影，只能從一座座小墳墓上找到。因此，古代那些善良而偉大之人所留下的作品，也正隨著時間的流逝而慢慢變成了再次在空中飄散的塵埃。」

朗費羅上面這一段有點矯情且充滿稚氣的寫作風格，很顯然會被當時《北美評論》雜誌的編輯傑瑞德・斯帕克斯[070]，這位十分公正且客觀的編輯的否定。

070　傑瑞德・斯帕克斯（Jared Sparks, 1789-1866），美國歷史學家、教育家。曾任哈佛大學哈佛學院院長。

第三章　初嘗創作

「親愛的先生 —— 我要將你寄給我的這篇文章退回給你。從很多方面來看，你的這篇文章確有很多優點，但整體而言，我認為你的這篇文章並不適合刊登在《北美評論》雜誌上。你在文章裡提出的很多思想與反思都值得肯定，但是你的這些思想仍然缺乏深度，這說明了你是一位涉世未深的創作者。你的寫作風格顯得有些雄心勃勃，雖然偶爾能夠表現出一定程度的優雅氣息。若你能夠勤加練習的話，那麼你肯定能夠成為一名優秀的作家。也許，我對你這篇文章的判斷，是其他人所不能同意的，當然我也尊重他們的觀點。但不管怎麼說，我們這些做編輯的，對於我們的判斷都是沒有什麼固定的標準。」

儘管如此，年輕的朗費羅對走上文學創作這條道路產生了越來越強烈的願望，這可以從他的畢業演說〈我們本土的作家〉裡看的出來。他的弟弟，傳記作家薩謬爾·朗費羅 [071] 多年後在談到朗費羅的這篇演說時說：「朗費羅能夠在七分鐘之內發表這篇演說，引發了讀者的想像，這實在是一件很有趣的事情。」不過，朗費羅甚至沒有重印這篇文章，但在我看來，朗費羅早年最有趣的一篇文章，非他的這篇畢業演說文章莫屬。

我們本土的作家

對於一個美國人來說，有些人口碑甚好 —— 這就是我們的本土作家。就像在異國他鄉聽到我們國家的鄉音時，想起我的家鄉和家中的壁爐，就能激發內心的熱情。除此之外，這還能讓我們去了解什麼才是國民品格中高尚與具有吸引力的東西，總有一天能夠與美妙的詩歌連接在一

071　薩謬爾·朗費羅（Samuel Longfellow, 1819-1892），美國作家、歷史學家、聖職人員。與本書作者在哈佛神學院學習期間的同學。代表作：《朗費羅傳》（*HW Longfellow*）、《朗費羅：最後的緬懷》（*Vespers*）等。

起。那麼，我們真有盛產詩歌的土地嗎？難道我們這片土地就不能充滿著浪漫氣息嗎？難道讓所有景象都充滿神性的詩歌，就不能讓我們的生活變得更加美好，讓我們的呼吸變得更加具有力量，讓我們更能感受希臘島嶼的美感，讓我們感受到生活的宏偉壯大嗎？是的！讚美詩歌就是我們本土的作家所創作出來的！就是在我們國家的文明與公民自由中產生的。這片土地上已經出現了這樣一種聲音 —— 這樣一種精神以及對文學的熱愛，正在我們自由的政治體制下慢慢地出現。

雖然我們現在在談到本國文學的時候，尚且沒有什麼可以吹噓的作品，但我們已經創作出來的文學作品，都是與美國這個美麗的國家緊密連繫起來的 —— 與我們的國家制度、社會風俗以及傳統習慣連繫起來的 —— 總而言之，這一切都讓我們創作出了對我們來說極為特別的東西，因為這是我們在基於這片土地上創作出來的。我們無法拋棄過去對古老英國的文學忠誠，我們無法將真正美國本土作品的作品填滿一個書架。英國文學代表著一座偉大與光榮的豐碑，當然這是過去很多時代的大師所慢慢塑造出來的。從這方面來看，我們是很難與此媲美的。但是，我們不能只是留戀過去，而應該更好地追求美好燦爛的未來。

至於制約影響我國文學發展的諸多原因，我沒有太多的時間可以去一一說明。目前存在的最大問題，顯然就是很多人缺乏關注這個問題，在很多方面上都缺乏足夠專業的人士去這樣做。我們所處的這個時代，是一個需要偉大人物的時代，而不是需要一些付出足夠努力的人。對我們很多人來說，無論是詩歌的創作還是詩歌的作品，在很多時候都只是一種休閒時候的娛樂，從來沒有成為一種專業的發展。不過，出現這樣的問題，並不在於我們我們的作家思想方式與這個國家或是這個時代存在著多大的差異。我們是一個簡樸的民族，除了單純享受生活的樂趣與美好之外，就沒有其他事情可做了：因此，我們在認知層面上必然會出現短視，讓我們無

法充分了解到文學創作者所帶來的價值，並且會對任何看似不具有現實作
用的東西不那麼感興趣，因為大家都希望看到一些具有可操作性並且能夠
運用到現實生活中的東西。但是，如果我們這個國家真的想要擁有本國的
文學文化，就必須要支持本土作家的創作。無論這是否僅僅局限於文學方
面領域，我們每個人都應該首先關心這方面的問題，然後盡自己的努力，
為這方面做出自己的貢獻。總而言之，我們可以將莎士比亞所說的「時代
的面貌」放在一邊，然後衷心地為我國本土的作家們的創作給予鼓勵：只
有這樣，這些作家才會產生一種深沉強烈的信念，產生為這個事業而努力
奮鬥的決心 —— 他們就可以心無旁騖地創作 —— 他們就能懷著高尚的自
我犧牲精神投身到文學創作領域當中 —— 因為當我們每個人的心靈都對
這些文學的拓荒者表達敬意的話，那麼我們的土地上就會出現一種慷慨的
精神，而這樣的慷慨精神將會不斷得到拓展，啟蒙著我們的心靈。

　　就學者層面上來說，英國經常會指責我們沒有產生什麼真正的大學
者。但是，我們有理由相信，很多具有一技之長的人 —— 或是那些深入
研究的人 —— 他們都沒有為這個國家爭取更大的榮譽。我們在這方面的
貧乏，必然會讓我們的國民性對我們的文學發展產生影響。我們的作家不
會總是提及坦佩谷與伊特拉斯坎河，也不會提到羅馬的噴泉：

　　「西方很多喜歡模仿的國家，

　　透過這樣的方式，點燃了他們淬火之後的甕，

　　然後從中吸收了新鮮的活力。」

　　因此，我們只能憑藉自身的努力去做：我們應該讓本土的山丘都彌漫
著歌聲，就好比希臘與義大利的山丘一樣。我國的每一塊岩石都應該變成
傳說中有名的岩石，古印度預言家的墳墓，會變成古代國王的墳墓，或是
變成像薩拉森國王那個潮溼的墓地拱頂與長明燈。

在簡單談及了制約我國文學發展的一個元素之後，我想要談談一個充滿希望與前景的方面：這就是美國的自然風光對詩人品格所產生的重大影響。可以肯定的是，所有的天才，首先都是人。對於天才來說，能夠成為一個思想自由、不受限制且不需要壓制內心情感的人，這是一種高度的特權。但是，這樣的人往往是由自然那雙極具可塑性的雙手去塑造出來的！當像卡諾瓦這樣的天才無法將那位科西嘉人（指拿破崙[072]）的半身雕像呈現出來，因為他在法國的大都市裡，無法感受到義大利那明媚的陽光以及葡萄樹漫山的山丘，這說明了自然風光對一個創造者來說是多麼的重要！很多人可能會談論著安靜地舒適地坐在圖書館裡，喜歡與書為朋友，然後忘記了喧囂的俗世所帶來的各種煩惱。但整體而言，這個世界上沒有什麼能夠讓我們從這個世界的喧囂與湧動中抽離出來，也沒有什麼能讓我們的心靈填充著偉大的想法與靈感，並且同時讓我們的心靈充滿著愛意與溫柔，而只有欣賞美麗的自然景色才能幫助我們做到這點。我們國家的自然風光是如此的美麗與豐富，有著無與倫比的魅力與雄偉壯觀的山丘，這些自然風光將壯美的安靜與孤獨的敬畏感融合起來，對我們的視覺來說是極具震撼力的，因為我們的耳朵是那麼容易聆聽自然的聲音，而內心的那種激動是那麼的無法言說。自然所發出的語言就在崇山峻嶺之上，就在安靜美好的山谷下。就在山丘之間那一片波瀾不驚的湖面上。這些自然風光都會給我們帶來創作的靈感。在我們這個「充滿著陽光與紫色雲朵的」世界下，當我們感受著早晨的壯美，或是當我們看到夕陽西下，西邊的天空所呈現出來的千變萬化的畫面，這都會深深激蕩著我們內心的靈魂。

　　我們的詩歌絕對不是單純的詩集。這應該是在這些人的心靈深處，他們熱愛著這個世界賜予他們的一切 —— 他們不僅享受工作，更能夠從假

072　拿破崙（Napoléon Bonaparte, 1769-1821），法國軍事家、政治家與法學家，在法國大革命末期和法國大革命戰爭中達到權力巔峰。

期中得到心靈的休息 —— 他們喜歡進入自然的世界去讓心靈平復下來，他們發現了自然帶給他們的那種美好的情感與純粹的奉獻精神，這些都能讓那些過著普通卑微生活的人感受到這一切。他們能夠從普通的生活中感受到點滴的樂趣，同時也不會大肆渲染自己的悲傷情感。

　　因此，要是我們的心靈能夠感受身邊事物的顏色 —— 那麼我們的心靈就會產生一股自然而然的熱情 —— 這是一種關於詩性情感的豐富發展，我們會透過詩歌的方式將這樣的情感淋漓盡致地表達出來。雖然藝術的作品可能會隨著時間的流逝慢慢失去其原先的光彩，並且最終從這個世界上消失，但是自然呈現出來的形態將永遠保持對人類心靈的影響，而這必然會對從事文學創作的人產生重大影響。

　　因此，我們應該對我國文學實現美感以及崇高的目標保持希望，因為沒有哪一個民族比我們生活在一個更富於自然寶藏的國度！當他展望新英格蘭山嶺和峽谷，樹木和河流時，或許每個人都能興奮而驕傲地說 ——「這是我的，這是我的故土！」

第四章
將文學視為人生追求

第四章　將文學視為人生追求

　　1825 年 6 月，朗費羅畢業於鮑登學院。在他的內心深處，顯然從一開始就不是單純獲得大學證書，而是有著更大的追求。此時的他內心沒有任何疑問或是困惑：要麼追求文學創作的道路，要麼一事無成。他這樣的選擇，絕對不是單純將文學創作視為一種優先的選項，而是將這視為一種野心與目標，希望能在這個領域留下自己的大名。他在寫給朋友喬治‧W‧威爾斯的一封信裡這樣說：「事實上，我也不知道這到底是為什麼。除了從事文學創作之外，我不願意學習其他任何專業。我不願意成為著名的律師，因為我沒有與人辯論的天賦。我沒有成為牧師的天賦，更別說要成為一名醫生了，因為我的內心絲毫沒有這樣的打算。」甚至在畢業前的一年，他在一封寫給父親的信件裡，這封信標明的時間是 1824 年 3 月 13 日，信裡就有這樣一段預示著他未來要從事職業的話語：

　　「我對您想要我從事什麼工作的想法感到好奇 —— 無論我是否學習某個專業，如果真是這樣的話，我對其他的專業都沒有興趣。我希望您在這個問題上的看法能夠與我的想法一致，因為我對自己的人生發展方向有著一個特別強烈的想法，我認為您可能不會同意我的這些想法。在我看來，只有當我對您的願望有所了解之後，我才會告訴您我的想法，否則我說什麼都是沒有用的。」

　　朗費羅寄給父親的這封信，好幾個月都沒有得到回覆。最後，他在後來寫給父親的一封信裡，表達自己的個人願望，這封信標明的時間是 1824 年 12 月 5 日。

　　「我想要及早抓住這個機會寫信給您，因為我想要知道您在我大學畢業後，對我日後要從事什麼職業的看法。」

　　「在我看來，我之前已經向您暗示過，從事什麼工作會讓我感到困惑。我想在劍橋地區待一年，目的就是更好地閱讀歷史方面的書籍，並且

對傳統文學的傑出作家有所了解。與此同時，我想要學習義大利語，在沒有義大利人的幫助下，我只能透過研究義大利語文學作品去學習。在大學畢業之前，我想要精通法語。在離開劍橋之後，我想要從事關於文學期刊出版方面的工作。即便是在那個時候，我也會繼續堅持學習，並且享受閱讀所帶來的好處。現在，我認為，在我的人生規畫或目標裡，還需要去做更多的事情了。事實上 ── 我絕對不會掩飾自己想要去做的事情，因為我認為這樣的掩飾毫無必要。我最想要做的事情，就是未來在文學領域爭取功名。我的整個靈魂都在為此目標而熾熱地燃燒著。當然，我的這個目標似乎有點空想的成分，但我會安慰自己說，我有足夠的謹慎與耐心去保持自己的熱情，絕對不會急於求成，也不會因為一時的失敗而喪失自己的鬥志。可以肯定的是，在我們國家的歷史上，從沒有像現在這個時代這樣，為我們充分發揮文學才華提供更好的機會了。可以說，目前絕大多數的文學創作者都不是所謂的專業人士，因為他們沒有去研究與學習神學、法律或是醫學。但是，這顯然是過去時代的看法。我堅信，我們應該更多地注意哲學家們所提出的觀點，即『只有自然才能讓一個人獲得真正的知識』。」

「不論自然是否給予我獲得真正知識的能力，自然的存在始終在文學創作需求方面，給予我強大的動力。我發自內心地相信一點，即如果我能夠在這個世界上出人頭地，那麼我就必須要將自己的才華置於廣闊的文學領域之內。懷著這樣的信念，我必須要說，我不願意去學習法學。」

同年 12 月 31 日，朗費羅再次透過寄新年禮物給父親的機會，寄去了一封信給父親：「讓我在劍橋地區待上一年時間吧，讓我好好地學習研究純文學吧。在那之後，我不需要預言家來告訴我，我是否能夠在文學領域內有所作為。如果我在這方面失敗了，那麼我仍然還有充足的時間去學習的其他方面專業知識。居住在劍橋地區期間，我將會努力學習一些外語。我認為，這些外語的學習無論怎樣對我日後的人生發展都會有好處。」

第四章　將文學視為人生追求

　　朗費羅父親的回覆也是非常有特色的，無論是從個人標準還是從詩意角度去看，我們都無法忽略這樣的回覆。那個時代絕大多數年輕的詩人都必須要面對基於波普[073]所創造出來的批判性方法。朗費羅的父母將這視為一種流動性的標準，覺得這是有點偏向於法國大革命。

　　「你在第一封信裡所談論的主題，引啟我們的注意，我們需要認真考慮。想要走文學創作這條道路，若是對那些有足夠經濟基礎的人來說，肯定是可以接受的。但是。我們這個國家的民眾沒有足夠的財富去鼓勵與贊助這些進行純粹文學創作的人。既然你現在還沒有累積這樣的財富（我不會說這是好事還是壞事），也不是生在一個富裕的家庭，那麼你必須要去做一份工作，這可以讓你獲得固定的收入，同時也能夠獲得一些名聲。我很高興看到，我的人生目標從來都不是為了自己的孩子累積財富，而是以最好的方式培養他們的心靈，讓他們的心靈充斥著正確的道德、政治與宗教原則 —— 我相信，一個接受了這種正確教育理念的人，其實就已經獲得了感受幸福的必要財富了。至於你所談到的在劍橋地區待上一年時間，我認為這樣很好。如果我的健康狀況還可以，並且我的經濟狀況給予支持的話，那麼我肯定會滿足你這個要求……在 18 日的《廣告報》上，我看到了《美國文學公報》上的一首詩歌，從這首詩歌的署名上來看，我認為這首詩歌是出自你的手。你的這首詩歌寫得不錯，我讀了也感到非常高興。但是，你需要了解一點，第六個詩節的第二句有太多的韻腳了。『在黑暗且靜止的山毛櫸下面』我認為，這可以用孤獨來代替靜止。我提出這個意見，僅供你思考。經常收到你寄給家裡的信件，讓我感到非常高興。但是，其他人經常抱怨說，自從你離開家之後，就幾乎沒有寫過信給他們，這是不可原諒的事情。」

073　波普（Alexander Pope, 1688-1744），18 世紀英國最偉大的詩人。代表作：《批評論》（*An Essay on Criticism*）、《秀髮劫》（*The Rape of the Lock*）、《論人》（*An Essay on Man*）等。

1825 年 1 月 24 日，朗費羅再次寫信給父親：

「從您上次給我寄來那封信的口吻來看，您的想法應該是，我應該將法學研究當作我的人生事業去做。我非常感謝您理解我在劍橋地區生活一年，利用這一年的時間去好好學習文學方面的知識。我的遠大目標就是，透過這樣的學習，在不需要前往法國與義大利兩國的基礎下，精通這兩國語言 —— 不過，說實話，我想要在有生之年，一定要前去這兩個國家看看……我擔心，您可能會認為我的很多想法都是空想，並且認為我想要成為這個世界的『稀世珍寶』的想法是不切實際的。但是，你必須要肯定一點，樹立一個更高的目標是有好處的 —— 因為，倘若一個人不樹立更高的目標，可能就連最低的目標都不可能實現。事實上，我對學習知識有著最為貪婪的欲望。為了學習與掌握知識，我願意犧牲一切……對我來說，沒有比閱讀與寫作更加讓我感到高興的事情了。雖然我目前對文學知識的了解仍然相對膚淺，但沒有什麼事情能夠讓我放棄文學創作的目標。在您所提到的那三樣專業裡，倘若真的要我去選擇的話，我寧願選擇法學。我不是一位說話流暢的人，但透過不斷地練習，我還是可以彌補這方面的先天不足。我是可以成為一名合格的律師。這份工作可以保障我的日常生活開支，但是文學始終是我追求的理想。」

「昨晚，我購買了威廉‧瓊斯 [074] 爵士一本信件錄的袖珍版本，剛剛才讀完這本書。威廉‧瓊斯爵士懂得用八種語言去創作，看來不需要字典就可以自如地用這些語言去創作。對他來說，還有十二種語言是他所不熟悉的。我聽說，當一個人掌握了多一種語言，那麼他就能獲得多一次成為一個男人的機會。」

074　威廉‧瓊斯（William Jones, 1746-1794），英國語言學和東方學家，生於倫敦。瓊斯畢業於哈羅公學和牛津大學。1774 年取得律師資格。1783 年任孟加拉最高法院法官，後封爵士。他專攻梵語，1786 年在新成立的孟加拉亞洲協會上的演講指出梵語與拉丁語和希臘語有驚人的相似之處。他也將印度遊戲恰圖蘭卡的規則從梵語翻譯成英文。

第四章　將文學視為人生追求

　　毫無疑問，對年輕的朗費羅來說，一個重要的事實是他很早就熟悉了威廉·瓊斯爵士的書籍以及他掌握二十八種語言的事實。正是這樣的認知與了解，才讓學習不同語言的念頭，強烈地吸引著年輕的朗費羅。在南歐、俄國與東方的的一些國家，對於一般的小孩子來說，他們會說三四種語言的情況是比較普遍的，雖然他們說的不是那麼精確，但足以讓別人聽懂。但是，對於一個成年人來說，想要真正掌握一門語言卻需要耗費大量的精力與時間，並且還始終無法真正了解這門語言的精髓。因此，我們只能驚嘆於朗費羅在語言學習方面所具有的超常天賦。每當朗費羅講一門外語的時候，別人總是會恭維他說的話 —— 雖然這本身可能並不算什麼 —— 但是他在說這些外語時表現出來的自如，還是對他翻譯一些國外文學作品產生了重要的作用。他在大學時期所接受的訓練，對他在這方面取得的成就沒有什麼幫助。因為他的大學同學霍桑顯然也是一位具有極高文學天賦的人，卻沒有在這方面表現出什麼能力。

第五章　首次前往歐洲

第五章　首次前往歐洲

　　朗費羅的大學班級（1825 屆）有三十七人，他在畢業時成績排在名義上的第四名——準確地說是第三名——因為他的一位同學在畢業典禮之前突然去世了。畢業典禮之後，鮑登夫人向該學院提供了一筆資金，準備設置當代文學教授一職，這就為朗費羅提供了一個機會。當時的朗費羅還不到十九歲，名義上只是父親辦公室裡的一名法律專業學生，結果被派到了歐洲學習，為擔任這個教授職位做好準備，並且每年獲得了六百美元的補貼。事實上，鮑登學院做出這樣的任命，顯然決定了朗費羅一生的文學生涯——他之所以能夠獲得這樣的機會，就是因為他翻譯了賀拉斯的《歌集》，給學院審查委員會的成員留下了深刻的印象。因此，1826 年 5 月 15 日，朗費羅從紐約乘坐輪船前往歐洲，沿途在波士頓停靠。在此期間，他與喬治·蒂克諾[075] 教授共進晚餐，當時的蒂克諾在哈佛學院擔任教授，朗費羅後來也在哈佛學院擔任教授。蒂克諾教授當時剛剛從一所德國大學回來，就敦促年輕的朗費羅前去那裡學習，並且為他寫了一封給艾克霍恩教授、羅伯特·騷塞以及當時身在歐洲的華盛頓·歐文的推薦信。

　　朗費羅乘坐艾倫船長掌舵的「卡德摩斯[076]號」輪船出發，在利哈佛[077] 地區寫信給他的母親，表示這三十天的航程就像一張沉悶無聊的白紙，這段旅程讓人感到相當疲倦，因為他需要用法語或是英語與別人交流。「您也知道，那些法國人說起話來總是沒完沒了的，船上大約有六個法國人。」雖然他在旅途中可以與這些法國人一起交流，但他距離完全精通法語還有一段距離。朗費羅在奧伊特鎮時寫信說：「我向您保證，我日後肯定會成為名人的。這裡的房子都有寬敞的花園，花園裡面種植著果樹，還

075　喬治·蒂克諾（George Ticknor, 1791-1871），美國學者、作家、教授、拉美和西班牙文學及歷史研究專家。

076　卡德摩斯（Cadmus），希臘神話英雄人物。腓尼基國王阿革諾耳之子，福尼克斯、喀利克斯和歐羅巴的兄弟，在尋找姐姐的途中來到希臘，建立了底比斯城。

077　利哈佛（Havre），法國北部諾曼第地區繼盧昂之後的第二大城市，位於塞納河河口，瀕臨英吉利海峽，以其作為「巴黎外港」的重要的航運地位而著稱。

有涼亭與壁龕，很多居住於此的人會在這裡散步，然後從早說到晚。這樣的景色對我來說是非常適合的。我可以隨時聽到法國人的對話 —— 因為這些法國人總是一刻不停地在說話。除此之外，他們說話完全是用最純粹的法文說的，除了那些在巴黎的上流人士之外，還有很多人。有一位老人就是路易十六國王的遠方親戚。薩依夫人則是那位名人貝利爾[078]的女兒，貝利爾曾為米歇爾‧內伊[079]所謂的叛國罪辯護。這裡還有一位學習法律的年輕人，他曾修正過我在說法語與寫法文時所犯下的錯誤。因為他沒有比我年長多少，所以我在與他說話的時候，就與其他人說話時一樣，不會感到尷尬。這就是我在這裡生活所帶來的一些好處。你也可以輕易想像到這座城市的其他人是怎樣一種生活狀態。在巴黎的文學協會以及他們演說結束之後，他們仍然在說個不停。」

值得注意的是，法國的村莊從一開始就讓他感到失望，正如法國的村莊讓很多外國人感到失望一樣。在他的信件裡，他表示「新英格蘭地區的村莊是多麼充滿朝氣、樂趣與愉快啊，多麼具有自身的特色，多麼有趣與美好啊，這與城鎮形成了鮮明的對比」。不過，朗費羅發現法國的村莊與被廢棄的城鎮差不多，「有著相同的鋪面道路，同樣黑暗狹窄的小巷，並且沒有走廊，相同的昏暗石砌房子，每個人都可以窺探到鄰居家的窗戶，相同且永恆的石牆，這讓陌生人根本無法看到這個地方的美麗景色，讓那些喜歡自然景色的人感到很不滿。」但是，當朗費羅置身於鄉村景色的時候，與那個時代很多美國男性一樣，他感到非常高興，正如他所描述的下面這個景象：

078　貝利爾（Pierre-Antoine Berryer, 1790-1868），法國國會議員、雄辯家。
079　米歇爾‧內伊（Michel Ney, 1769-1815），埃爾欣根公爵，莫斯科瓦親王，被稱為「勇士中的勇士」，法國軍人，法國大革命和拿破崙戰爭期間的軍事指揮官，拿破崙一世手下 18 名法國元帥之一。

第五章　首次前往歐洲

「10月5日，我從奧爾良[080]徒步出發，前往都爾[081]。在一年十二個月當中，我最喜歡的月分就是十月了。當我思考如果繼續留在巴黎的話，我就有可能失去欣賞法國中部景色，無法欣賞秋天法國的葡萄園與秋天美麗的景色時，我就下定決心，要將書合上，然後背上背包，戴上一頂藍色的帽子出發 —— 這樣做與昆廷·德沃德[082]並不完全相似，而是更勝於德沃德。我乘坐『奮進號』輪船來到奧爾良，奧爾良的沿途鄉村景色並不是那麼的美麗。」

「我是在陰沉憂鬱的一天，開始我的徒步旅行的，您可能會在休厄爾的年鑑部上找到這股悲傷的聲音：『在這個時節，你要預計到天會下很多雨水。』、『這裡的天氣變化很大，當然從很多方面來看，這樣的天氣都是不錯的。』 —— 但是，我認為這樣的天氣並不適合步行。可是我有著一顆輕鬆愉悅的心，因此我整天都懷抱著愉悅的心靈。在夕陽西下的時候，我發現自己已經走了七里路，已經遠離了博讓西[083]地區。我發現一條路可以通到葡萄園。就視線所及的地方，這條道路的兩邊都纏繞著藤蔓，只是偶爾能夠透過裂縫看到羅亞爾河、炮塔角樓以及古老的城堡，或是看到遠處村莊教堂的尖塔。早上天空的雲層飄來飄去，我認為這一天的天氣一定會很好，於是就抄了鄉村的捷徑，穿過了葡萄園，整個人都在認真細緻地欣賞著這裡的景色，感受著腦海裡冒出來的各種靈感。我還記得，在夕陽西下的時候，我來到了一條道路，這條道路可以通過一個龐大的葡萄園，這裡的村民都在葡萄園裡勞作。我則在附近閒逛著，與一些農民交談，然後找尋晚上可以入住的小旅館。此時，一些農民從我的身旁走過，我向他們道了晚安。我發現這群農民的一些女孩都要前往不遠處的一個村

080　奧爾良（Orléans），位於法國中部的城市，為中央 - 羅亞爾河谷大區首府和盧瓦雷省省會。

081　都爾（Tours），法國一座古老城市。目前為安德爾 - 羅亞爾省首府。

082　昆廷·德沃德（Quentin Durward），蘇格蘭小說家華特·司各特的同名小說《昆廷·德沃德》中的主角，是個射箭手和實習軍官。小說中是法國國王路易十一的衛士。

083　博讓西（Beaugency），位於法國中央大區盧瓦雷省羅亞爾河畔的一個鎮。

莊，我就加入了他們的隊伍。如果可能的話，我想要在村莊裡的一間農舍裡住一個晚上，這樣的話，我就可以認真研究他們的生活習慣以及風俗。我的背包裡放著一根長笛，我想著，當我來到了村民的家門口，可以像戈德史密斯[084]那樣吹起這根長笛 —— 即便沒有人要求我吹奏長笛，我也願意吹起來自娛自樂。沒過多久，我就下定決心要獲得別人的邀請。於是，我就跟一位走在我身旁的一個女孩說，告訴她我的背包裡裝著一根長笛，然後詢問她是否想要跳舞。這位女孩聽了哈哈大笑起來！你知道她是怎麼回答的嗎？她說她想要跳舞，但她不知道什麼是長笛！她的回答，簡直破壞了我內心那種浪漫想法！我的浪漫想法到此完全破滅了。在整個旅程中，我再也沒有談及長笛相關的事情。我的唯一想法，就是感覺肚子非常飢餓，這逼迫著我想要敲響某個村民的大門，正如戈德史密斯那樣。」

因此，我們可以看到，無論朗費羅去那裡，他天生愉悅的性情都會讓他克服所面臨的一切困難。華盛頓・歐文在他的日記裡，就談到了朗費羅在馬德里時期的情況，說他平安抵達這裡的時候，臉上顯得非常愉悅，因為他一路上沒有遇到強盜。亞歷山大・艾瑞特夫人是馬德里一位美國牧師的夫人，在寫信給美國那邊的親人的時候這樣說：「朗費羅的形象就是一封優秀的推薦信。」朗費羅非常迅速融入到西班牙當地的社交圈子裡，並且還在村莊的假期時與村民在大街上跳舞。在阿爾罕布拉，朗費羅看到了阿爾罕布拉宮殿那裡美麗的城牆，看到了吉普賽風格的洞穴在對面的山丘上。在八個月的西班牙旅程結束之後，朗費羅前往義大利，並且在義大利待到了十二月，然後在新的一年到來的時候去到了德國。此時，朗費羅用總結的口吻談到了他對語言知識的了解：「在法語與西班牙方面，我自認已經能夠非常熟練地與當地人交流了，我能夠輕鬆自如地書寫與表達，就

084　戈德史密斯（Oliver Goldsmith, 1728-1774），愛爾蘭詩人、作家與醫生。代表作：《威克菲德的牧師》（*The Vicar of Wakefield*）、《廢棄的農村》（*The Deserted Village*）、《屈身求愛》（*She Stoops to Conquer*）、《兩隻小好鞋的故事史》（*The History of Little Goody Two-Shoes*）等。

與我使用母語英語一樣輕鬆自在。我在閱讀葡萄牙語時，也同樣沒有遇到任何困難。關於我的義大利語的熟悉程度，我只能說，在我入住的每一間義大利旅館裡，很多人都認為我是土生土長的義大利人，除非我告訴他們，我是一個道道地地的美國人，他們才大吃一驚。」朗費羅去到德國之後，靜下心來研究。他的父親在之前寫給朗費羅的信件裡，就非常有先見之明地說：「我認為，德語與德國文學要比義大利語以及文學來得更加重要。」不過，朗費羅的父親並沒有意識到，年輕的朗費羅在語言學習方面有著過人的天賦，懂得如何舉一反三地學習。1829 年 3 月 18 日，朗費羅在寫給妹妹的一封信裡這樣說：「我的詩歌生涯已經結束了。自從我離開美國之後，我都沒有創作過兩行詩歌。」但是，朗費羅卻不斷地給凱里[085]與利[086] —— 這兩位費城的出版商寄去自己創作的文章，講述與新英格蘭地區相關的生活與風景文章。在朗費羅的筆記本上，我們可以看到下面這樣的風景描寫：

「1. 新英格蘭地區的風景：對塞巴戈湖的描述，漂浮的木材，酒館的畫面，與圖畫相關的傳說故事。」

「2. 新英格蘭地區的一座村莊：鄉紳，牧師，執事，農舍的廚房。」

「3. 剝玉米殼的遊戲：歌曲與傳說。那些在跳舞的少年，那些與科迪印第安人相關的傳說，還有與他們的酋長薩科貝贊的相關描述。」

「5. 感恩節：輕鬆歡快的氣氛以及與此相關的傳說故事（同樣與印第安人相關。）」

「7. 對懷特山的描述：關於嗜血雙手的傳說。」

「10. 在鄉村裡舉辦的拉斐特招待會。」

085　凱里（Edward L. Carey, 1805-1845），美國出版家、鑒賞家。凱里＆哈特出版社創始人之一。
086　利（Isaac Lea, 1792-1886），美國出版家、貝類學家、地質學家。

「13. 東部地區：阿卡迪亞的傳教士活動。」

　　幾天之後，朗費羅從哥廷根[087]寫信給他的父親說：「我以後再也不來歐洲了。」我們可以看到，此時身在德國的朗費羅內心所想的只有美國。正如他日後在美國所翻譯的一些關於德國主題的作品。這樣的思想已經潛移默化地說明一點，即將這兩種思想影響混合起來，必然能夠讓多年後的他名聲大噪。他早期的作品幾乎都在歌頌著勤勞的美國人。如果我沒有記錯的話，美國民眾對歐洲大陸的印象也是如此僵硬刻板。此時，朗費羅想要離開歐洲，回到美國的想法已經變得越來越強烈了，這可以透過他後來幾乎只創作與美國主題相關的作品看出來。值得注意的是，在朗費羅前往歐洲之前，他所創作的一些虛構作品或是與外國主題相關的作品，其實都是與這個時期美國出現的一些幼稚作品相差無幾的。當時美國出版的很多作品，都會描述印第安獵人，講述他們是如何在綠色的樹木叢中狩獵等。在朗費羅從歐洲回來之後，並沒有將這件事放在一邊。瑪格麗特・富勒[088]女士就曾這樣評價朗費羅：「他似乎不斷地吸收著歐洲各國的文化精華，然後將這些文化精華融合起來。」瑪格麗特・富勒女士評價了朗費羅的《夜晚之聲》的前奏，她指出「五旬節」與「主教帽」，其實並不是代表朗費羅在單純地「嘲笑某些事情」，而是想要詳細地描述這些事情。但是，這樣的寫作習慣已經慢慢消失了。他在翻譯方面的天賦，也許要超過當代任何其他詩人。正是這樣的天賦讓他始終能夠按照過去的風格將一些作品翻譯出來，而不是按照現有的時代去創造出全新的作品，從而讓他翻譯的作品受到了很多普通讀者的歡迎，同時也讓他遭受了很多批判家的批

087　哥廷根（Göttingen），位於德國下薩克森州內東南部的一座傳統大學城，並以教育、科研機構而著稱。著名的哥廷根大學即位在本市。

088　瑪格麗特・富勒（Sarah Margaret Fuller Ossoli, 1810-1850），美國記者、文化批判家、超驗主義運動者、女權社會活動家，俗稱「瑪格麗特・富勒」。代表作：《夏日湖區》（*Summer on the Lakes*）、《十九世紀的婦女》（*Woman in the Nineteenth Century*）等。

評。想要按照他的方式構思最複雜的詩歌，這對他來說只是一種有趣的樂趣。有時，這就霍桑整個冬天都與外界發生交流一樣。正如霍桑的妻子索菲亞[089]所說的「他的前額彷彿打了一個結，」事實上，此時的霍桑正在專心創作著《紅字》這本書。

正如斯卡德先生在他那篇優秀文章〈朗費羅與他的藝術作品〉裡所說的，我們始終都不應該忘記這樣一個事實，即年輕的朗費羅在歐洲遊學期間，不僅是在為日後的專業工作做好準備，其實也是在為日後的文學創作打好基礎，這一切都是朗費羅有意為之的，絕對沒有任何的機緣巧合。斯卡德的這段評論，可以透過朗費羅的摯友喬治·W·格林[090]教授來證實。格林教授在他撰寫《納撒尼爾·格林[091]傳》時，致敬了他的這位朋友，並回憶了 1828 年他們在拿坡里一起度過的一個晚上：

「我們想要，」他說，「獨處，但是我們卻感覺生命的氣息彌漫在我們的身邊。當我們走路的時候，回到一座房子的屋頂，可以俯瞰附近擁擠的大街，可以看到遠處那美麗的海灣，還可以看到海灣之外的伊斯基亞島[092]、卡布里島[093]以及蘇連多島[094]。在密密麻麻的屋頂、別墅建築以及葡萄園之外，我們還可以看到遠處的維蘇威火山。」維蘇威火山上冒出的濃煙給人一種不祥的預兆，似乎就懸掛著那座致命山峰的上空，時刻提醒著

089　索菲亞（Sophia Hawthorne, 1809-1871），美國畫家、插畫家，著名小說家霍桑的妻子。

090　喬治·W·格林（George Washington Greene, 1811-1883），美國歷史學家。美國獨立戰爭大陸軍將領納撒尼爾·格林將軍子孫。在 1828 年朗費羅義大利旅行期間，格林一路陪伴同行，後兩人結下一生友誼。代表作：《納撒尼爾·格林傳》（Life of Nathanael Greene）、《歷史研究》（Historical Studies）、《美國獨立戰爭的歷史觀》（Historical View of the American Revolution）等。

091　納撒尼爾·格林（Nathanael Greene, 1742-1786），美國獨立戰爭時期大陸軍將領，南方戰場後期的大陸軍指揮官。

092　伊斯基亞島（Ischia），第勒尼安海中的一個火山島，距離義大利南部城市拿坡里約為 30 公里。島嶼的形狀大致呈梯形。

093　卡布里島（Capri），義大利拿坡里灣南部，蘇連多半島外的一個小島，自從羅馬共和國時代以來就以風景秀麗聞名，是著名的旅遊勝地。卡普里屬於坎帕尼亞大區的拿坡里省。

094　蘇連多島（Sorrento），義大利坎帕尼亞區下的一個市鎮。蘇連多位於蘇連多半島北岸，瀕拿坡里灣，北距拿坡里 27 公里，是一個觀光勝地。

我們當年火山爆發時那位最著名的受害者普林尼[095]。金黃色的霧氣籠罩著蘇連多島的海角，我們想到了塔索地區。卡布里島此時似乎在安靜地沉睡，就像海邊上的海鳥一樣。我們似乎能夠聽到塔西佗[096]穿越了十八世紀的時光，在我們的耳畔低聲傾訴著什麼，跟我們訴說著歷史學家手上的那支筆，要比帝國的輝煌以及覆滅都來得更有力量，能夠抵擋住時間的沖刷流逝。在這裡，我們看到塔西佗出生的那個島嶼，可以知道他當年報復了西西里島的晚禱行為。當時，我們還不太熟知尼科利尼[097]，但是他的很多著名詩歌所產生的精神，已經深入到了每個義大利人的心中。維吉爾[098]的墳墓就在不遠處，桑納札羅[099]的骨灰就埋在不遠處。總而言之，這個地方就像一曲莊嚴神聖的音樂，震動著我們的心靈，讓我們感受到義大利夕陽的美感與歷史滄桑感。」

在朗費羅的第一次歐洲之旅中，一個顯然的事實就是，雖然他名義上是要純粹接受教育方面訓練，但他其實也正在為文學創作做好準備。我們可以從他在 1829 年 5 月 15 日寫給父親的一封信裡看出來，當時朗費羅在德國聆聽講座，認真地學習著德語。正如他在信中所說的，他「正在創作一本書，這是一本素描本，描述了他在法國、西班牙與義大利所見到的人文自然風光景色的書」。現在，我們看到一本名為《海外領地》的書，就是朗費羅當年所創作的這本書。在這封信裡，朗費羅將自己的專業學習以

---

095 普林尼（Gaius Plinius Secundus, 23-79），常稱為老普林尼或大普林尼，古羅馬作家、博物學者、軍人、政治家，以《博物志》一書留名後世。 老普林尼是羅馬騎士與元老院議員加伊烏斯‧凱奇利烏斯的外孫。曾任西班牙代理總督，後擔任拿坡里艦隊司令。老普林尼在觀察維蘇威火山爆發時，不幸被火山噴出的毒氣毒死。

096 塔西佗（Gaius Cornelius Tacitus, 約 55- 約 117），羅馬帝國執政官、雄辯家、元老院元老，也是著名的歷史學家與文體家，代表作：《歷史》（*Historiae*）、《編年史》（*Annales*）等。

097 尼科利尼（Giovanni Battista Niccolini, 1782-1861），義大利詩人。

098 維吉爾（Virgil, 西元前 70- 西元前 19），奧古斯都時代的古羅馬詩人。代表作：《牧歌集》（*Eclogues*）、《農事詩》（*Georgics*）、史詩《艾尼亞斯紀》三部傑作。

099 桑納札羅（Jacopo Sannazaro, 1458-1530），義大利詩人、人文主義者、目錄學家。

及文學創作的準備結合起來了，表示「一個人必須要以正確的方式去創作，只有這樣才有可能去教育別人」。在這封信裡，他繼續說：「我前進得越遠，就越發現自己還有很多工作需要去做。我肯定不會像很多半桶水的文人那樣，只是希望創作一些低俗的作品來混口飯吃。我現在的強烈願望就是要盡快回到美國。」朗費羅的弟弟告訴我們，在朗費羅這個時期的日記本裡，我們可以發現洛克[100]的一段名言，這段名言在多年之後朗費羅的一封信裡出現了，也在他 1880 年面對劍橋地區的孩子們的一篇演說裡使用到了：「所以說，無論是思想還是我們年輕人的孩子，都可能會要比我們先走一步。對我們來說，我們的心靈就代表著我們正在不斷靠近的墳墓。雖然銅製雕像與大理石仍然還在，但是墓碑上的銘文卻慢慢地被時間所淹沒。那些想像性的畫面漸漸模糊直至消失殆盡。」[101] 朗費羅在演說中還引用了約翰‧利利[102]的《恩底彌翁[103]》裡的一段話。十年之後，朗費羅在他完成的作品《海柏利昂[104]》一書裡，就使用這段話作為開場白：「你

100　洛克（John Locke, 1632-1704），英國的哲學家。在知識論上，洛克與喬治‧柏克萊、大衛‧休謨三人被列為英國經驗主義的代表人物，但他也在社會契約理論上做出重要貢獻。洛克的思想對於後代政治哲學的發展產生巨大影響，並且被廣泛視為是啟蒙時代最具影響力的思想家和自由主義者。他的著作也大為影響了伏爾泰和盧梭，以及許多蘇格蘭啟蒙運動的思想家和美國開國元勳。他的理論被反映在美國的獨立宣言上。代表作：《論寬容》（*A Letter Concerning Toleration*）、《政府論》（*Two Treatises of Government*）、《人類理解論》（*An Essay Concerning Human Understanding*）、《教育漫話》（*Some Thoughts Concerning Education*）等。

101　「……那些想像性的畫面漸漸模糊直至消失殆盡。」此句引自洛克的《人類理解論》（*An Essay Concerning Human Understanding*）。

102　約翰‧利利（John Lyly, 1554-1606），文藝復興時期英國作家、劇作家、詩人。以寫作《尤弗伊斯：才智之剖析》（*Euphues: the Anatomy of Wit*）（1578 年出版）而著名，該書是一部散文傳奇作品，從它產生了尤弗伊斯體這一術語。

103　恩底彌翁（Endymion），古希臘神話人物之一。常年於小亞細亞拉塔莫斯山中牧羊和狩獵。其事蹟見於古典作家之著述。由於與月神相戀而受到宙斯懲處。亦於相關藝術作品中得到廣泛反映。

104　海柏利昂（Hyperion），希臘神話中提坦巨人之一，是大地女神蓋亞和天王烏拉諾斯之子，太陽神之父。朗費羅的《海柏利昂》整部作品的意義就是橋梁和催化劑，所謂的橋梁就是朗費羅把德國的文學精華介紹到了文化還處於蒙昧階段的美國，開闊了美國人的視野，讓他們及時擁抱世界文學；所謂催化劑就是對美國文學的發展產生了不可替代的作用，同時也促進歐洲文學的發展。

知道詩人是什麼嗎？你這個傻瓜，詩人就是人們所能說的 —— 就是一個詩人。」當我們思考朗費羅在寫給他妹妹的一些信件內容的時候，其實只是找到了證明了這個事實的證據。這並不需要我們去做證明，一個年輕作家並不需要了解他們。

1829 年 8 月 11 日，在歐洲大陸度過了三年時間之後，朗費羅回到了美國。此時，他希望將鮑登學院視為自己的落腳點，希望擔任該學院當代語言學的教授職位。可以肯定的是，直到此時，經濟學院已經給他提供了教職職位。但是，朗費羅在這個關鍵抉擇的時刻，表現出了他的冷靜與勇敢，這也是他處理所有事務上所表現出來的共同特點。當然，他那位內心焦急的父親可能並不完全贊同他的所有做法。在這個情況下，他做出了最終的決定。1829 年 9 月 6 日，鮑登學院所記錄的這份簡短的文件就說明了這件事情：

「鮑登學院理事會，1829 年 9 月 1 日：亨利·W·朗費羅先生已經拒絕接受當代語言講師的職位。」

「經過我們的投票，準備設置當代語言學的教授職位。」

「我們決定聘請亨利·W·朗費羅先生擔任當代語言學教授。」

因此，這件事情就這樣解決了。在二十二歲的年齡，朗費羅就開始了自己的人生事業。那些在日後成為他身邊朋友的人，霍姆斯才剛剛從哈佛學院畢業，索姆奈[105]還只是一個大四學生，羅威爾此時還是劍橋地區的一個普通學生。在當時的美國，幾乎沒有哪一所學院會特別設置當代語言學教授的職位，雖然喬治·蒂克諾先生之前為他們設置了標準。朗費羅必須要準備自己的教科書 —— 翻譯《賀蒙德語法》[106]，親自編輯了法語版本

105　索姆奈（Charles Sumner, 1811-1874），美國政治家，麻州聯邦參議員。
106　《賀蒙德語法》（*L'Homond's Grammar*），朗費羅英譯的一部法語語法。

的《戲劇諺語》以及一本西班牙語讀本《標準西班牙語》。除了這些工作之外，朗費羅還參加了其他一些活動，包括為波特蘭一所女子學校編輯了一本內容說明書，當時，這樣的女子學校就像當代語言學教授這個職位一樣罕見。朗費羅還擔任著圖書管理員，他所教授的課程包括法國、西班牙與義大利文學，但卻沒有涉及到德語。因為當時的美國並不怎麼重視德國那邊的情況。關於文學，朗費羅在寫給他的朋友喬治·W·格林的一封信裡說：「自從我回到美國後，已經開始創作詩歌了，但到目前為止還沒有發表過一首。我不需要為此感到驚慌。現在，我只是謹慎起見而已，因為我正在精確地判斷詩歌的真正價值。如果我真的想要出版一卷詩歌作品的話，這可能還要等上很多年。」事實上，九年以後，朗費羅才出版了第一本詩歌集。1831 年 4 月，他為《北美評論》雜誌投去了一篇名為《法語的起源與發展》的論文。之後，他寄給《北美雜誌》與關於義大利與西班牙兩國語言與文學的論文，並且都包括了翻譯的版本。此時，朗費羅開始了教書的生涯，同時人生的另一個轉變也在等待著他。

第六章
結婚以及在布倫瑞克的生活

第六章　結婚以及在布倫瑞克的生活

對很多人來說，關於朗費羅的傳記都沒有談及他早年戀愛與第一次婚姻的事情，即便是他弟弟所寫的傳記，也沒有詳細談論這方面的事情，這的確很遺憾，因為這些事情是詩人朗費羅人生的轉捩點。我們知道，這個時期的羅威爾在性格方面出現了重大的轉變，從之前一個魯莽衝撞的男孩成為了一位認真的改革家以及愛國青年。在朗費羅更為安靜的性情裡，我們找不到出現如此迅疾的改變特徵，但是記錄激發朗費羅詩歌傾向的事情，卻是非常有必要的。1830 年 6 月 27 日，他在寫給朋友喬治‧W‧格林的一封信裡就談到，他不再對自己早期創作的詩歌抱有任何迷戀的情感了，甚至也不會再去想這些詩歌了。但在他結婚一年之後，他開始（時間大約是 1832 年 12 月 1 日）在美國大學優等生聯誼會上發表了自己的一首詩歌，並在接下來的一年裡出版了一卷他從西班牙文翻譯過來的詩歌作品。當然，他的這部翻譯作品有著模仿布萊恩特的痕跡，因為他從某種程度上將布萊恩特視為自己學習的偶像，他從西班牙文學中也汲取了很多創作靈感。因此，朗費羅重新喚起了對詩歌創作的衝動，這也是非常合理的一件事情。當我們認真查看他在鮑登學院時期所發表的一些演說手稿，就會發現這些手稿都附有他妻子的一些手稿內容。因此，我們有必要對朗費羅的第一任妻子詳細介紹一番。

瑪麗‧斯托勒‧波特 [107] 是波特蘭地區的巴雷特‧波特 [108] 與安妮‧斯托勒‧波特 [109] 的第二個女兒，這個家庭是朗費羅家族的鄰居與朋友。瑪麗‧斯托勒‧波特在貝塞里爾‧庫什曼 [110] 在波特蘭所創辦的私立學校就讀時，曾與朗費羅是同學。朗費羅家族的傳統是，當年輕的朗費羅在旅歐三年回

107　瑪麗‧斯托勒‧波特（Mary Storer Potter, 1812-1835），朗費羅的首任妻子。1831 年 9 月 14 日嫁給朗費羅。

108　巴雷特‧波特（Barrett Potter, 1776-1865），美國律師、法官。

109　安妮‧斯托勒‧波特（Ann Storer Potter, 1781-1821），巴雷特‧波特之妻，瑪麗‧斯托勒‧波特之母。

110　貝塞里爾‧庫什曼（Bezaleel Cushman, 1785-1857），美國教育家。

到美國之後，回到自己的家鄉是很重要的。朗費羅在教堂禮拜的時候看到了瑪麗，就被她的氣質所打動，接著就暗暗地跟著她回到家，同時沒有打擾到她。不過，在回到家裡之後，他懇求自己的妹妹與他一起前去拜訪波特家，接下來發生的故事就像一部小說裡的情節。他們於 1831 年 9 月 14 日結婚，當時瑪麗只有十九歲，因為她生於 1812 年 5 月 12 日，而此時的朗費羅也才只有二十四歲。

在這個時期，波特蘭地區似乎開始注重女性的美感了，或者說是女性注意美感了。至少，他們開始注意女性的膚色，這就像花園裡花朵的顏色，受到了附近大海的影響。為朗費羅夫人繪製的一幅油畫，現在由我保管。據說，這是年輕的朗費羅從眾多畫作中挑選出來的，這說明了當時是多麼流行這樣的事情。朗費羅夫人有著黑色的頭髮與深藍色的眼睛，她那雙深藍色的眼睛在她的姪子身上也出現了，雖然她與朗費羅沒有生下孩子。她對學習的熱情與追求，似乎代表著當時年輕一代人的普遍追求。她從未學習過拉丁文或是古希臘文，她的父親不同意一個女生學習這方面的知識，而是鼓勵她去學習數學。在朗費羅夫人的一些手稿上，我們還可以看到她計算著橢圓的文字。

朗費羅夫人所接受的教育主要集中在學校，她的老師是當時欣厄姆地區著名的庫欣夫人。「我對她的第一印象，」受人尊重的阿爾菲斯・帕卡德 [111] 教授後來這樣寫道 —— 在朗費羅夫人結婚的時候，他是鮑登學院拉丁文與古希臘文的教授 ——「是一個充滿魅力的女性，有著健康的活力與少女的美感，她是那位優雅英俊的年輕教授的新娘」。在朗費羅夫人少女時期所閱讀的一些書籍，現在就放在我的手上。當然，這些書籍顯得有點陳舊與過時了，但是她在書上所留下來手寫名字從原先的「瑪麗・S・波特」變成了後來的「瑪麗・S.P. 朗費羅」。從她的筆記可以看出，她標注

111　阿爾菲斯・帕卡德（Alpheus Spring Packard, 1798-1884），美國學者、教育家、教授。

了一些她認為有用的段落，並且還引用了一些文字。這個系列的書籍從埃奇沃思[112]女士的《哈利與露西》開始，接著突然變成了艾蜜莉·泰勒[113]所著的《安息日的娛樂》，再到《花冠，傑出詩人的精選集》——這些詩歌包括了那個時代的一些經典作品，包括比蒂[114]所著的《吟遊詩人》（*The Minstrel*）、布雷爾[115]所著的《墳墓》（*The Grave*）、格雷[116]所著的《墓園哀輓歌》（*Elegy Written in a Country Churchyard*）、戈德史密斯所著的《旅行者》（*The Traveller*）以及坎貝爾、摩爾以及伯恩斯等詩人所創作的一些韻律輕快的歌曲。當然，這些書籍透出來的氣質顯然是陰鬱的，但整體而言，這些書籍對朗費羅夫人在詩歌訓練層面上來說，還是產生了非常巨大的影響。一個讓人感動的巧合是，朗費羅夫人所著重標注的一首詩歌，正是布萊恩特所創作的〈花朵的死亡〉這首詩歌，這首詩歌描述了一位女性在風華正茂的時候死去的故事。除了這些書之外，還有一些更具思想深度的書籍，其中就包括鮑德勒夫人[117]的《詩歌與文集》（*Poems and Essays by a Lady Lately Deceased*），這本書當時已經出到了第十六版了，不過現在早已經被人們所遺忘了。還有巴鮑德夫人[118]所著的《傳給年輕女士的資產》（*A Legacy for Young Ladies*），這本書主要談論美感、時尚、植物學，如何運用歷史知識，特別包括了關於「女性研究」的專題論文。關於這方面，波特法官禁止女兒閱讀這方面的書。巴鮑德夫人在書中闡述了一種觀點，即「了解各種語言，特別是古希臘語，所需要的時間，絕對不是一個年輕女性所能夠承受的。至於拉丁語，」她接著說，「我也持相同的觀點……

112　埃奇沃思（Maria Edgeworth, 1768-1849），英譯愛爾蘭作家。

113　艾蜜莉·泰勒（Emily Taylor, 1795-1872），英國女教師、作家、詩人。

114　比蒂（James Beattie, 1735-1803），蘇格蘭詩人、倫理學家、哲學家。

115　布雷爾（Robert Blair, 1699-1746），蘇格蘭詩人。

116　格雷（Thomas Gray, 1716-1771），英國學者、詩人、教授。

117　鮑德勒夫人（Jane Bowdler, 1743-1784），英國詩人、隨筆作家。

118　巴鮑德夫人（Anna Laetitia Barbauld, 1743-1825），英國詩人、散文家、文學評論家、編輯和兒童文學作家。

在我們目前所處的這個時代，學習與了解這些語言，根本無法讓那些追求時尚的朋友們露出笑容或是對你特別關注。」但是，她後來這樣說：「你不僅可以去學習法語，而且你也應該像你的弟弟那樣，有必要去學習拉丁語。」不過，巴鮑德夫人的要求其實也並不誇張，因為她認為「一個能夠輕鬆閱讀法語的人，才有可能按照法語語法的規則去寫出法文文章。正如我所說的，當你能夠準確發出英文發音，那麼若是在法國小住一段時間，那麼你也能很快地學習法語的發音與對話」。這種關於法語的「英文準確發音」對那些生活在巴黎的英國人或是美國人來說，其實是非常陌生的一種概念。

瑪麗·波特所閱讀的一些更為成熟的書籍是伍斯特[119]的《歷史元素》，無論是過去還是現在，這本書算得上是歷史學習方面的一本有用的手冊。她還看另一本名為《文學瑰寶》的書（1827年出版），這本書是對伍斯特那本書的一個有用的補充，或者說是矯正的手法，因為這本書包括了德國一些充滿想像力作家的作品，其中就包括了歌德[120]、里克特[121]與科納[122]等人的作品，還談到了美國文學學派的發展部分原因在於模仿德國的文學作品，其中威廉·奧斯丁[123]所著的《皮特·拉格，一個失蹤的人》（*Peter Rugg: The Missing Man*）是我們現在唯一記得的一本書了。當我們看

119　伍斯特（Joseph Emerson Worcester, 1784-1865），19世紀中期美國辭典編纂者，韋伯字典的主要競爭人。代表作：《美國英語詞典》（*A Universal and Critical Dictionary of the English Language*）、《古今地名辭典》（*A Geographical Dictionary, or Universal Gazetteer, Ancient and Modern*）、《古今歷史元素及歷史地圖》（*Elements of History, Ancient and Modern, accompanied by an Historical Atlas*）、《英語詞典》（*A Dictionary of the English Language*）等。

120　歌德（Johann Wolfgang von Goethe, 1749-1832），德國戲劇家、詩人、自然科學家、文藝理論家和政治人物，為威瑪的古典主義最著名的代表；而作為戲劇、詩歌和散文作品的創作者，他是一名偉大的德國作家，也是世界文學領域最出類拔萃的光輝人物之一。

121　里克特（Johann Paul Friedrich Richter, 1763-1825），筆名：讓·保羅（Jean Paul），德國作家，德國浪漫主義文學的先驅。

122　科納（Carl Theodor Körner, 1791-1813），德國詩人、軍人。

123　威廉·奧斯丁（William Austin, 1778-1841），美國作家、律師。著名小說人物「皮特·拉格」的創造者。

第六章　結婚以及在布倫瑞克的生活

到瑪麗‧波特所閱讀的這些書籍，就可以知道其實已經有了足夠的知識儲備，可以讓她成為丈夫的心靈伴侶。而布萊恩特與奧斯丁在詩歌層面上所產生的影響，霍桑在散文方面所帶給她的影響，這些都深深刻在她的心靈世界裡，讓她能夠在丈夫面前展現自己的這些想法，讓她可以幫助丈夫更好地創作出美國本土文學作品。可以說，對朗費羅這位年輕妻子的心靈研究，讓我們對朗費羅人生早年的研究變得更加真實與豐富。除此之外，住在布倫瑞克她家附近的一位鄰居艾米琳‧維爾德小姐就將她描述成「一位有著堅強品格與端莊容貌的女性，為人隨和，舉止優雅，高尚的行為贏得所有人的心」。

　　當時，作為當代語言學教授的朗費羅在鮑登學院的年薪是八百美元，另外身為圖書管理員的他還可以獲得一百美元的薪水。從一開始，他就在當代語言教授方面領先了美國其他的老師，他們所遇到的問題主要可以分為兩個方面：第一，美國人對歐洲人以及外國人的了解程度，其實就與歐洲人與外國人對美國人的了解一樣，都是非常不全面的。即便是單純地選擇導師的時候，相同的問題依然存在，雖然隨著時間的流逝，這個問題慢慢得到了部分的解決。部分原因是歐洲大陸發生的革命運動，導致一部分人逃難到美國，特別是來自德國與義大利的難民紛紛湧入美國，這些難民中有不少是高級知識份子，因此他們的到來為美國大學的發展增加了活力。即便這些人在抵達美國初期的時候，成為了一個不受控制的階層，但無論是在美國的大學還是在之後美國內戰期間，這些移民很多時候都是難以控制的一部分人。因此，當他們發現像朗費羅這樣接受過良好教育的人擔任他們的領導，他們都感到非常幸運。

　　年輕的朗費羅需要編輯教科書，並且為學生準備課程。我還記得他所編輯的一本教科書對學生是非常有幫助的，就是上文已經提到的那本《戲劇諺語》。朗費羅將一些簡單且具有可讀性的戲劇作品濃縮起來，然後翻

譯成法文出版，這就非常好地替代了之前的拉辛[124]與高乃依[125]等人所編輯的教科書。可以說，這本教科書在教師心目中的地位，就與莎士比亞的權威相差無幾。因此，當朗費羅完成了這些簡單而有趣的工作之後，他就與年輕的妻子一起打理鄉村榆樹下的那間房子。朗費羅曾這樣描述過當時的生活狀態：

「1831 年 6 月 23 日。我彷彿感覺到自己置身於西班牙。這裡的清晨是如此的柔和與美麗。金銀花的花紋形成的陰影，一動不動地印在我書房的地板上，似乎這本身就是地毯上的一個圖案。透過那扇開啟的窗戶，我可以聞到野生薔薇與山梅花散發出來的味道。小鳥在樹上吱吱喳喳叫個不停，當牠們在陽光下飛來飛去的時候，牠們的陰影就會在我窗戶邊一閃而過。昆蟲發出的低沉鳴叫聲，屋簷下的鴿子發出的咕咕叫聲，還有在金銀花上築巢的蜂鳥發出的嗡嗡聲，似乎都在對初生的太陽表達著無限的歡樂之情。」

124　拉辛（Jean Racine, 1639-1699），法國劇作家，與高乃依、莫里哀合稱十七世紀最偉大的三位法國劇作家。

125　高乃依（Pierre Corneille, 1606-1684），十七世紀上半葉法國古典主義悲劇的代表作家，法國古典主義悲劇的奠基人，與莫里哀、拉辛並稱法國古典戲劇三傑。主要作品有《熙德》（Le Cid）、《西拿》（Cinna）、《波利耶克特》和《賀拉斯》（Horace）等。他的劇作題材豐富，內容深刻，對當時的法國社會產生了很大影響。

第七章　打下的基礎

第七章　打下的基礎

　　年輕的朗費羅每天很早起床開始創作。透過他所寫的信件，我們可以知道即便是在 11 月的時候，他仍然堅持早起，用嚴肅認真的態度對待工作。在他寫給朋友喬治‧W‧格林的一封信（1833 年 3 月 9 日），就談到了他想要以連載的方式來出版一本書，我們可以知道他最喜歡做的事情是什麼。「我發現，出版語法書或是教科書，對我來說是不需要鼓起什麼勇氣的。但是在文學創作方面 —— 或是試圖開始文學創作的時候 —— 這就需要我鼓起強大的勇氣。」事實上，當時的朗費羅已經在《新英格蘭雜誌》上刊登了《海外領地》的一些文章，這是一份當時剛剛在波士頓成立的期刊。不過，這份期刊將朗費羅這些文章的作者身分寫成了「校長」。這些文章首次刊登的時間是在 1831 年 7 月 18 日。而第六次，也就是最後一次刊登的時間則是在 1833 年 2 月。他在寫給妹妹（1831 年 7 月 17 日）的一封信裡這樣說：「我準備寄給妳一本雜誌，讓妳可以消遣一下。我寫了〈校長〉這篇文章，並且翻譯了路易士‧德‧貢戈拉[126]的一些文章。」值得一提的是，朗費羅在信件裡接著表示「閱讀〈已故的約瑟夫‧納特斯特羅姆〉這篇文章，這篇文章寫得非常不錯」。這是威廉‧奧斯丁所寫的一個故事，當時，奧斯丁的《皮特‧拉格，一個失蹤的人》剛剛出版，上面已經提到了拉格的這本書是這個時期美國文學的一個代表。不過，我們可以公平地說，當代評論家很難從朗費羅當時的文章中，看得出他將會在文學領域內有什麼輝煌的未來。在一篇評論文章裡，作者就將朗費羅描述成一位鄉村老師，喜歡在下午的時候與學生們玩耍，只是在展現出一種稀釋之後的歐文寫作風格 —— 朗費羅在後來發表的文章，包括〈在諾曼第的散步〉與〈奧特伊鎮的村莊〉，雖然改變了故事的背景，但依然表現出

126　路易士‧德‧貢戈拉（Luis de Góngora y Argote, 1561-1627），西班牙詩人。生於科爾多瓦的一個貴族之家，後成為神父。其詩集《西班牙荷馬的詩作》曾被查禁。1612 年開始寫的長詩《孤獨》是其代表作，2880 行，未完成。詩中充滿了奇特的修辭，展現了詩人「誇飾主義」的創作風格。

相似的寫作風格。朗費羅這個時期創作的文章表現出的那種粗糙，其實就是這個時代一個典型特徵。雖然霍姆斯與惠蒂埃懷著最善意的出發點在《新英格蘭雜誌》上開始創作嘗試，但依然無法提升這樣的標準。我們可以看到當時《年報》上的列舉出來的很多文章，雖然霍桑此時的寫作風格已經慢慢開始形成了，但朗費羅的創作風格仍然處於不成熟的階段。事實上，這樣評論並不適用於朗費羅翻譯的法國飲酒歌曲，因為朗費羅翻譯出來的作品，說明了他在翻譯方面有著很強的能力與天賦。當然，在 1835年正式出版的《海外領地》初版的時候，朗費羅的創作已經表現出了鮮明的特點，慢慢地走向成熟了。倫敦的《觀察者報》的一篇關於此書的評論文章，在結尾的時候就表達了這樣的判斷：「那位曾創作過《素描本》一書的作者要麼是受到了警告，要麼就是田野裡有兩個里奇蒙。」

在文學歷史上，若是我們將《海外領地》與《素描本》這兩本書進行詳細的對比，就會發現這是這兩本書之間存在著前者模仿著後者的風格。歐文的那本書是紐約的 C.S. 范·溫克爾出版的，而朗費羅的那本書則是緬因州布倫瑞克的 J. 格里芬所出版的。朗費羅的這本書打下了波士頓的希利亞德與格雷聯合出版公司[127]的烙印，而歐文的那本書則打下了印刷工廠的烙印。但是，這兩本書從表面上來看，的確是沒有什麼區別，其中就包括了排版與印刷格式都是非常相近，而且還包括了章節之間插入題目的方式，每個章節前面都會加入一些用外國語言寫出來的名言。我們必須要記住一點，《素描本》這本書與《海外領地》這本書一樣，最初都是按照一定數量去印刷出版的。除此之外，朗費羅在這個時期的創作風格，的確是與歐文的創作風格非常類似，因此乍一看，我們會認為這樣的雷同，歐文是不需要負任何責任的。但是，出於某些原因，或是《素描本》這本書更

127　希利亞德與格雷聯合出版公司（Hilliard, Gray & Co., Boston），一家由美國出版商威廉·希利亞德（William Hilliard, 1778-1836）於十九世紀早期在美國麻州波士頓和劍橋地區創辦的出版公司。

第七章　打下的基礎

早時期在拍賣會上沒有賣出好價錢，而最近在紐約舉辦的阿諾德收藏品的銷售當中，《海外領地》的兩部分則賣了三百一十美元。這本書實在是太稀有了，因此就連哈佛大學的圖書館都沒有第二部分的複製品，而第一部分的版本也不盡完美，因為其中的幾個出現了殘缺不全的情況，但這個版本是朗費羅最初送給菲爾頓[128]教授的，並且上面有朗費羅的親筆簽名。至於寫作風格，我們毫無疑問會在《海外領地》一書裡看到華盛頓・歐文的寫作風格。但在《海柏利昂》[129]一書裡，我們就發現了朗費羅已經擁有了全新的文學理想以及更富想像力的文字。

關於《海外領地》這本書早期的評論文章，都是很多評論家在對朗費羅毫不了解的情況下去寫的，並且在談到此書的時候，總是會涉及華盛頓・歐文的名字。因此，在 1834 年 10 月出版的《北美評論》上就刊登著一篇由 O.W.B. 皮博迪[130]寫的文章。皮博迪在這篇文章裡談論此書時表示：「顯然，這是出自一位有才華且有品味的作家之手，他選擇以傳說故事以及素描的方式，向大眾介紹了他在國外生活的經歷與觀察。」他接著說，「每個讀者都知道，這本書的創作形式是以華盛頓・歐文的方式去做的……我們不能認為這本書就是完全照搬了華盛頓・歐文的寫作風格，但即便如此，作者也肯定模仿了其他作家。」當然，這位評論家的話從某種程度上來看是有道理的，但是當我們比較這兩本書的時候，就必然會發現朗費羅更多的只是吸收了華盛頓・歐文的寫作風格，而他在創作時表現出來的風格，更多的應該是只是一種無意識的流露。即便在這個時候，朗費

128　菲爾頓（Cornelius Conway Felton, 1807-1862），美國教育家，美國斯密森那協會執行董事，曾任哈佛大學校長和希臘文學教授。

129　《海柏利昂》（*Hyperion*），朗費羅早期的一部敘事長詩，於 1839 年出版。《海柏利昂》是最具有德國背景的作品，介紹了德國 25 位著名的傳記作家、小說家、哲學家、詩人和文學評論家。書中還有部分朗費羅翻譯的德國作品。書中的座右銘是：不要悲傷地沉迷於過去，過去永遠不會歸來；明智地抓住現在，現在的一切屬於您；去迎接憧憬的未來吧，無需害怕，攜帶一顆勇敢的心靈。

130　O.W.B. 皮博迪（William Bourne Oliver Peabody, 1799-1847），美國作家、神學家。

羅的這本書對風土人情的描述，也要比歐文的作品來的更加生動與充滿活力，因為當時沒有幾個人曾真正探尋過歐洲大陸的風光。歐文在描述英國所做出的努力，朗費羅則是從整個歐洲的層面上去做。即便是第一批從美國來到德國的學生，包括蒂克諾、科格斯韋爾[131]、艾瑞特[132]或是班克羅夫特[133]等人，雖然他們都擁有著強大的想像力，但他們都沒有試圖這樣去做。他們沒有像朗費羅這樣，向美國民眾展示出德國是一個充滿學識的地方，也只有朗費羅以朝聖者的心態向美國民眾呈現出歐洲大陸的風貌。當朗費羅 1835 年前往英國的時候，他就帶去了兩卷本的《海外領地》，表達新世界大陸向舊世界大陸的致敬。

一個有趣的事實是，薩謬爾·朗費羅在他關於哥哥的真誠回憶錄裡，刪除了所有試圖證明朗費羅曾經在波士頓由 S.G. 古德里奇[134]編輯出版的《紀念物》一書的事實。這本書是美國的第一份連載故事，並且計劃在英國以不同的名字再次集結出版。對美國的文學歷史學家來說，這樣做是極具價值的，因為霍桑《重述的故事》（*Twice-Told Tales*）的很多內容最初都是再次出版的，但這些文章的作者通常都是匿名的，有時則是單純以 H 來代表霍桑。在朗費羅給喬治·W·格林的一份關於他早年出版文章的名單上（時間是 1832 年 3 月 9 日），就列舉了「7.1832 年出版的《紀念物》，這是一個故事……8.1833 年，我也繼續發表了一個故事」。想要證實這些投稿者的真實身分，這似乎成為了文學歷史上一個有趣的謎團。第一卷的「紀念物」是在 1832 年出版的 —— 裡面的一篇名為〈印第安人的夏

131　科格斯韋爾（Joseph Green Cogswell, 1786-1871），美國教育家、文獻學家、圖書館員。

132　艾瑞特（Edward Everett, 1794-1865），美國政治家。曾任麻州州長、哈佛大學校長和美國國務卿。曾在哈佛教授古典希臘語之後，他開始從政。他在美國國會任職十年，後贏得麻州州長的選舉。

133　班克羅夫特（George Bancroft, 1800-1891），美國歷史學家、政治家。曾任美國海軍部長。

134　S.G. 古德里奇（Samuel Griswold Goodrich, 1793-1860），筆名彼得·帕利（Peter Parley），美國作家、編輯。

第七章　打下的基礎

天〉的文章，就講述了關於一個家庭失去親人的故事。這篇文章的一句話是來自〈少女的悲劇〉的一個段落。這篇文章的署名是 L。因此，我們很自然會認為這篇文章的作者就是朗費羅，而這樣的認定幾乎是毫無爭議的。不過，有趣的是，同一卷裡有一首名為〈入侵〉的短詩，這首詩歌從西班牙文翻譯過來的，翻譯者的署名是 L。這與當時朗費羅正在創作的西班牙文詩歌是吻合的，雖然這並沒有出現在斯卡德先生在他所列舉的幼稚或是不知名詩歌的名單裡面。讓這件事情更為複雜的是，還有一篇名為〈大衛‧惠徹〉的文章，這篇文章標注有鮑登學院，時間是 1831 年 6 月 1 日。這個時候，朗費羅已經在鮑登學院工作了，但是這個故事的寫作風格與〈印第安人的夏天〉可謂截然不同，更像一個講述受人尊重的粗獷伐木工人的故事。在這兩篇文章裡，〈印第安人的夏天〉似乎更像是朗費羅所寫的文章，並且與他在《海外領地》裡的一篇名為〈賈桂琳〉的悲劇故事風格溫和 —— 這篇文章講述了美國一位年輕女孩的葬禮以及在歐洲大陸上舉行葬禮的情況。他之所以創作這篇文章，可能是因為他的妹妹在當時去世了。

在 1833 年出版的《紀念物》的第二卷裡，這個謎團變得更加讓人難以猜測，雖然這一卷有六篇文章的作者都沒有署上名字的大寫字母，也沒有其他可以指向作者的線索，但是其中的一篇文章作者應該是朗費羅，或者說至少與朗費羅存在著某些關聯。另一方面，一首長達三頁的詩歌署名是「H.W.L」，這首詩歌的名稱是〈秋天的夜晚〉。但是，朗費羅卻沒有將這首詩歌收錄到他的任何作品集裡面，也沒有出現在斯卡德編輯的朗費羅《詩歌全集》的名單裡面。但是，這首詩歌署名的大寫字母，卻顯然指向了亨利‧華茲華斯‧朗費羅。至於這首詩歌為什麼沒有出現在送給喬治‧W。格林的名單，或是沒有出現在朗費羅的任何其他詩歌作品當中，這是我們百思不得其解的。也許，我們始終都無法解開這個謎團。但不管怎麼說，早期這樣的文學訓練，為他日後的文學創作打下了堅實的基礎。

若是從我們目前掌握的已有證據來看，我們所能採納的最可靠事實，就是朗費羅在 1832 年創作了〈印第安人的夏天〉與〈紀念物〉這兩篇文章，同時在 1823 年的《紀念物》裡又收錄了一首詩歌，而不是一篇文章。但是，與這樣的假設相悖的是，《紀念物》的編輯 S.G. 古德里奇在他的《一生的回憶》（1856 年在紐約出版）裡，在隨意提到了朗費羅的名字之後，卻在他所合作過的作者名單的最後這樣談論朗費羅：「一個有趣的事實是，現在的朗費羅會創作散文作品，但在這個時候，他卻沒有展現出對詩歌任何特別的天賦。」更值得我們注意的是，他在這本書的索引裡，古德里奇根本就沒有將朗費羅的名字寫進去。

我們需要記住，當朗費羅為《紀念物》這本書所創作一些稿子的時候，他同時還為《北美評論》創作了一些文章，這有助於他出版之前所創作的一些文章。他之前創作的一些文章都具有強烈的學者氣息，但這些文章都是帶有學術性質的。這些文章可以與蒂克諾的《西班牙文學歷史》等作品類似，顯得有點枯燥。二十四歲的時候，朗費羅開始為 1832 年 1 月的《北美評論》投去了一篇名為〈詩歌的辯護〉的文章，這篇文章的題目是根據菲利普·西德尼爵士[135] 的〈詩歌的正名〉而來的，當時西德尼的這篇文章透過《英國過去散文作家作品集》在麻州劍橋地區再版。這篇文章就好比愛默生的演說的預言，即在五年之後，就會出現《美國學者》上。不過，即便七十年過去了，朗費羅表達的觀點已經被證實是有道理的，並且依然是我們要考慮的重點：

「對我們來說，時代的精神都在不斷呼喊著要追求功用 —— 追求那種看得見摸得著的實用性 —— 就是那種身強體壯、肌肉發達的實用性。民眾發出的聲音應該能夠喚醒我們的行動，擁擠的集市發出的聲音不應該『讓我繼續沉浸於人們所營造的那種懶惰的狀態』。我們每個人都在努力

135　菲利普·西德尼爵士（Sir Philip Sidney, 1554-1586），英國詩人、大臣、學者、軍人。

地追尋著現實中的利益，每個人都在絞盡腦汁地希望能夠賺到更多錢，讓自己能夠獲得更多的享受，彷彿空中的塵埃都是永恆的 —— 這就好比我們的靈魂不需要感到不安，而我們的心智也不需要穿上任何衣服。我們為這個國家遼闊的疆域而感到自豪，為這個國家不斷增長的人口感到驕傲，為這個國家的農業發展感到滿足，也對我們的商業發展感到高興……我們吹噓著我們國家的日益強大，吹噓著不斷擴張的大城市，為我們打破了荒涼西部的安靜與孤獨而感到光榮 —— 我們征服了森林，使之變成了種植園，我們讓寂寥無人的荒野變成了美麗的果園。但是，一個國家真正的榮耀，並不在於她的疆域，不在於繁茂的森林，不在於壯美的河流，也不在於叢山峻嶺以及美麗的天空，而在於這個國家民眾的心靈能量 —— 在於這個國家民眾的智慧，在於這個國家國民道德本性純粹的深度與高度……真正的偉大是心靈的偉大 —— 一個國家真正的榮耀是道德與智慧層面上的卓越。」

朗費羅接著大膽地說：「任何一個具體的人都無法給這個國家做出多大的貢獻，也無法單憑自身的智慧去指引一個國家的前進，更無法單憑自己的聲音去代替整個國家。只有當每一個平凡的人都能夠聚集起來，就像成千上萬條默默無聞的小溪那樣，最後才能讓將整個國家的榮耀與繁榮呈現在世人面前。只有當每個人都能默默付出自己的努力，才能最大化地提升這個國家的智慧與道德水準。只有這樣，整個國家才能實現真正的進步。」

朗費羅接著繼續為自己的觀點正名。當然，他也許根本不需要為了詩歌本身而去為詩歌正名，因為他將詩歌的作用與整個國家的歷史結合起來，希望透過詩歌作品去表達整個國家的精神。之後，他就是按照這樣一種精神去指引自己的創作。在談到美國的詩人時，他這樣說：「對那些閱讀我們作品的人來說，我們想要低聲說出這個請求 —— 就是我們的作品

應該更加具有原創性，更加具有民族性。在我們本土文學慢慢形成的階段，這樣做當然是非常重要的。我們應該想辦法讓本國的文學作品變得更加原創性、特徵性以及民族性。想要做到這點，我們不需要將本國戰艦派到世界各地，我們不需要用來福槍與敵人作戰。做到這點的祕密就在於西德尼的這句名言：認真遵循你的內心，然後將你內心的想法表達出來。」

接著，朗費羅指出，雖然民族性文學從嚴格意義上包括了「這個國家每個國民透過媒體的方式去表達他們的心靈努力」，但是，除非文學作品能夠打上「民族性烙印」，否則任何文學作品都不可能算是民族性文學作品。在這個問題上，朗費羅特別希望我們能夠注意英國詩歌與歐洲南部一些國家的作品所具有的典型特徵。他列舉出了諸多的例子，說明了英國詩人之所以在描述清晨與晚上等方面做得特別出色，就是在於英國的早上與晚上持續的時間特別長。另一方面，歐洲南部一些國家的文學作品則特別擅長描述美妙的夢境或是更具想像性的人物。朗費羅認為這主要是因為這些國家處在一種比較溫和的氣候帶，人們在相對舒適的氣候環境下生活，因此他們就容易沉浸在白日夢當中，而他們的夢境往往會將柔和的清風與樹葉形成的陰影描述出來。之後，朗費羅總結自己提出的觀點：

「在此，我們需要再次重複一點，我們希望本土的詩人能夠在創作時表達出更多的民族性。想要做到這點，他們不僅要以自然的方式去創作，將內心的真實情感或是印象表達出來，將他們對發生在身邊的事情的感覺或是想法表達出來，而絕對不要根據他們對詩歌任何先入為主的概念出發去創作，不要因為閱讀了一些優秀的詩歌作品，就想著去模仿他們的這些作品。在我們描述自然風光的畫面時，這點來得特別真實。因此，我們不要再像那些英國詩人，總是喜歡描述雲雀或是夜鷹了。因為對我們來說，這些小鳥的叫聲只是存在於書籍中。任何一位稍微有水準的畫家都能夠將新英格蘭地區的大象或是犀牛描繪出來。」（當然，我們必須要記住，說

第七章　打下的基礎

出這句話的朗費羅在六年前也曾寫過一首名為〈垂釣者之歌〉的詩歌：
「清晨的雲雀張開翅膀，衝向那銀色的雲朵。」)

　　我們絕對不能局限我們的詩人所要創作的主題，或是限制他們想要描述的風景或是講述的故事。但是，當他們聽到一些小鳥在美國的天空上歌唱，或是描述美國本土的自然風光時，讓他們的描述盡量做到圖像化，彷彿這些都是真實存在的，而不是作者單純想像出來的。我們還希望看到本土詩人在創作詩歌的時候，能夠讓詩歌打上更多民族性的烙印，更加具有美國本土的特色，就好比這是我們從自然所汲取的養分，而不是從書籍裡汲取的養分。關於這方面的例子，我們經常可以注意到北美印第安人所說的一些語言，這就是最好的證明。我們的讀者可能還記得普什馬塔哈[136]，這位喬克托族[137]酋長 1824 年在華盛頓去世前最後說的一句話：『我可能就這樣死去了，但你們將要回到你們的兄弟同胞那裡。』當你們沿著本土化這條創作道路前進的時候，就會看到美麗的花朵，聽到小鳥的歌聲。但是，普什馬塔哈只能看到，卻再也聽不到了。當你們回到家，他們會問你，普什馬塔哈去哪裡了？你會對他們說，普什馬塔哈不在這個世界上了。他們聽到這個消息時的想法，肯定會像聽到一棵參天的橡木在森林深處倒下的聲音。因此，我們的作家應該更加關注這方面的事情，從而讓我們國家的詩歌呈現出全新的面貌。但是，問題的困難之處就在於，很多創作者不是像一個具有創造力的勇敢思考者那樣前進，而是盲目地吸收當代英國詩歌裡充斥的墮落精神。[138]朗費羅所寫的最後一段話的意思，應該這樣理解：他指出美國的每一座小村莊「都有屬於他們的拜倫，都有那些嘲笑道德的自我折磨者，都會有那些喜歡歌唱的厭世之人」。甚至連在

136　普什馬塔哈（Pushmataha, 1764-1824），美洲喬克托族酋長。

137　喬克托族（Choctaw），美洲原住民中的文明化五部族之一。早期他們分布於美國東南部，即現今的密西西比州、佛羅里達州、阿拉巴馬州及路易斯安那州。現在主要分布於密西西比州、加利福尼亞州、奧克拉荷馬州、德克薩斯州、阿拉巴馬州及路易斯安那州。

138　「……而是盲目地吸收當代英國詩歌裡充斥的墮落精神。」出自《北美評論》雜誌。

某些方面與拜倫剛好相反的華茲華斯，也「絕對不是一個真正值得去模仿的對象」。朗費羅接著表示「那些模仿華茲華斯的人，幾乎都陷入了那種單調沉悶的行為主義規則裡面」。朗費羅最後用講道理的方式結束了這篇文章，當然他的這段話還是比較溫和的：「不過，我們希望，在不久的將來，我國會出現一些最具天賦的吟遊詩人，能夠將這些束縛我們創作的桎梏全部粉碎掉，然後憑藉自身的智慧去了解自己心智的深度，然後將思想中祕密的瑰寶呈現在我們面前。」

「一個國家真正的榮耀，」朗費羅最後闡明自己的態度，「是道德與智慧層面上的卓越。」他的這個觀點也預示著他的朋友查爾斯·索姆奈後來發表的那篇演說〈國家的真正光榮〉。毫無疑問，在朗費羅提出這樣的口號之前，美國本土文學就已經出現了，比如歐文與庫珀[139]創作的散文，達納與布萊恩特創作的詩歌作品，就是最好的證明。但是，美國本土文學一直在等待著某個人去公開提出這樣的口號，而這個人就是朗費羅。

139　庫珀（James Fenimore Cooper, 1789-1851），最早贏得國際聲譽的美國作家之一。代表作：《拓荒人》(Pioneers)、《大地英豪：最後一個摩希根人》(The Last of the Mohicans)、《大草原》(The Prairies) 等。

第八章
獲得哈佛學院的任命和再赴歐洲

第八章　獲得哈佛學院的任命和再赴歐洲

　　當朗費羅腦海裡思考的問題以及進行的研究後來證明遠遠要超過他當時的預想時，這位年輕的教授在鮑登學院裡卻遭遇了經濟層面上的窘境。在鮑登學院擔任了三年當代語言學教授之後，他考慮要換一個工作環境，想要前往紐約或是維吉尼亞的一些學院擔任教授。

　　下面這封沒有公開的信件，讓我們對朗費羅當時內心有一個較為明確的判斷。也就是說，此時的朗費羅想要前往當時北安普頓圓山學校[140]任教，因為當時該學院的創辦者之一約瑟夫·G·科格斯韋爾打算離開。朗費羅年輕的妻子在一封寫給她的小姑信裡這樣說道：

1834 年 2 月，週日下午

　　……亨利在週五中午的時候，乘坐馬車前往波士頓，喬治到時肯定會告訴你這件事的。我的內心一點都不希望他前往北安普頓那裡工作 —— 雖然那裡的確是一個非常適宜居住的地方。但不管怎麼說，我感覺亨利都不會喜歡管理一間學校的工作，特別是像圓山學校這樣規模較大的學校。他聽說科格斯韋爾先生準備離開這所學校，前往羅利這個地方，於是就寫了一封信給科格斯韋爾先生 —— 科格斯韋爾先生回了一封長信給他，表示希望亨利能夠接替他在那裡的位置，希望他能夠立即前往北安普頓那裡。亨利想要提前得到一千六百美元的薪水，否則想要在那邊安頓下來並且正常的工作，就要面對著很大的風險與不確定性。我認為亨利可能事先沒有精打細算過這方面的事情。如果他不願意管理我們像我們這麼小的家庭的話，那麼他又如何能夠去管理那麼龐大的一間學校呢？亨利向我保證過，在他回來之前，他不會決定任何事情的。我深信，任何置身事外的人都會說服亨利不去這樣做。因此，我的內心還是很平靜的。我希望亨利能夠實現自己的願望，他是一個具有自己想法的人。我們認為他會在下週末

140　圓山學校（Round Hill School），1823 年由喬治·班克洛夫和約瑟夫·G·科格斯韋爾共同創建於美國麻州北安普頓，專門招收男生的高級中學。後於 1834 年關閉。

回到家。這件關於前往北安普頓的事情是一個祕密,千萬不要跟家庭圈子外的人提起。

朗費羅年輕的妻子在另一封信的節選內容,同樣向我們說明,朗費羅在布倫瑞克受到了一些臨時影響,就像後來在劍橋地區的羅威爾一樣,都受到了這個時期講究生理衛生與禁欲主義思想的影響。顯然,這樣的影響都影響到了他們年輕妻子,但卻沒有對這兩位詩人的生活習慣帶來任何長久的影響 —— 這兩位詩人的行為習慣始終是適度的,同時又不是嚴格意義上的那種過分節制。

1834 年 4 月週五晚上

……今晚,他前去戒酒講座。他想要成為戒酒協會的一員。事實上,我不知道這麼一回事,但他已經在一份檔案上簽名了。他是一個非常善良與節制的人,我贊同他所做的任何其他事情(甚至連他習慣抽菸,我也是贊同的。)現在,他開始提倡素食主義思想了,這符合馬西[141]所宣導的生活習慣。克拉拉[142]與我經常聽到他與亞歷山大[143]談論女性不應該穿那些束腰的緊身衣服。

下面這封信的節選內容,可以讓我們對這個時期朗費羅的文學創作有所了解:

1834 年 11 月 2 日,布倫瑞克

亨利所創作的《海外領地》,讓他成為了文學界名人。他創作關於西班牙見聞的文章已經完成了,而關於義大利見聞的文章,估計也會在感恩

141　馬西(Reuben D. Mussey, 1780-1866),美國醫生、早期戒菸運動宣導者。

142　克拉拉(Clara Crowninshield, 1811-1907),美國作家,朗費羅家的好友。代表作:《克拉拉·克勞寧希爾德日記:與朗費羅的歐洲行(1835-1836)》(*Diary of Clara Crowninshield: a European Tour With Longfellow*)等。

143　亞歷山大(Alexander Wadsworth Longfellow, 1814-1901),朗費羅的弟弟。

節之前完成。可以說，這是他到目前為止所創作的最有趣的文章了。亨利認為自己所創作的這些文章，無論是在激發讀者興趣還是寫作風格等方面，都要比其他的文章做得更好。我認為他會選擇今年冬天在紐約出版這些文章。

在朗費羅開始文學創作以及處理家庭問題期間，他收到了下面這封信：

1834 年 12 月 1 日，劍橋地區

親愛的先生：蒂克諾教授已經告知我們，他準備辭去哈佛大學當代語言學史密斯教授一職，因此哈佛大學理事會準備找尋一位接替他的繼任者。

負責提名擔任這個教授職位候選人的工作落到了我身上。在深思與認真的研究後，我下定決心，認為在目前的環境下，提名你擔任這個教授一職，是最符合哈佛大學的長久利益的 —— 當然，我希望能夠提前收到你願意接受這個教授職位的回覆。我寫這封信的目的，就是希望能夠得到你的肯定答覆。

擔任這個教授職位的年薪大約是一千五百美元左右。當然，這個教授最好居住在劍橋地區。教授這個職位當然是全職的，這也哈佛大學理事會所要求的。如果我上面所談到的這些條件符合你的要求，我希望能夠盡快得到你的答覆。

在你成為哈佛大學當代語言學教授之前，你是否想要自費前往歐洲遊學，你可以在那裡待上一年半載，從而對德語有更加深入了解。在你出去歐洲遊學的這段時間，蒂克諾教授將會繼續留下來擔任教授的。

尊重您的
約西亞・昆西[144]

144　約西亞・昆西（Josiah Quincy III, 1772-1864），美國教育家、政治家。曾任眾議院議員、波士頓

「好運終於降臨到我的頭上了，我肯定不會錯過這樣的好運氣。」朗費羅在寫給父親的一封信裡這樣說道，「上面那封信最後一段話，雖然在形式上是允許我擔任哈佛大學當代語言學教授的職位，但其實也暗含著一個要求。我認為我應該接受他們提出的這種要求。」當然，朗費羅與約西亞·昆西之間也就此事通信了一番。下面這封信就是朗費羅寫給昆西的：

尊敬的約西亞·昆西先生：

你今天的來信附帶了哈佛大學校長與教職員工對當代語言學教授一職任命投票的結果。我對於你們的信任表達衷心的感謝。在我於三週之後從南部回來之前，我懇求能夠暫時延遲給你們正式答覆。

與此同時，我冒昧地想要談談你在上一封信談到的那件事。我認為在我出發前往歐洲遊學之前，你們應該正式任命我，這點是很重要的。否則，我在歐洲那邊就只能以個人的身分去做。但是，如果我能夠以哈佛大學當代語言學教授的職位去交流的話，我就相當於獲得了一封最好的推薦信。這會給我一種身分的象徵 —— 也能夠讓我在國外得到更多的關注。對我來說，這樣的頭銜就是我的最好證明。斯多利律師已經同意這樣的安排 —— 格雷先生也同意這樣的安排，蒂克諾教授也表示同意了。如果你能向哈佛大學理事會提出這個要求，我認為他們肯定會表示同意的。我認為你們對這件事情上的投票，肯定能出現比較合理的結果。

永遠尊敬您的
亨利·華茲華斯·朗費羅
波士頓，1834 年 1 月 1 日

市長、哈佛大學校長。

第八章　獲得哈佛學院的任命和再赴歐洲

尊敬的約西亞·昆西先生：

　　哈佛大學校長與教職員工的信任，他們投票選舉我出任當代語言學與純文學教授一職的消息，已經在 1 月 1 日傳到了這裡。他們還答應了我在上一封信裡提出的要求 ── 因此，我很榮幸地告訴你，我將會在 4 月 1 日乘船前往歐洲，並且在歐洲待到 1836 年夏天。

永遠尊敬你的

亨利·華茲華斯·朗費羅

波特蘭，1835 年 2 月 3 日

　　嚴格意義上來說，朗費羅的第一本書是在他離開美國前往歐洲之前出版的，這本書是他翻譯霍赫·曼里奎[145]的《祭父詞》（1833 年）。在這本書裡，朗費羅還在原有詩歌的基礎上，翻譯了幾首十四行詩。這本譯作的前言內容發表在《北美評論》雜誌上，題目是〈西班牙的道德與虔誠的詩歌〉。正是朗費羅出版的這本譯作，吸引了蒂克諾教授的注意，最後讓蒂克諾教授決定推薦朗費羅接替他的教授職位。年輕的朗費羅乘船離開美國前往歐洲的時間上面已經提過了，與他一起同行的還有他的妻子與兩位年輕的女士以及一些朋友。

　　朗費羅首先想要前去的地方是瑞典，卻先在倫敦待了幾個星期，他在這裡見到了很多朋友，其中就包括卡萊爾[146]。到目前為止，關於朗費羅早年生活以及他早期婚姻生活的敘述是如此之少，我很高興能夠從朗費羅年輕妻子的一些原始信件中去描述，因為這些原始信件目前就在我手上，雖

145　霍赫·曼里奎（Jorge Manrique, 1440-1479），文藝復興時期西班牙詩人和軍人。他以寫作抒情詩及一首悼念其父羅德里戈·曼里奎的輓歌《祭父詞》（*Coplas por la muerte de su padre*），於 1492 年他死後出版而著名。

146　卡萊爾（Thomas Carlyle, 1795-1881），蘇格蘭評論、諷刺作家、歷史學家。他的作品在維多利亞時代甚具影響力。代表作：《英雄與英雄崇拜》（*On Heroes, Hero-Worship, & the Heroic in History*）、《法國革命史》（*The French Revolution: A History*）、《衣裳哲學》（*Clothes: Their Origin and Influence*）、《過去與現在》（*Past and Present*）等。1865 年被任命為愛丁堡大學校長。

然這些信件都是寫給朗費羅的母親，也就是她的婆婆。瑪麗‧波特似乎非常享受這次前往歐洲的旅程。在某一封信裡，她這樣寫道：「我們準備出發前往法國……我總是相信亨利的妹妹的直覺。他們對我說：『妳的哥哥與妳長的是多麼相似啊！』」

1835 年 5 月 31 日，週日下午

　　我親愛的母親：我是在匆忙之下寫下這封信給妳的。在亨利寫給他父親的一封信裡，就表示收到了妳寄來的那封充滿善意的信件。我希望妳能夠在時間允許的情況下，經常寫信給我們。哪怕是寥寥幾句的信件，也能夠讓我們了解你們的生活狀況，也會讓我們這些遠在歐洲大陸的孩子們感到非常欣慰。我們在倫敦度過了一段非常開心的時光。我們面臨的唯一難題就是 —— 這裡美麗的人文自然風景實在太多了，而我們在這裡逗留的時間則顯得太短了。不過，我們還是參觀了一些重要的景點。上週一，我們一行人非常愉悅地參觀了克羅伊登村莊附近的雪莉公園 [147]。我們乘坐馬車穿過了一個非常美麗的村莊。我們經過了幾個吉普賽人搭建的帳篷，這些帳篷都是坐落在景色非常美麗的地方。雪莉公園真是一個非常美麗的地方。在景點裡面的建築也顯得非常美麗，在這裡的建築上，可以看到四面八方的景色。斯金納夫人是這個地方一位非常隨和優雅的女士 —— 她用馬車帶著我們遊覽了這個地方，對我們的需求也是非常的照顧與體貼。她的房子聚滿了很多遊客，很多著名人士、時尚達人及文人雅士常紛紛來這裡拜訪她。她是威利斯的狂熱崇拜者，認為威利斯的作品要比華盛頓‧歐文的作品更加優秀！在週三的時候，我們參觀了英國國家畫廊。在這裡，你可以看到關於這座城市最精緻的古老畫作。在畫廊裡，我們還看到了女王乘坐馬車穿過這座城市，身邊有一些穿著美麗制服的馬車侍衛在兩

147　雪莉公園（Shirley Park），位於倫敦南部，克羅伊登村以東的著名公園，屬於倫敦克羅伊登區。

旁守衛著。五到六輛馬車穿過大街，每輛馬車有兩個侍從，鑲金的馬車絲帶遮住了他們的臉龐。最後出現的是女王陛下的馬車，這輛馬車有兩個馬車夫還有四個侍從，這些侍從穿著耀眼奪目的制服，因為週四就是國王的生日了。畫廊裡的展廳可以說是我所見過的最美麗的，正如威利斯之前在一本書裡提到過的一樣。晚上，將會有一場煙火表演。晚上十點鐘的時候，亨利與弗雷澤將會前去觀看。此時，那裡已經聚集了很多人，他們最後看完之後，費了九牛二虎之力才回到家。來自聖吉爾斯的四位女性手上拿著很粗的木棍，維持當時的秩序。我們乘坐馬車前去觀看這次的煙火表演。晚上十一點之後，人群開始慢慢散去了。此時，我們可以看到燈光照射的美麗皇冠、各種顏色的美麗燈泡以及一些好看的汽燈。我認為，很少人會真正喜歡這樣的表演或是壯觀的景象，因為女王在民眾的心目中並不怎麼受歡迎。週五早上 —— 威利斯前來拜訪。他之前就與美麗的華茲華斯夫人共進過早餐，因此他準備在下午三點鐘與聖奧爾本斯公爵夫人一起喝下午茶。華茲華斯夫人來自傑納西奧 [148]，這次從費城來過來，無論是在美國還是在歐洲大陸，她都非常受歡迎。幾天之後，她就返回美國了。昨天早上，班納德先生，這位來自康乃狄克州的年輕律師前來拜訪我。他比我們早來一個月左右，並且與我們走的是相同的路線，雖然他要前去的地方更多一些。夏天的時候，他將會前往斯德哥爾摩。來自克雷根普托克 [149]的卡萊爾先生沒過多久就前來拜訪我們，並與我們進行了半個小時有趣的交流。卡萊爾先生的舉止比較自然，有著濃重的蘇格蘭口音，但他說話的方式非常優雅，思想深邃而美好，能夠聆聽他說話，是一件非常有趣的事情。也許，妳在《愛丁堡評論》雜誌上閱讀過卡萊爾先生的一些文章。他

148　傑納西奧（Geneseo），美國紐約州利文斯頓縣五指湖地區的一個鎮，位於五縣羅切斯特都會區的南端。英文名稱「Geneseo」是早期易洛魁鎮的易洛魁語的英國化名字，就是 Gen-nis-he-yo（意思是「美麗的山谷」）。該鎮現在主要因高度選擇性的紐約州立大學傑納西奧分校的所在地而聞名。

149　克雷根普托克（Craigenputtock），英國鄧弗里斯郡的一個小鎮，湯瑪斯・卡萊爾夫婦的居所。

邀請我們與他一起前去他們現在居住的切爾西地區喝茶。卡萊爾先生與卡萊爾夫人的魅力，給我們留下了極為深刻的印象。卡萊爾夫人是一位非常善良可愛的女士，有著簡樸愉悅的性情。她還是一位才華橫溢的女性，能夠見到一位謙遜且又如此具有才華的女性，是一件非常榮幸的事情。週二的時候，我們與卡萊爾夫婦一起前去拜訪錢特里[150]的書房。今天早上，邊沁先生，他是傑瑞米・邊沁[151]先生的侄子，前來拜訪，並且邀請我們在週三與他們共進晚餐 —— 我們可能有機會看到邊沁先生本人了。亨利表示希望能有寫作的時間，並讓我必須好好地休息，但我必須要告訴您我內心的想法。自從我聆聽了薩謬爾・朗費羅為尼克爾斯博士發表的布道演說之後，幾個晚上以來，我都會做一些夢。昨晚，我夢到了自己與父親與姐妹們在一起，我告訴他們我所見到的場景。在夢境中，我感覺自己彷彿回到了美國，拜訪了他們一遍，告訴你們我們已經安全抵達這裡了，並且準備很快就要回去了。你們要替我向他們表達我的愛意。他們肯定都會寫信給我的，而我也會盡快回信給他們。本週末，我們就要離開這裡了。一旦有機會，我就會將這些信件寄出去。喬治與安肯定在惦記著我們。

永遠忠誠於你的
瑪麗

當亨利一行人穿過北海[152]的時候，瑪麗所寫的這封信就在此提到了卡萊爾夫婦。

150　錢特里（Francis Leggatt Chantrey, 1781-1841），英國新古典主義雕塑家，從英國攝政時期成為主要的肖像雕塑家，為許多著名人士製作雕像。1835 年受封為爵士，遺產捐贈給基金會（錢特里遺贈基金）用以為英國購買藝術品。

151　傑瑞米・邊沁（Jeremy Bentham, 1748-1832），英國哲學家、法學家和社會改革家。他是最早支持效益主義和動物權利的人之一。代表作：《道德與立法原理概論》（*An Introduction to the Principles of Morals and Legislation*）、《經濟科學的哲學》、《論一般法律》等。

152　北海（German Sea, 即 North Sea），北大西洋的一部分，位於大不列顛島以東，斯堪地那維亞半島西南和歐洲大陸以北。北海海底有豐富的石油儲藏。

第八章　獲得哈佛學院的任命和再赴歐洲

乘坐蒸汽船穿越北海，1835 年 6 月 11 日，週四

　　……我們一路上遇到一些非常有趣的乘客，一位德國女士帶著她的父親和女兒一起乘船。這些外國人對美國的印象頗為好奇！這位看上去非常睿智的女士詢問我們，美國與倫敦是否有什麼相似的地方！接著，我們見到了一位留著蓬鬆鬍子的德國王子。克拉拉昨晚與他玩了一個晚上的惠斯特牌！哦，親愛的！我不知道當我回到美國的時候，是否還能與您說話呢？我見到了很多公爵與公爵夫人！但在現實生活中，這些公爵與公爵夫人都並不像亨利文學圈子裡的那些朋友表現得那麼和善可親。可以說，卡萊爾夫婦的舉止及才華，甚至要比倫敦一半以上的名人都要更好。卡萊爾的文學名聲非常高，卡萊爾夫人也是一位非常有才華的女性 —— 他們都是深得我心的人物 —— 我對他們的看法都是非常真誠的，沒有半點的虛假成分。卡萊爾夫人佩戴的一個胸針上，刻劃著歌德的頭像，據說這是歌德親自送給她的。我可以向你保證，卡萊爾夫人為此感到非常自豪。他們過著隱居的生活，不希望與那些追求時尚的人為伍。他們總是按照那些人的真實水準去衡量的，直到他們發現了一些真的懂得衡量他們價值的人，才會與他們成為朋友。

斯德哥爾摩，1835 年 8 月 5 日

　　我親愛的母親：我希望您收到了我先前從倫敦寄給您的信。我們在 7 月 21 日，透過直接返回波士頓的西蒙斯船長將這些信件給您捎去的 —— 當我們抵達斯德哥爾摩後，您就該收到了我們的信件了。在這些信件裡，有亨利寫給他父親的一封信，還有我寫給瑪麗 [153]、山姆 [154] 與安妮 [155] 的信件。收到瑪麗與山姆來信，這讓我感到非常高興 —— 希望他們能夠經常寫信給我。從我們上次寫信給您到現在，我們已經將住址搬到了「克拉

153　瑪麗（Mary Greenleaf, 1816-1901），朗費羅的妹妹。
154　山姆，這裡指朗費羅的弟弟薩謬爾。
155　安妮（Anne Wadsworth Pierce, 1810-1901），朗費羅的妹妹。

拉·索蒂拉街道五號（Clara Sodra Kyko Gatan）」了。我們在這裡居住的地方有更多的房間，但房間卻不像在德羅廷加坦[156]那麼舒適。我們在這裡認識了很多有趣的人。7 月 15 日這天，我們在阿韋德松[157]先生家裡共進晚餐 —— 他的兒子娶了一位美國女士為妻子。A 先生[158]目前居住在公園裡的里斯頓山上 —— 他有一間英式房子，這是羅伯特·利斯頓[159]爵士建造的，羅伯特·利斯頓之前曾擔任英國駐瑞典大使。這是一處非常美麗的地方 —— 河流沿著房子的窗戶下方流淌，河岸邊就有一座很小的花園，美麗的小樹林就在房子的後面。阿韋德松先生是一位身體健康的老人 —— 他的妻子幾年前就去世了。在場的唯一一名女士就是 A 夫人，他是阿韋德松先生的長女，也是 S 男爵的妻子。她是一位舉止優雅的女士，穿著很有品味，與我們之前見到的其他瑞典女士很不一樣。阿韋德松先生的第二個女兒剛剛嫁給了她姐姐丈夫的一位弟弟，此人也是一位男爵。結婚之後，他們就立即搬到了哥本哈根居住，因此我們沒有機會見到她，但聽別人說她是一位非常美麗的女性。一起吃晚飯的還有幾位男士，其中幾個是英國人。吃晚飯使用的晚餐桌是我們抵達瑞典之後見過的最美麗的晚餐桌⋯⋯晚餐桌上放置甜點的盤子也非常美麗，還有白色的瓷盤 —— 每個盤子都釉上了美麗的花朵。喝完咖啡後，一位先生提出要乘坐馬車前去羅森達爾宮[160]看看，因為那裡據說有一座規模不大的宮殿。這也是伯納多特國王[161]

156　德羅廷加坦（Drottninggatan），瑞典斯德哥爾摩市的女王街一代，是一個商業街區。

157　阿韋德松（Johan August Arfwedson, 1792-1841），瑞典化學家、瑞典皇家科學院院士。主要貢獻是發現化學元素鋰。

158　A 先生，指阿韋德松先生。

159　羅伯特·利斯頓（Sir Robert Liston, 1742-1836），英國外交官。

160　羅森達爾宮（Rosendals），瑞典首都斯德哥爾摩的一座宮殿建築，由卡爾十四世·約翰修建於 1823 年至 1827 年。每年夏季對民眾開放。

161　伯納多特國王（Jean-Baptiste Bernadotte, 1763-1844），生於法國波城，1804 年晉封法國元帥，1810 年成為瑞典國王卡爾十三世的養子，並選為瑞典王儲，1818 年分別以卡爾十四世·約翰（Karl XIV Johan）和卡爾三世·約翰（Karl III Johan）的名號加冕為瑞典國王與挪威國王，在位至 1844 年去世。

喜歡遊覽的一個景點。到達羅森達爾宮後，我們首先看到了美麗的斑岩花瓶，這個花瓶就擺放在宮殿後方花園的中央位置。這個著名的龐大花瓶，顯然是直接從一塊巨大的斑岩雕刻出來的。瑞典這個國家以其出產精美的斑岩雕刻品而聞名。宮殿一層的房間裝修的非常豪華，但是二層的房間則顯得更為壯美。所有的房間都鋪著美麗的地毯 —— 牆壁上都懸掛著絲質綢緞 —— 每一個房間都用不同的顏色裝飾著，每個窗戶掛著簾幕，配有相應的沙發與椅子。一個房間懸掛著白色的綢緞，椅子與沙發都覆蓋著美麗的刺繡工藝品 —— 地面上鋪著白色的地毯，這是女王陛下的宮女製作的 —— 這裡的枝形吊燈、鏡子與枝形大燭臺都顯得非常美麗。一個房間掛著一幅國王的肖像，這與當時瑞典的國王非常相似。另一個房間則掛著女王的肖像 —— 肖像上的女王看上去有點受寵若驚。女王是一位馬賽商人的女兒。這個宮殿裡沒有臥室。國王很少會在這個宮殿裡睡覺。遊覽完宮殿之後，我們回到了阿韋德松先生家裡喝茶。A 夫人是一位卓有成就的人，她幾乎會說當代的每一種語言。她邀請我們在下週的安息日前來與她共進晚餐。

　　6 月 16 日。我們在厄斯金先生的合作夥伴斯托克先生家裡吃了晚餐。我們在這裡見到了一大群非常有趣的人。斯托克的家人都是非常優秀善良的人。他們非常周到地招待我們。斯托克夫人送給我們水果、鮮花以及其他的小禮物給我們。因為在前一天晚上走了很長一段路，因此我在週日這天感覺身體不是很舒服。因此，我就沒有前往阿韋德松家裡。克拉拉與 H 都前去那裡，並且玩的非常開心。她們在那裡見到了斯塔克爾伯格男爵。十四年前，斯塔克爾伯格男爵曾是瑞典駐美國的大使。之後，他前來拜訪過我們幾次，他是一個隨和有趣的老頭，一頭白髮，蓄著鬍鬚。7 月 22 日，斯托克家人邀請我們一起乘坐馬車前往哈加 [162] 這個地方。我們在傍晚

162　哈加（Haga），瑞典斯德哥爾摩市以北 2 公里的索爾納市一代區域，以哈加公園和其中的哈加宮

六點出發。那座宮殿在距離城鎮大約一公里的地方。這是古斯塔夫三世 [163] 建造的，這也是他當年最喜歡居住的地方。這裡的傢俱顯得非常古老，但是每一間裝修精美的房間都擺放著鏡子。客廳中央擺放著一個裝著花朵的大盤，這個大盤的外表覆蓋著青苔，特別是在大盤裡面的花朵都紛紛綻放的時候所呈現出來的效果就更加特別。桌子下面安裝著輪子，因此可以隨時移動到其他位置。另一棟建築則有一個涼亭，那裡的房間的裝修風格則顯得更加現代一點。女王陛下前往哈加的時候，曾在其中一個房間睡過一個晚上。但是皇家成員卻很少前來這個地方。這裡的景色美麗，我們沿著公園的四周散步，欣賞著古斯塔沃斯三世從義大利回來之後開始建造的這座宮殿。他大約耗費了兩百英鎊來建造這些建築。在他遭到暗殺的時候，這裡的建築地基才剛剛打好幾處，建造石牆的石料也才剛剛準備好。因為當地人都非常反對興建這樣的建築，因此在古斯塔沃斯三世遭到暗殺之後，這項工程就停了下來。我們看到這棟建築的模型非常宏大，其中就包括一排排的圓柱，這些圓柱都是按照義大利的風格去建造的。這些模型看上去更像一座神殿，而不像一座宮殿。我們在哈加倫德 [164] 的一間小木屋裡喝了茶，很晚的時候才回到家。看來，國王陛下在斯德哥爾摩地區擁有很多這樣的宮殿，數量大約在七到八座左右，並且在瑞典的每個省份都有這樣的建築。

　　我們也有屬於自己的有趣家庭，並且過的非常開心。休斯先生曾說：「一位女士在這裡會感到坐立難安，兩位女士會感到不那麼自在，但是三

而聞名。

163　古斯塔夫三世（Gustav III, 1746-1792），是 1771 至 1792 年間的瑞典國王。他是瑞典國王阿道夫·弗雷德里克之子、卡爾十三世之兄、普魯士國王弗雷德里克二世的外甥，也是俄羅斯女皇葉卡捷琳娜二世之表弟。他利用派系鬥爭加強王權，終結了瑞典史上的「自由時代」，並進行財政、司法和行政改革；另一方面，他熱心發展瑞典藝術和文化，成立了瑞典學院和瑞典王家歌劇院。1792 年，他被瑞典貴族刺殺死亡。

164　哈加倫德（Hagalund），瑞典斯德哥爾摩市以北 5 公里索爾納市的一個區。

位女士在一起的話，則會感到非常有趣。」亨利為自己遲遲沒有收到父親的來信而感到有點失望。現在，我們每天都在盼望著家裡那邊的來信。不過，當威廉・戈達德先生下個月到來這裡的時候，我們認為應該能夠收到不少信件。

請將我的愛意傳達給露西亞阿姨[165]，告訴她我很快就會寫信給她的。請妳將我的愛意轉達給在美國的所有親人與朋友，也希望您能夠感受到我與朗費羅傳達給您的愛意與尊敬。

永遠愛著妳的
瑪麗

我親愛的母親：因為寫完上面這些內容之後，信紙上還有很大一塊空白的區域，因此我想要寫一段附言，填補這段空白吧 —— 我們剛剛回來 —— 也就是說，在前天的時候，我們從拜訪烏普薩拉大學[166]的旅程中回來了，沿途參觀了丹內馬拉鐵礦場 —— 瑪麗再有時間的話，肯定會跟你詳細描述這次旅程的細節。我們已經考慮要離開斯德哥爾摩 —— 大約在三週之後，我們可能會乘坐汽船前往哥德堡 —— 對我而言，如果可以的話，我想要快點出發前去那裡。在瑞典生活期間，我的內心感到有點失落。這裡的氣候真的是太冷了，讓人感覺很不舒服。我想要前去一個陽光更加充足的地方，一個能夠讓我感覺到溫暖與欣賞到美麗自然景色的地方。之後，我們將會從哥德堡出發，前往哥本哈根。在哥本哈根待上一個月時間，我們就會乘坐汽船前往斯塞新[167]，之後再從斯塞新出發前往柏林。之後，我們都會一直待在柏林，不會再前往北方了，並且會在德國與

165　露西亞阿姨（Lucia Wadsworth, 1783-1864），朗費羅母親的妹妹，朗費羅的阿姨。

166　烏普薩拉大學（University of Uppsala），瑞典一所國立的綜合性的大學，位於瑞典的烏普薩拉，首都斯德哥爾摩西北 78 公里處。它創建於 1477 年，是北歐最古老的大學，北歐及全球範圍最好的大學之一，在歐洲亦被廣泛視為最享有盛譽的學府之一。

167　斯塞新（Stettin），波蘭的第七大城市和第二大海港，西波美拉尼亞省會。

法國度過明年的夏天。

永遠愛著妳的兒子

亨利‧華茲華斯‧朗費羅

收信地址：美國緬因州波特蘭市

史蒂芬‧朗費羅夫人與史蒂芬‧朗費羅先生（收）

哥本哈根，1835 年 9 月 21 日

我親愛的先生：亨利已經同意我將他日記的部分內容複製給你，但亨利一開始並不同意我這樣做，直到我一再向他保證，說你絕對不會將這部分內容拿給外人看。孩子們可以在家裡閱讀，我懇求你能同樣對待我的父親與姐妹們，因為我知道他們對此也是非常感興趣的。

如果這封信能夠讓一個孤獨的冬天晚上變得更有趣的話，或是讓你幫助你度過了一些憂鬱的時光，那麼我肯定覺得自己所付出的努力都已經得到了回報。

聽到你現在的健康狀況欠佳，這讓我們感到非常遺憾，但是我希望你們的旅程能夠讓你們感到精神煥發。我很高興收到了朗費羅夫人寄來的第二封信，這封信是幾天前寄來的一包信件裡的一封。她給我回覆了一封非常友善的信件，我肯定也會盡可能經常地給她回覆信件的。

你將會收到露西亞阿姨寄來的一封信。我肯定會很快就給朗費羅夫人回信的。

現在，亨利對瑞典語的了解程度可以說達到了精通的程度，甚至已經能夠翻譯用丹麥語創作文學作品了。目前，亨利正在學習冰島語，我認為他可能已經告訴你了。目前，亨利的健康狀況非常良好，精神狀態也非常好。

　　我衷心祝願你與我的母親身體健康，我對你們始終充滿了無限的愛意與尊敬之情。

永遠愛你的
瑪麗

（這封信之外的內容）

　　9 月 28 日，我也寫了一封信給你，還有亨利寫給喬治的一封信。這些信件一併同船寄去。

（簽名）

　　瑪麗・P・朗費羅致薩謬爾・朗費羅的一封信，裡面包括了亨利在 1835 年 9 月 21 日所寫日記的部分內容 [168]。

哥本哈根，1835 年 9 月 22 日

　　我親愛的露西亞阿姨：當妳收到我的這封來信時，請千萬不要抱有一定要給我回信的想法，而讓自己終日惶惶不安。我從來沒有奢望妳會給我回信的，但是倘若我能夠收到妳的回信，我肯定會萬分高興。每次我寫信給妳的時候，都從來沒有想過能夠收到妳的回信。但是，每當我收到妳的來信時，就像收到了我某位親愛朋友的來信，這讓我的內心感到非常溫暖。幾天前，我收到了安妮寄來的一封信。亨利表示「安妮的信件有著某些思想精髓」。我懇求妳敦促她盡快寫信給我，我非常想要知道她家裡的情況現在怎樣了，這會讓我感覺仍然生活在布倫瑞克一樣。

　　我知道妳去了一趟波士頓，見到了那裡的鐵路，還看到了飄在天空中

168　……部分內容，日記的內容最後卻無法從這封信的手稿裡看到，顯然這部分內容是被他的父親保存起來了。我們可以從薩謬爾・朗費羅的《朗費羅傳》一書裡看到很長的一段節選。

的氣球，看到那裡的劇院，我也不知道妳具體看到了什麼。在妳多年的安靜生活狀態之後，這次旅行肯定會帶給妳非常愉悅的感受。我知道妳肯定非常享受這次旅程。但不管怎麼說，當妳從旅行中回來後，再次坐在安靜的家裡，是否會認為旅行的樂趣其實被世人嚴重誇大了呢？事實絕對如此。我認為是這樣的。妳可能只會記得旅行中發生的有趣事情，但是旅行途中所遇到的諸多不便或是不愉快的事情，則肯定會被妳遺忘了。

當我們離開瑞典後，我無法告訴妳我們感到多麼高興。要是我們提前離開瑞典的話，那麼亨利對歐洲大陸的夏天也許不會有那麼多的抱怨。

妳可能從我們之前在哥德堡寄給妳的信件得知，我們不得不要在這裡逗留一個星期，這是我們不願意看到的。不過，我們最後卻度過了非常愉悅的一週時間。亨利透過信件向我的叔叔羅伯特·斯托勒講述了我們去過的地方，他對我們一直都是這麼關心與友好的。9月6日，週日，我們與他一起共進晚餐，很榮幸能夠見到他那美麗的妻子。他的夫人看上去就像他的女兒，年齡也許要比她的丈夫年輕三十歲。我們在美國的時候，就已經聽說了她的美貌。我無法用語言說出她是一個多麼美麗的女人，而她的舉止又非常優雅，更是展現出了一種別致的美感。他們經常在歐洲大陸與英國旅行。這場晚宴要比我們在瑞典吃的所有飯菜，都更加具有美國特色。在餐桌的中央擺放著一個很高的玻璃碟子，碟子上面擺放著甜瓜，四周擺放著鮮花。甜點並沒有擺放在餐桌上，而是在我們吃完肉類食物之後才端上來，這點跟我們在美國是沒有什麼區別的。在喝完湯，吃完魚肉、肉類食物之後，我們還能吃上一塊烘焙蘋果布丁。吃完補丁之後，僕人會將餐桌布慢慢地從那張閃亮的圓桌上移走，然後將蛋糕甜點、蘋果、梨、果醬、堅果、葡萄乾擺放在桌子上。來自紐伯里波特[169]的康得利船長也在這裡吃飯，他是一位隨和的紳士。維克夫人敦促我們留下來喝茶，但我們

169　紐伯里波特（Newburyport），美國麻州艾塞克斯縣的一個城市，東臨大西洋。

在吃完晚飯沒多久就離開了。

　　週一（7日）下午，我們沿著哥德堡這座城市漫步，這是一座非常美麗的小城，是一座比斯德哥爾摩更加適合居住的城市，至少我是這樣想的。我們在返回住所的時候，見到了維克夫婦。維克夫人看上去是那麼的甜美，穿著美麗的衣服。維克[170]夫婦邀請我們明天與他們在一起，前往他們的鄉村住所看看。週二（8日）上午十一點的時候，我們乘坐馬車前往維克夫婦的鄉村住所。這是一段漫長而沉悶的旅程，因為這裡距離城鎮大約有 1.25 英里左右的路程。我們在下午一點鐘抵達這裡，看到了維克先生與妻子在那裡迎接我們。吃晚飯之前，我們在這裡逛了一圈。這座鄉村房子的建築風格非常獨特，平整的土地有點像英國的公園。維克先生的姐夫是一位英國人，他也與我們一起共進晚餐。他在這附近也有一座鄉村建築。吃完晚飯之後，我們與這位英國人一起散步。他們都非常喜歡這座房子附近的一個美麗湖泊。之後，我們前去參觀一座工廠，這座工廠的主人是一位偉大的機械天才，他完全是白手起家創建這間工廠的。我們看到了亞麻布紡織的不同流程，最後看到了紡織衣服的過程。參觀完工廠之後，我們回到了維克夫婦的家，與他們一起喝茶，之後向他們道別。回到住所之後，我們發現阿普頓[171]先生剛剛從斯德哥爾摩來到這裡。他準備與我們一起前往哥本哈根。

　　週三（9日）下午兩點。我們離開了哥德堡，來到了距離城鎮三英里外的一個汽船碼頭，準備乘坐汽船離開。維克夫婦陪伴我們來到碼頭。當我們來到汽船碼頭的時候，卻發現從克里斯蒂尼亞[172]發來的航船尚未抵

170　維克（Olof Wijk the elder, 1786-1856），瑞典商人、政治家。

171　阿普頓（Nathan Appleton, 1779-1861），美國商人、政治家。「波士頓協會」會員，曾任美國眾議院議員。朗費羅第二任妻子法蘭西斯·伊莉莎白·阿普頓的父親。

172　克里斯蒂尼亞（Christiania），又稱克里斯蒂安尼亞自由城，是一個位於丹麥哥本哈根的一處自我宣稱自治的小區域，實行無政府主義的公社。自由城目前有自治委員會，居民大多為嬉皮、自由藝術家、草根運動人士、搖滾樂手等自由派風格強烈的居民。與哥本哈根大城市風景不

達，因此我們只好在碼頭上等待了三個小時。我們是在當天傍晚六點鐘乘船離開的。蒸汽船上非常擁擠，我們只能睡在一位先生的客艙裡，這個客艙裝著可以搖來搖去的吊床。週四（10 日）。我們在下午兩點鐘抵達哥本哈根。我們暫時在皇家飯店落下了腳。週一（14 日）。阿普頓先生與瑪麗·G 與我們告別，前往倫敦。週二（15 日）早上，我們去參觀一座剛剛建成的宮殿，但這座宮殿其實還沒有完成建好。這是一座壯觀的建築，每個房間都非常整潔，大多數房間都鋪著地毯。這些都是來自英國的地毯，即便是國王居住的房間，也只是鋪著最為普通的地毯而已。女王的住所在布魯塞爾，但也沒有什麼特別之處。一個更大的房間設有國王的王位座椅 —— 這是一張覆蓋著深紅色天鵝絨的鍍金椅子，國王名字的大寫字母用黃金裝飾其中。當你沿著階梯慢慢走上去的時候，就會發現階梯上也鋪著深紅色的天鵝絨地毯。窗戶的簾幕使用的材質也是非常好的 —— 其中包括深紅色的天鵝絨與金色的藤條。女王的房間要比國王的房間來的更加氣派。女王的另外一個房間與國王的房間是沒有什麼區別的，女王的王位與國王的王位也是沒有什麼區別的。舞廳裝飾得非常豪華，有七個龐大的枝形吊燈 —— 國王與女王分別擁有各自的飯廳。對於這些那些所謂的騎士來說，這是一個非常富麗堂皇的大廳。房間面積很大，房間的牆壁上都掛著著名的畫作，整個房間看上去像白色大理石的柱子做支撐，但這些柱子應該不是用大理石做的。房間的天花板也非常美麗，白色的穹頂鑲嵌著鍍金的人物形象。這裡的一座小教堂也非常有趣，還有審判法庭，主要是對那些犯下叛國罪的人進行審判。房間的一端有一個深紅色天鵝絨做成的王座，還有三個銀製獅子塑像，每個獅子塑像都有金色的鬃毛，就像充滿生命力的真正獅子那樣勇猛，用勇敢的態度守衛著。

週四（17 日）。早上，我們來到了丹麥國家博物館。此時，博物館展

同，自由城內較像是鄉村，建築物也都被藝術家繪畫成帶有強烈波西米亞風格。

覽的是過去二十年所收集到的一些文物，這次展覽也是整個歐洲地區最龐大的。在看到任何金屬器皿之前，我們首先看到了小刀、鑿子、弓箭等物品 —— 這些都是耶穌基督誕生之前的文物了。這些工具都是用石頭做成的。我們還看到了一個造工比較粗糙的甕，這個甕當年是用來埋葬死去之人的屍體。在人類利用鐵之前，就已經開始使用了金、銀與銅等製品。當人類首先發現鐵的時候，鐵在很長一段時間內都是非常寶貴的。我們還看到了用銅製成的工具，這些工具只有一點點鐵的成分。因此，透過人類在過去使用的工具，我們可以看到人類在進入文明世界之前，其實一直都在比較原始的狀態下生活。我們還看到了金戒指與手鐲，這些都是古代人喜歡穿戴的首飾。他們用刀子將這些首飾一片片地切割下來，然後用來交換衣服或是食物，因為當時的人們還沒有金錢的概念。我們看到了一個用烏木做成的美麗祭臺，還有一些用黃金與白銀做成的人物像擺在祭臺上。本來這些都是為祭祀已故國王小教堂而製造的，但建造者這個在位國王後來改變了計畫，擬建造一座規模更大的教堂 —— 結果，這位國王直到去世，也未見到計劃建造的那座大教堂。

　　我親愛的阿姨，我擔心妳會覺得，我上面所說的這些事情都是非常愚蠢或無聊，肯定不會因為我不辭勞苦從我那可憐的日記裡節選出這些內容，而感謝我的。不過，我只能這樣認為，妳可能會對我們沿途所做的事情或是看到的事情感興趣，因此我盡自己最大的努力向你描述了我所見到的一切。對我們來說，哥本哈根這座城市與我們之前生活的任何其他城市截然不同。亨利想要在這裡度過冬天，現在他已經慢慢喜歡上這座城市了。我們目前的生活狀況也大為改觀，總之要比當時待在瑞典的時候更好一些。事實上，哥本哈根這座城市更像倫敦 —— 這裡呼呼的風聲讓我們想起倫敦，連風聲都驚人地相似。現在，我們對哥本哈根的看法，與我們一開始的印象大相徑庭！但是，我們當時是直接從倫敦出發前往哥本哈根

的。在沿途參觀了這麼多城市之後，所有的景物似乎都變得沉悶與缺乏生氣。也許，我們應該會在本週四離開這裡，然後帶上這些信件隨我們一起去漢堡，希望在那裡將這些寫好的信件一同寄回美國。亨利在這裡也會將一些圖書寄回哈佛大學。今年冬天，要是沒有薩米在妳身旁，妳肯定會感到非常孤獨的。我為薩米進入大學讀書而感到高興，在接下來的一年裡，我們都會與他在一起。我們希望將所有的愛意都傳遞給你們 —— 克拉拉現在一切安好，過著非常幸福的生活。她非常喜歡旅行，是一位非常優秀的女生 —— 亨利也順道向露西亞阿姨獻上愛意。

永遠愛著妳的
瑪麗

收信地址：美國緬因州波特蘭市
露西亞・華茲華斯小姐（收）

第九章
朗費羅夫人染病與去世

第九章　朗費羅夫人染病與去世

關於這次旅行的有趣描述，至此戛然終止。以下這封信首次公諸於眾，是朗費羅寫給瑪麗・波特父親的，信中述說了年輕的瑪麗・波特夫人所遭遇的一切。

1835 年 12 月 1 日，鹿特丹

我親愛的先生：我相信之前給我父親寫的那封信，應該也會讓你對可能發生的悲傷事情有些心理準備。我們心愛的瑪麗已經不在這個世界上了。在 11 月 29 日這天，她在沒有任何痛苦與折磨的情況下，安然地離開了這個世界。她的身心靈魂已進入上帝的懷抱，得到永恆的呵護。雖然她染上疾病的時間已經很長了，但我從來都沒有想過這樣的事情會最終發生在她的身上。事實上，直到她臨終去世前的幾個小時，我都一直沒有放棄希望她能夠安全康復過來的信念。對我來說，這樣的打擊實在太突然了，我甚至都沒有足夠的心理準備去詳細告訴您。不過，當我想到她這一生的美好與純潔，想到她在去世時表現出來的那種平和與神聖，讓我極為悲傷的心靈些許感到一絲安慰。我可以說：「天父，祢的意願已完成。」

在知道瑪麗的健康狀況不佳之後，我懷著恐懼與顫抖的心情，從斯德哥爾摩一直趕過來，期間除了從基爾[173]到漢堡的這段旅程，是需要走水路之外，我們都是乘坐火車過去的。遺憾的是，我們從漢堡乘坐汽船前往阿姆斯特丹的這段旅程相當不順，瑪麗的健康狀況也日趨惡化。在我們抵達的當天晚上，我就有一種不詳的預感（這種不詳的預感之前出現在瑪麗早產夭折的一個孩子上），正是這次早產讓她感染了致命的細菌……我們在阿姆斯特丹停留了三週時間。期間，瑪麗的健康狀況似乎慢慢有所恢復，也急著想要離開這裡。為了避免瑪麗的身體因為旅行而變得更加屏弱，我們耗費了三天時間才來到這裡 —— 這裡距離阿姆斯特丹只有四十里而

173　基爾（Kiel），德國北部城市，石勒蘇益格 - 荷爾斯泰因州首府。鄰靠於波羅的海基爾灣。

已。當我們抵達這裡的時候，瑪麗的精神狀態顯得非常好，看上去健康了許多。但是，天不遂人意啊！就在我們抵達的那天晚上，瑪麗就舊疾復發了，這讓她的身體變得極為虛弱，並且發著低燒，伴隨著強烈的頭痛。此時已經是 10 月 23 日了。之後的一兩天裡，她的狀況似乎有所好轉，但在 27 號這天卻又突然惡化了。糟糕的狀況持續了一兩天之後，直到她慢慢感覺有所好轉，坐了半個小時。之後，她被風溼病的刺痛感所控制，因此我們只能再次讓她躺在床上，之後瑪麗就再也無法從床上站起來了。

生病期間，瑪麗一直充滿著耐心，基本上都保持著愉悅的心態。雖然有些時候，她可能會失去勇氣，認為自己可能再也無法康復了 ── 只是希望能夠在她去世之前，可以再次回到美國見她那些朋友的最後一面。在這些時刻，她不斷地重複著這些詩句（安德魯斯·諾頓[174] 所寫），唸誦這些詩句似乎能夠緩解她內心的苦悶情緒：

「天父！我感謝你！希望我的任何想法，
都不需要遭受任何嚴屬的懲罰！
但是，我希望這顆被悲傷浸染的心，
能夠變得勇敢起來，不受到無謂的恐懼所控制。」

22 號週日這天，瑪麗感受到的所有身體病痛都遠離了她。她說自己第一次在生病期間沒有感受到疼痛。當天，我們還收到了瑪格麗特[175] 寄來的一封信，閱讀瑪格麗特的這封信，帶給她極大的樂趣，振奮了她的精神。但是，每過一天，她的身體似乎依然缺乏著生命的活力。在這樣的情況下，她依然堅持了整一個星期 ── 始終保持著冷靜、愉悅的表情，沒有顯露出任何痛苦的樣子。週五這天，我們又收到了瑪格麗特寄來的一封信。當我為她閱讀這封信的內容時，她非常認真地聆聽，聽完之後臉上露

174　安德魯斯·諾頓（Andrews Norton, 1786-1853），美國神學家、牧師。
175　瑪格麗特（Margaret Louisa Potter, ?- ?），朗費羅妻子瑪麗的妹妹。

第九章　朗費羅夫人染病與去世

出了喜悅的表情。幾分鐘之後，您與伊麗莎[176]的信件送到了，我準備將你們的信件留到明天唸給她聽。當我在週六早上去看望她的時候，我發現她的表情已經沒有了之前的光澤，我的心馬上沉了下來。直到此時，我的內心仍然抱著最樂觀的希望 —— 但是，我內心的恐懼感已經慢慢地控制了這樣的希望。顯然，瑪麗的狀況變得越來越糟了，雖然她還能像往常那樣可以感知周圍的一切。白天就這樣風平浪靜地過去了。到了晚上，她似乎非常焦慮不安，無法入睡。我坐在她的床邊，唸了您與伊麗莎寫給她的信。哦，我永遠都無法忘記當她聽到你們的來信時，灰暗的臉上突然了露出了光彩時的表情，她的臉上露出了天國般燦爛的笑容。當我在一邊閱讀的時候，她就用這樣燦爛的笑容看著我。但是，天不遂人願啊！瑪麗露出的燦爛笑容，就像一盞燈行將熄滅時，發出的最後光芒。晚上十點鐘的時候，瑪麗感到一陣胸悶，說很難呼吸。我坐在她的床邊，想要說一些話來寬慰她。隨著她的呼吸越來越困難，她對我說：「我為什麼要感到如此困擾呢？如果我去世了，上帝肯定會將我放入他的懷抱裡。」在這個時刻，她露出了一副完全平靜的表情，只是偶爾說出一兩句話：「哦！我親愛的父親，他會多麼為我感到傷心啊！」又過了一會，她感謝克拉拉一直以來對她表現出來的善意，然後用柔弱的雙臂攔著我的脖子，親吻了我一下，說：「親愛的亨利，不要忘記我！」說完之後，她接著說：「告訴我在美國的那些親愛朋友，我在人生的最後時刻，仍然在想念著他們。」接著，我為她進行了教堂的連禱，希望她能夠康復起來。當護士談到要去請教會牧師博斯沃思牧師過來的時候，瑪麗說想見見這位牧師，我就馬上去請這位牧師過來。博斯沃思牧師大約在凌晨一點鐘過來，但在這個時候，瑪麗已經對周圍發生的事情失去了感知能力。在凌晨一點半的時候，瑪麗停止了呼吸。

176　伊麗莎（Eliza Potter, 1810-?），朗費羅妻子瑪麗的姐姐。

因此，我內心一直希望能夠與瑪麗幸福地回到美國，然後按照上帝的意願幫助她恢復健康的想法，最後以難以言喻的失望與悲傷情感而告終。但是，在我感到無限痛苦的記憶裡，我對瑪麗的記憶，只有她的善意、她的溫柔以及她對我無限的愛意 —— 這是無論生死都無法改變的 —— 我也懷抱著以後能夠與她相見的願望，在那個沒有疾病、沒有悲傷、沒有痛苦以及沒有死亡的世界裡，再次與她相聚。我還感覺到，目前在另一個世界裡的瑪麗，肯定要比塵世中的我們過得更加快樂幸福。因此，我對自己說：

「冷靜！冷靜！她沒有去世，她也沒有入睡！

她只是從人生的夢境中甦醒了過來。」

我要對伊麗莎與瑪格麗特在瑪麗患病期間寄來的那些充滿善意的信件表達無限的感激之情。我也對你們表達我最深切的同情與哀悼。

永遠忠誠於你的
亨利·華茲華斯·朗費羅

12 月 2 日，失去妻子的朗費羅離開鹿特丹前往海德堡。他在那裡度過了冬天，就像《海柏利昂》裡的保羅·弗萊明，終日將自己沉浸在那些「沾滿灰塵的古老書籍裡」，不去想任何悲傷的事情。期間，他遇到了很多對他感興趣的人，其中就包括施洛瑟[177]、格維努斯[178]、米特邁爾[179]與來自故國的詩人布萊恩特，這是朗費羅第一次在異國他鄉見到布萊恩特。不久，朗費羅的妹夫及摯友喬治·W·皮爾斯[180]去世的消息，對他來說又是一次當頭棒喝。「他如此年輕，如此強壯。」朗費羅後來在詩歌〈天使的

177　施洛瑟（Friedrich Christoph Schlosser, 1776-1861），德國歷史學家。
178　格維努斯（Georg Gottfried Gervinus, 1805-1871），德國文學史學家、政治史學家。
179　米特邁爾（Carl Joseph Anton Mittermaier, 1787-1867），德國法學家。
180　喬治·W·皮爾斯（George Washington Pierce, 1805-1835），朗費羅妹妹安妮的丈夫，也是朗費羅的好友。

步伐〉這樣描述皮爾斯。不過，在他的朋友蒂克諾的建議下，他努力從悲傷的情感中抽離出來，專注於學術研究，專心研究德國文學。他將對德國文學的研究接近了讓‧保羅‧里吉特，里吉特與當時其他的美國人一樣，對德國文學的研究進入了一個非常深入的階段，當然歌德除外。因此，我們應該記住一點，當朗費羅的朋友菲爾頓教授對門澤爾[181]的《德國文學的歷史》著手翻譯不久，他就時不時地讓朗費羅充當顧問。但在這本書裡，歌德卻被當成一個二流的文學家來看待，這顯然是一個錯誤的認知。

　　還需要注意的一點是，喬治‧班克羅夫特是美國少數學者在德國大學就讀的人之一，他在這個時期就在波士頓的《基督察驗者》雜誌上發表了一篇攻擊歌德的文章。在這篇文章，班克羅夫特表示，與伏爾泰[182]相比，歌德是一個相差很多的文學創作者。「無論是從文學天賦還是從個人勤奮程度來看，兩人都無法相比。如果從道德層面上來看，兩人更是有天壤之別。」在這篇文章裡，班克羅夫特接著表示：「歌德喜歡模仿，喜歡在原有的基礎之上創作。他從來不會創作原創，也從來不會建立什麼全新的體系……因此，他想要成為世人認可的作家的概率變得越來越低了。在智慧面前，歌德所寫的那些毫無意義的廢話肯定會過時的。在歌德的作品裡，我們無法找到關於進步運動的任何活躍精神，因此很難讓人對他的作品產生任何憐憫心。」我們需要記住一點，朗費羅在 1837 年寫給他的朋友喬治‧W‧格林的一封信裡就表示「讓‧保羅‧里吉特是德國最有才華的散文作家」。朗費羅的散文寫作風格，主要是受到里吉特散文作品的影響。

　　這年六月，朗費羅離開海德堡，前往提洛爾[183]與瑞士。他創作《海柏

181　門澤爾（Wolfgang Menzel, 1798-1873），德國詩人、評論家、文學史學家。

182　伏爾泰（Voltaire, 1694-1778），原名弗朗索瓦 - 瑪利 ‧ 阿魯埃，法國啟蒙時代思想家、哲學家、文學家，啟蒙運動公認的領袖和導師。被稱為「法蘭西思想之父」。與盧梭、孟德斯鳩合稱「法蘭西啟蒙運動三劍俠」。他不僅在哲學上有卓越成就，也以捍衛公民自由，特別是信仰自由和司法公正而聞名。

183　提洛爾（Tyrol），橫亘在奧地利西部與義大利北部的阿爾卑斯山脈的一個區域。

利昂》一書的背景就設置在這裡。他將這次旅程說成是「一段悲傷而孤獨的旅程」，之後的相當一段時期他的個人生活和文學生涯也正是如此的寫照。當年十月，他乘船返回美國，並於 1836 年 12 月定居在劍橋。下面這封信是朗費羅在回到美國之後，寫給妻子瑪麗・波特的妹妹：

劍橋地區，週日晚上

　　我親愛的伊麗莎：我會透過明天出發的蒸汽船，寄兩個行李箱給妳，行李箱裡裝著妳姐姐穿過的衣服。我在為她整理這些遺物時內心無比痛苦，難用言語形容這種傷痛。當然，我也許沒有必要這樣做。有時，我在妳面前可能顯得比較愉悅，但在其他一些時候，我的心其實早已經碎掉了。世人往往將一個表現出悲傷情感的男人說成是缺乏男子漢氣概的，並且對任何透過語言或是外在表情展現出來的悲傷情感持懷疑態度。因此，我們都想盡一切辦法去表現出快樂，裝出強顏歡笑的樣子，其實我們的內心是非常悲傷的。不過，在某些時刻，當整個世界似乎都在向我們緊閉大門的時候，當我們再也無法聽到任何鼓勵我們的聲音，對我來說，這樣的情況可以說無時不刻都會出現。與親愛的瑪麗在一起，我感覺自己是世界上最幸福的男人，因此孤獨的我現在感到非常痛苦。毫無疑問，朋友們的安慰與理解當然是有其價值的 —— 但是，他們的安慰在很多時候根本無法產生任何作用，因為我真正心愛的女人已經離開了這個世界，她所留下來的那片空白是任何安慰與鼓勵都無法去填補的。我知道，這是一種自私的悲傷，但是任何理智或是反思，都無法讓這樣的悲傷平復下來。痛苦的感覺會讓我們變成任性的小孩。悲傷與受傷的心靈是很難單純用語言去彌合的。我們也不希望這樣的悲傷情感慢慢地流逝。這些心靈的傷口永遠都存在，永遠都無法癒合。關於她的過去會慢慢浮現在我的眼前，給我帶來無限的痛苦與悲傷。有時，即便是單純看了別人一眼或是聽到一種聲

音 —— 或是嗅到花朵的芳香，這些都會喚醒我內心那種深沉且難以名狀
的情感。每一天，瑪麗那張熟悉的面孔，或是瑪麗使用過的一些物品，或
是我曾給她閱讀過的一些段落，都會讓我想起我那親愛妻子的面容。我不
得不要停下來，然後用手掩面 —— 有時，我在幾個小時內都無法平復內
心悲傷的情感。

　　我親愛的伊麗莎，我們也終將會離開這個世界，到時候其他人也會像
我們這樣感到悲傷或是快樂，他們也會處在我們現在所處的位置：我們要
說，無論這樣的悲傷情感對我們來說是多麼的短暫，但這樣的悲傷情感是
真實存在的。也許，這個世界也能讓我們從中獲得一些內心的慰藉，但我
們卻仍然像一個孤獨無助的孩子。我們的情感已經徹底控制了我們的理
智了。

　　再見了。請將我善意的問候送給所有人，我永遠都是忠誠於你們的
朋友。

亨利‧華茲華斯‧朗費羅

第十章　克雷吉屋

第十章　克雷吉屋

　　在哈佛大學擔任當代語言學教授沒多久，朗費羅就在劍橋地區的克雷吉屋住了下來。朗費羅在這座居住很久的房子，可以說要比新英格蘭地區任何其他房子都更具有歷史意義，無論是從這座房子的所有人還是從當年華盛頓將軍在波士頓被英軍圍困時就居住於此兩個方面去看，都是如此。正是出於這兩個方面的原因，這座房子可以說是美國最著名的一座房子了。這座房子的地位可以與弗農山類比。這座房子所處的位置可以俯瞰查爾斯河[184]，正如弗農山上的那間房子可以俯瞰波多馬克河[185]一樣，雖然在弗農山的那間房子也許能夠看到更加寬廣的視野。不過，克雷吉這座房子所能看到的半圓風光，其實要比弗農山峰上所看到的風光要更加具有特色，雖然弗農山上的那些房子在房間或是上層住房來說，都要比克雷吉屋來的更好一些。據說，克雷吉屋是約翰‧瓦塞爾上校在 1759 年建造的，這個家族的後人目前還擁有現在被稱為貝奇德屋這個更古老房子的所有權。這兩座房子據說有一個祕密的地下通道，但很多人卻始終沒有發現這個祕密的通道。這兩座房屋都是布拉特爾大街上那些被稱為托利排的大房子排中的兩間，這些房子的所有人幾乎都是親戚，他們之前在西印度群島上擁有房產與奴隸，過著非常富裕的生活。當然，這是根據男爵夫人李德塞[186]的描述流傳下來的。後來，當美國獨立戰爭爆發之後，他們被迫要離開這個國家。傳說，華盛頓夫人 1776 年在這裡舉辦了一場聚會，然後前去看望當時居住在劍橋地區的丈夫華盛頓。「她過來這裡的時候，顯得非常氣派，有一個左馬馭者以及四匹馬，還有一些穿著紅色制服的僕人。在她這

184　查爾斯河（Charles River），美國麻州東部的一條長約 192 公里的河流，源自霍普金頓，向東北方向流過 23 個鎮、市後在波士頓注入大西洋。河流的名稱來自英格蘭的查理一世。沿岸有哈佛大學、波士頓大學、布蘭戴斯大學和麻州理工學院等著名大學。

185　波多馬克河（Potomac River），美國東部的主要河流之一，全美第 21 大河流。波多馬克河有兩個源頭，北源發源於西維吉尼亞州普勒斯頓縣、格蘭特縣和塔克縣交界處，南源發源於維吉尼亞州高地縣，兩者在漢普夏縣境內匯合後東流，後折向東南，成為馬里蘭州和西維吉尼亞州、維吉尼亞州和華盛頓哥倫比亞特區的邊界，最終注入切薩皮克灣。波多馬克河全長約 665 公里。

186　男爵夫人李德塞（Baroness Riedesel），腓特烈‧李德塞將軍的夫人，腓特烈曾任美國獨立戰爭時期英國黑森雇傭兵將軍。

次拜訪期間，她與丈夫一起慶祝了他們的結婚紀念日，雖然華盛頓的助手建議他不要這樣做。」克雷吉屋東南面的一個房間，現在成為了朗費羅的書房，這個房間之前是華盛頓的辦公室，這個房間上面的那個房間，則是當時華盛頓的私人房間，現在這個房間成為了朗費羅進行研究的房間。這座房子是在 1792 年被安德魯·克雷吉買下來的，但購買的詳細日期已經無從知曉了。當時的克雷吉是革命軍北方部隊的將軍級軍醫。在買下這座房子之後，克雷吉裝修了一番，這在當時被視為是一座非常豪華的房子 [187]。克雷吉有時會在慶典儀式上，招待一百多名客人，這些客人當中，就包括著名的塔列朗王子 [188] 以及肯特公爵 [189]，維多利亞女王 [190] 的父親，即後來的愛德華王子。克雷吉當時從事著龐大的商業貿易，在多個領域內進行了投機買賣，但最後在房地產的投資活動中遭遇了失敗，並於 1819 年去世。他的妻子活得比他更長，後來過著貧窮的生活，就將一些房間拿出來出租。愛德華·艾瑞特在 1822 年結婚的時候，就是在這裡迎接他的新娘。傑瑞德·斯帕克斯校長在 1832 年結婚的時候，也是在這裡舉辦的婚禮儀式。五年之後，朗費羅也在這裡入住了。朗費羅描述他第一次去拜訪克雷吉夫人的情景：

「我第一次來到克雷吉屋，是在 1837 年一個美麗的下午。我前來這裡看望麥克萊恩先生，當時他是一位學習法律專業的學生，他租了這座房子東南面的一個房間。當時，整座房子的窗簾都拉下來了，但是透過這些窗

187　……非常豪華的房子，關於這座房子歷史的原始文件，可以從伍斯特地區的薩謬爾·S. 格林手上看到，這是格林於 1900 年 4 月 25 日在美國文物協會上第一次朗讀這些資料，後來這些資料以檔本的形式出版了。

188　塔列朗王子（Charles Maurice de Talleyrand, 1754-1838），法國主教、政治家和外交家。

189　肯特公爵（The Prince Edward Augustus, Duke of Kent and Strathearn, 1767-1820），英國女王維多利亞女王的父親，也是英國國王喬治三世的第四子，冊封為肯特公爵。加拿大的艾德華王子島就是以他命名。

190　維多利亞女王（Queen Victoria, 1819-1901），1837 年 6 月 22 日即位為大不列顛及愛爾蘭聯合王國女王，1876 年 5 月 1 日開始成為印度女皇，是第一位兼任印度皇帝的英國國王。

第十章　克雷吉屋

簾，還是能夠感受到涼爽的微風，我能看到到查爾斯河的流水在草地上閃閃發光。麥克萊恩在當年八月分離開了這裡，於是我就租了他之前的那個房間，將這個房間變成了我的圖書館兼書房，隨後又將隔壁的另一個房間租下來，當成我的臥室。一開始，克雷吉夫人拒絕將這些房間租給我。我還記得她當時戴著白色的頭巾，雙手交叉放在後背上，用她那雙灰色的眼睛看著我的樣子。她說，她已經下定決心，不再將房間租給那些學生了。但是當我告訴她我的身分之後，她的態度發生了改變。她說她讀過我的《海外領地》這本書，並且表示這本書一直擺放在她的餐具櫃裡。接著，她引著我參觀了這座房子，看看這裡的房間，然後對我說，她所指出的那些房間都是不可能出租的。最後，她同意我出租上面提到的那兩個房間，條件是通向後面的那扇門必須要從外面鎖上。來自薩凡納地區的年輕哈伯沙姆是克雷吉夫人的一位朋友，他那時租了另一邊的房子。哈伯沙姆是一位非常擅長演奏長笛的年輕人。與其他擅長發出優雅音樂的『小鳥』一樣，每到冬天到來的時候，他就會會返回南方過冬。因此，克雷吉屋就只剩下我與這位寡婦一起居住了。不過，這座房子後面的房間，通常都是她的農民所居住的。這位農民的妻子為我提供早餐，打理我的房間。她是一位非常能幹的女性，說話非常虔誠。當她將早餐端到我的房間時，始終會特意敲一下門，算是告訴我一聲。不過，這位農民妻子收取我的早餐費用，往往與她在布道演說時聽到的內容有關。她的名字是米里亞姆，菲爾頓將她稱為『米里亞姆，一位喜歡賺錢的人』。她的丈夫則是一位溫順的人。」

「在這裡度過的冬天，是相當乏味的，這座房子相當安靜。我經常聽到克雷吉夫人在早上九點到十點鐘的時候，下來吃早餐，晚上十一點鐘上床睡覺。白天，她很少會離開門廊，她經常會坐在那裡，讀著當天的報紙或是雜誌 —— 偶爾也會閱讀伏爾泰的一些作品。她還會閱讀一些英文的年報，她收集了不少這樣的年報。有時，房子大門響起的敲門聲，就代表

著一位訪客過來了。有時，克雷吉夫人會一邊彈奏著那架古老的鋼琴，一邊哼唱著年輕時有點生疏的小調，讓這個漫長的夜晚變得有趣一些。」

「第二年的夏天，克雷吉屋門前那些古老的榆樹受到了尺蠖的攻擊，這些尺蠖很快就啃掉了榆樹的樹葉，然後成群地飛下來。克雷吉夫人平時習慣在敞開的窗戶旁邊坐下來，因此，這些尺蠖爬過她那條白色的頭巾。她從來沒有想過要做些事情去保護這些榆樹免受尺蠖的侵襲。她經常說：『先生，我為什麼要這樣做呢？牠們與我們一樣，都是動物。牠們與我們都有權利生活在這個世界上。』」

一個偶然的機會，從歐洲遊學回來的朗費羅知道了克雷吉夫人原來也對發生在世界各地的事情是有所了解的。現在，克雷吉夫人生前收藏的書籍就放在我面前，大約有五百多本左右，其中一些是有價值的文學作品，一些則是沒有文學價值的作品：其中包括歌德的《少年維特之的煩惱》（*Die Leiden des jungen Werthers*）、美國出版的《節儉的妻子》、布萊辛頓伯爵夫人 [191] 創作的《希斯美人書》以及《漢娜‧莫爾傳》。毫無疑問，克雷吉夫人這個家是劍橋地區唯一一個收藏著有伏爾泰、狄德羅 [192]、莫里

191　布萊辛頓伯爵夫人（Marguerite Gardiner, Countess of Blessington, 1789-1849），愛爾蘭小說家、日記作家、文學沙龍主持人。代表作：《對話歌德》等。

192　狄德羅（Denis Diderot, 1713-1784），法國啟蒙思想家、唯物主義哲學家、無神論者和作家，百科全書派的代表。他的最大成就是主編《百科全書，或科學、藝術和工藝詳解詞典》（*Ency-clopédie, ou dictionnaire raisonné des sciences, des arts et des métiers*）（通常稱為《百科全書》）（1751年 -1772 年）。此書概括了 18 世紀啟蒙運動的精神。恩格斯稱讚他是「為了對真理和正義的熱誠而獻出了整個生命」的人。他也被視為是現代百科全書的奠基人。

第十章　克雷吉屋

哀[193]、克雷比倫[194]、弗洛里昂[195]、塞維涅夫人[196]以及德·斯塔爾夫人[197]作品全集的家。克雷吉夫人賣出的一些書籍，成了朗費羅在克雷吉屋個人圖書館的一部分。但是，這裡沒有提到朗費羅之前出版的那本《海外領地》，他的這本書顯然還放在克雷吉屋那個餐具櫃裡。

詞典編撰者 J.E. 伍斯特也曾在這裡居住過，羅威爾的姑姑薩利·羅威爾也曾在這裡居住過。伍斯特曾購買下了一個房間，最後賣給了南森·阿普頓，即朗費羅第二任妻子的父親。朗費羅在 1839 年在文章中所描述的那十棵榆樹現在已經消失了。朗費羅在地面上架設了低矮的圍欄，使地面變得比較平整。後來，朗費羅的子孫將這片土地交給了朗費羅紀念協會，後來成為了靠近河流的一個規模較小公園。在房子周圍的地方，其他事物幾乎都沒有出現什麼變化。朗費羅那座圖書館的書籍從來都沒有出現散落的情況，雖然他的手稿與校對的文章有些不見了，但他的大部分手稿與文章都得到了最有秩序的保存。現在，朗費羅的這些手稿與文章已經被轉移到了一棟防火的安全建築裡。「階梯上懸掛的那座古老的鐘」是朗費羅當年掛在那裡的，現在仍在擺動著，每到一個時辰就會發出響聲。我們可以

193　莫里哀（Molière, 1622-1673），法國喜劇作家、演員、戲劇活動家，法國芭蕾舞喜劇創始人，也被認為是西洋文學中最偉大的幾位喜劇作家中的一位。代表作：《偽君子》（*Tartuffe, ou l'Imposteur*）、《吝嗇鬼》（*L'Avare*）、《太太學堂》（*The School for Wives*）、《唐璜》（*Dom Juan ou le Festin de Pierre*）、《憤世者》（*Le Misanthrope*）、《司卡班的詭計》（*Scapin the Schemer*）等，和皮耶·高乃依與拉辛合稱為法國古典戲劇三傑。

194　克雷比倫（Claude Prosper Jolyot de Crébillon, 1707-1777），法國小說家。

195　弗洛里昂（Jean-Pierre Claris de Florian, 1755-1794），伏爾泰的侄孫，天資聰穎。他於一起八三年仿賽凡提斯出版長篇小說《加拉提婭》，還翻譯《堂吉訶德》（*Don Quixote*）。弗洛里昂創作過長篇小說、中篇小說、喜劇和牧歌式田園詩，這位年輕的作家三十七歲就進入法蘭西學士院。大革命期間，他因貴族出身被捕，出獄後不久逝世，年僅三十九歲。弗洛里昂主要作品是一七九二年出版的五卷《寓言詩》，他在法國文學史上是繼拉封丹後最重要的寓言詩人。著名作品《愛的歡樂》（*Plaisir d'amour*）。

196　塞維涅夫人（Madame de Sévigné, 1626-1696），法國書信作家。其尺牘生動、風趣，反映了路易十四時代法國的社會風貌，被奉為法國文學的瑰寶。

197　德·斯塔爾夫人（Germaine de Staël, 1766-1817），法國女小說家、隨筆作者。代表作：《關於盧梭作品和性格的書信》（*Lettres sur les ouvrages et le caractère de Jean-Jacques Rousseau*）、《戴爾芬》（*Delphine*）、《關於德國》（*Germany*）等。

看到樓梯上出現的裂縫，透過這些裂縫，我們可以看到每天早上都有人將信件投入進去。正如在薩克斯·霍爾姆這位著名作家在《伊斯特·威恩的情書》裡描述的情節。事實上，這些信件都是非常普通的，顯然是由克雷吉先生當年資助的一位女學生所寫的。有人曾說，朗費羅本人就曾想過將薩克斯·霍爾姆或是海倫·亨特以詩歌的主角去創作——即便他沒有這樣的打算，至少也想過要以散文的形式去將這兩個人物形象表現出來。不過，關於這件事情的真假，我們現在無法考證了。

這就是朗費羅餘生所居住的房子。他在這裡居住了七年後，才與第二任妻子結婚。下面這封信節選自哈佛大學的一份校報上，這封信的內容可以展現出朗費羅對這棟房子的情感：

親愛的先生（昆西校長）：在學校理事會舉行下次會議的時候，你是否能夠將我所關心的那些樹木的問題提出來呢？我上一次見到你的時候，就向你提到了這個問題。我希望學校理事會允許我從哈佛大學將三棵榆樹搬到克雷吉屋前面去種植。

我想要用一些小榆樹取代那些飽經風霜的榆樹，但我卻很難找到大小適合的榆樹。大學某些地方的榆樹實在是太茂密了，也許我們移植其中一兩棵榆樹應該問題不大。因此，我懇求你允許我能夠移植三棵榆樹。我認為，這樣做應該不會影響學校的整體環境。

永遠忠誠於您的
亨利·華茲華斯·朗費羅
1843 年 12 月 29 日於劍橋

第十一章
《海柏利昂》及其反響

第十一章　《海柏利昂》及其反響

　　朗費羅的《海外領地》之前就已經出版了，但並沒有取得多大成功。但是朗費羅創作的《海柏利昂》一書出版後，注定會吸引更多人的關注。朗費羅在 1838 年 9 月 13 日的日記裡，第一次提到了《海柏利昂》這本書，雖然這從某種程度上說明朗費羅為此付出了很多努力，並且這樣的漸進過程是透過相同的方式去追溯的。比方說，朗費羅在創作這本書的時候，就曾想過將書名改為《聖克雷爾的航海日記》。故事講述了主角海柏利昂，之後被稱為聖克雷爾，最後主角被叫做保羅·弗萊明。朗費羅後來表示：「我將這本書稱為《海柏利昂》，是因為海柏利昂能夠飛躍雲層與星星，能夠將人類靈魂中各種願望都表達出來。這一切都是按照海柏利昂的想法、風格來塑造的。這包括了我這三年來內心累積的一些想法與感悟。」

　　《海柏利昂》一書所獲得了熱烈歡迎，部分原因在於書中表達出來的愛情故事，更大程度上是因為德國生活與文學所帶來的全新氛圍，首次讓美國讀者真切地感受到。當時德國所統治的疆域，與現在的疆域是不一樣的，德國是一個追求物質力量與商業發達的國家。但是正如德國人所說的，這個國家是建立在空中樓閣之上的。美國讀者透過《海柏利昂》一書，首次感受到了德國民眾的真實想法。當然，我們現在看到這本書的瑕疵與局限已經消失了，或者說只是對像奧雷斯蒂斯·A·布朗森[198]這樣目光敏銳的批評家來說，才算是瑕疵。布朗森為當時的《波士頓季刊評論》──這是當時美國除了《日晷》雜誌之外最優秀的期刊了──寫了一篇文章：「我不喜歡這本書。這本書的內容就像一本日記，就好像一個從抽屜裡找出一些瑣碎的資料，然後慢慢地閱讀出來。但是，真正吸引普通讀者閱讀興趣的，並不是那些真誠有趣的書籍。這本書裡充斥著太多關於美感的介紹，其中很多有趣的內容都是透過對白的方式呈現出來，而不

198　奧雷斯蒂斯·A·布朗森（Orestes Augustus Brownson, 1803-1876），美國作家、社會活動家、評論家、勞工組織者。

是以穿插的故事情節去表達。你無法想像作者創作這本書的動機，除非作者本身已經厭倦了閱讀這些碎片化的內容。因為我們無法找到任何的融合或是發酵的方式，去將這樣的話語表達出來。在我看來，透過這樣直接的方式與作者進行交流，這並不是一件有趣的事情。倘若他只是將他的故事理想化，或是以詩歌的托詞去進行表達，這將會更好。但是，既然作者選擇這樣的方式去創作，我們就只能對這樣赤裸裸的表達方式感到尷尬，並且去思考一點，即一個人在其他方面似乎會有一些敏感的心靈，竟然會以如此直接的方式向大眾袒露自己內心的想法……事實上，這本書並不會為作者增添任何名聲，我相信民眾也會對此進行客觀的評價。」關於這樣的批評，朗費羅曾平靜地寫道：「我知道有人在《波士頓季刊評論》上發表了一篇批判文章，我希望盡快看到這篇文章。很多讀者可能也會感覺到奇怪，為什麼他要寫出這樣的文章，因為這樣的文章並不會給我帶來任何影響。」

豪威爾[199]在他所寫的一篇關於朗費羅的情感熱烈頌歌裡，就主要將他的仰慕之情建立在這樣的基礎之上，「他的作品從來都不會表現出一般文章的那種粗糙與不完美」──也就是說，朗費羅的文章具有試驗的性質。對一般人來說，了解朗費羅這位卓有成就的作者在三十年後回看《海柏利昂》這本書時，是否還會認同別人給予他的這種強烈讚賞情感，這是相當有趣的。我認為，對其他人來說，無論這本書是否仍然具有吸引力與趣味性，但這本書顯然具有強烈的青春氣息，而這樣的青春氣息毫無疑問是朗費羅的詩歌作品，或者說是他早期散文的一大特徵。我認為，之後的年輕評論家可能會說：「朗費羅的文章風格基本上與里吉特的風格比較類似，都是將德國浪漫主義者的宏大與古怪融合起來。因此，現在這樣的書籍很難會吸引那些成年的讀者。雖然那些尚未感受社會風雨的年輕人，可

199　豪威爾（William Dean Howells, 1837-1920），美國現實主義小說家、文學評論家、劇作家。代表作：《賽拉斯·拉帕姆的發跡》（*The Rise of Silas Lapham*）、《穿過針眼》（*Through the Eye of the Needle*）等。

能仍然覺得閱讀這些書籍是非常有趣的，但他們卻無法感受到他們的祖父當年閱讀這些書時感受到那種顫動的憂鬱情感。」但是，卡本特[200] 教授則試著從年輕一代的觀點去看，就真切地意識到，當保羅‧弗萊明讀到墓碑上的文字變成了這本書的座右銘時，肯定會明白為什麼這樣的抱怨之聲會消失。每當我想起自己年輕時閱讀《海柏利昂》一書所感受到的樂趣時，就會覺得非常有趣。我為我選擇了我在十七歲時為哈佛大學的《班級書籍》所寫的一篇幼稚的自傳文章而感到可笑。也許，很多年輕人同時在遵照著相同的想法，因此我們沒有理由去否認一點，朗費羅的《海柏利昂》真實地影響了那個時期很多年輕人的心靈。

除了朗費羅的讀者在閱讀這本書時所附帶的個人浪漫情感之外，這本書作為首部將德國浪漫文學與歌謠介紹到我國的書籍，也是非常有價值的。在這本書裡，朗費羅對德國風土人情的描述是那麼的真實與充分。而《海柏利昂》這本書的廉價版本始終會在海德堡銷售。每一個英國與美國的拜訪者若是前去這些風景美麗的古老城市旅遊的話，肯定會對這本書的描述文字產生共鳴。當讀者手上拿著朗費羅的這本書，認真地攀登格斯普倫特山的峰頂，然後看著山下那些城堡的花園；或是努力地想要找尋剩下的椴樹遺跡，或是對伊爾默瑙河的艾瑪所遭遇的命運而感嘆一聲，然後莊嚴地嘮叨著什麼 —— 正如一個身體肥胖、面紅耳赤的英國人曾在一個風光秀麗的地方對我說 —— 「那天晚上，一顆星星從天上掉下來了！」毫無疑問，在目前更加盛行簡單文風的影響下，《海柏利昂》一書的很多詞語似乎顯得有點浮誇，其中一些內容則顯得有點唐突，而很多表達的情感都顯得有點突兀。儘管如此，對於那個時代的美國少男少女們來說，這都是劃時代的一本書。直到現在，這本書仍然有其獨特的魅力。不過，一個

200　卡本特（George Rice Carpenter, 1863-1909），美國教育家、學者、作家。代表作：《華特‧惠特曼傳》（Whitman）、《亨利‧朗費羅傳》（Longfellow）、《約翰‧惠蒂埃傳》（Whittier）等。

有趣的事實是 —— 這個事實是之前的傳記作家或是評論家們所沒有注意到的 —— 即當朗費羅在創作《海柏利昂》的時候，他的腦海裡始終會出現很多不斷反應的想法，正是這樣的想法讓他沿著更加嚴謹的美國本土化創作方向前進。正是這樣的思想讓他能夠以更加簡單的方式去創作。1838年9月13日，朗費羅這樣寫道：「再次閱讀我為《海柏利昂》一書準備的筆記與文章，這讓我獲得了難得的休閒時光。」因此，我們無法否認朗費羅為這本書已經準備了多長時間，這段準備時間可能是數年之久。不過，朗費羅在下面這封寫給他妻子最年輕妹妹的信件裡，就可以說明在一年前，他就將觀察的重點轉移到了美國印第安人身上，並且希望將印第安人作為創作的主題。

1837年10月29日，劍橋

　　我親愛的瑪格麗特：收到妳的禮物拖鞋，這讓我感到非常高興。這雙拖鞋穿在腳下感覺非常舒服。不過，對拖鞋來說，被人穿在腳下，是它們的命運，因此有人將它們穿在腳下的時候，它們的使命其實就已經完成了。拖鞋的顏色與土褐色的地面對比來看，還是顯得比較好看，比走在黑色的地面上更加好看。不知妳意下如何？上週三，我應該透過亞歷山大回信給妳，本該表達我的感謝之情。但是，在我最近一次見到他的時候，我還沒有收到妳寄來的包裹。因此，妳絕對不要認為我是故意遲遲沒有向妳表達感謝之情，也不要認為我是一個缺乏感恩之心的人……

　　現在，波士頓也沒有發生什麼新鮮的事情，如果妳真的想要知道是什麼事情的話，這些事情可以說都是一些無關緊要的八卦事情。如果妳對這些不感興趣的話，那麼妳就必須要閱讀一些故事。人們往往希望了解他們的鄰居，希望能夠以某種方式去引起他們的興趣。不過，這終究不是一件極為重要的事情。

第十一章　《海柏利昂》及其反響

這裡有一些印第安人：他們都是一群野蠻的傢伙 —— 他們喜歡與黑鷹成為朋友，裸露著肩膀，身上裹著紅色的毯子 —— 身體的其他部分都塗抹著動物的油脂，有點像西班牙的棕色與紅色混在一起的顏色。其中一個印第安人手上拿著一根很長的木棍，頭頂上佩戴著一個角，另一個印第安人的臉上則用塗料塗成了烤架的形狀 —— 還有一個印第安人渾身都塗成了紅色，就像一隻龍蝦。還有一個印第安人塗抹著黑色與藍色。這些真是非常奇怪的傢伙！一位保護狐狸的印第安人嘴裡叼著一根菸管，當他走出市政大廳的時候，露出了一副志得意滿的神色：另一個印第安人竟然在抽著雪茄！他們看上去是那麼的威嚴，是那麼的強硬⋯⋯

永遠忠誠於妳的
亨利‧華茲華斯‧朗費羅

在此，我們應該再次注意一點，朗費羅想要透過簡單明確的方式去表達出美國本土主題的創作理念，可以透過他對這個時期《北美評論》上發表的關於霍桑的《重述的故事》一書的評論看出來：

「霍桑在這本書裡談到的這些故事，具有最鮮明的美國本土文學的特徵。作者非常明智地選擇了新英格蘭地區傳統故事作為創作的主題。這些故事講述的是過去新英格蘭這片古老的殖民地的故事，當時我們仍然受到英國國王的統治。這些都是非常適合創作故事的素材。在充滿各種碎片故事的傳統當中，創作出這樣的故事似乎是非常自然的，正如尖塔上的手杖或是鼻菸盒，或是偉人種植的樹木一樣普通。透過數百年的歷史去看，清教時代的歷史似乎都蒙上了一層浪漫的色彩。誰不願意重新漫遊一下阿加曼提克城呢？誰不願意去看看那裡每週三開放的集市呢？說不願意看看當年聖詹姆斯與聖保羅時代每年都要舉辦的集會盛況呢？誰不想重溫一下虔誠的湯瑪斯‧喬治[201]在法庭上的場景呢？在那個講究法律的繁榮時代，湯

201　湯瑪斯‧喬治（Thomas Gorges, 1536-1610），英國伊莉莎白一世時期的信使。

姆‧赫德會因為喝醉酒而被罰五先令，約翰‧佩恩也曾因為『咒罵別人』而遭受懲罰的時代呢？誰不想去看看湯瑪斯‧泰勒[202]在大陪審團面前指控雷尼斯透過不斷使用第二人稱的方式去濫用職權呢？誰不想去看看約翰‧沃爾德否認劍橋學院需要執行上帝的法則呢？誰不想去了解一下那個在教堂裡用斜眼看一下別人穿著的端莊綢緞衣服就需要遭受懲罰，而那些不願意在主日去禮拜的人遭受懲罰的時代呢？事實上，很多過去獨特而有趣的傳統，很多充滿喜劇滑稽成分的場景以及很多有趣的冒險經歷，很多狂野且神奇的事情，這些都非常適合創作幽默的故事。那些柔軟且充滿悲哀情感的故事，在新英格蘭地區可以說俯拾皆是。在萊茵河沿岸或是布萊克森林都沒有這樣的傳統，新英格蘭地區的傳統所具有的美感，可以與那艘幻影船的美感相比。相比之下，海岬上那些飛翔的荷蘭人，或是波羅的海上的克拉波特曼人都絲毫沒有優越多少。關於皮特‧拉格這個無法找尋回到波士頓道路的人的故事，與蒂爾伯里地區的查維斯故事一樣有趣。查維斯因為一次不幸的詛咒最後屈服於魔鬼，被魔鬼當成獨輪手推車來使用。而懷特山上的紅寶石閃耀出來的光芒，甚至要與羅馬的地下宮殿一樣光彩照人。事實上，若是從圖納圖斯的口袋與許願帽上，一個講述傳說故事的人也許能夠以正確的方式講述一段驚心動魄的故事。」

我們必須要記住一點，當朗費羅在勇敢前行之時，很多受過教育的美國人仍然將多餘的精力浪費在自憐自愛上。當時的很多美國知識份子普遍的想法是，美國仍然是一片文化的荒漠，美國過去的歷史沒有為他們提供任何創作的素材，因此他們認為要麼是美國歐洲化，要麼美國就會成為文化的沙漠。但是，朗費羅之前的幾位先驅者已經向世人發出了他們的聲音，代表這樣的認知是完全錯誤的，認為美國的文化發展應該牢牢扎根於

202　湯瑪斯‧泰勒（Thomas Taylor, 1758-1835），英國翻譯、新柏拉圖主義者。

第十一章 《海柏利昂》及其反響

本土。查爾斯·布羅克登·布朗[203]的作品風格雖然具有異域風情與奇怪，但他的創作主題卻是美國的印第安人以及講述發生在費城的黃熱病。我們需要知道的是，並不是華盛頓·歐文描述哈德遜河的浪漫主義文章讓這條河擁有了浪漫主義色彩，而是這條河本身的浪漫主義氣息驅動著歐文去進行這樣的創作。1786 年，約西亞·昆西還是一個年輕的女生，當她乘坐一艘單桅帆船旅行的時候，她就這樣寫道：「我們的船長對沿途的每一個風景都能講出一個有趣的傳奇故事，這些故事要麼是超自然的，要麼就是傳統的故事，或是在獨立戰爭期間發生的真實事件。當她見到每一座山峰的時候，都能找到一個與這座山峰相關的故事。」華盛頓·歐文當時才只有三歲而已。但是，「伊卡博多·克蘭[204]」與「李伯·凡·溫克爾[205]」或是這些人物的原型已經在這些地方等待著這些傳記作家了。對於三年之後才出生的庫珀來說，情況也是如此。我們當時所需要的，只是文化上的自信以及利用本土的素材去進行文學創作的欲望。華盛頓·歐文、庫珀、達納等作家已經做到了這點。但是朗費羅在這些前輩開創的道路上走得更遠，並且他在這方面有著超乎那些前輩的天賦與更加全面的訓練。之後，為《日晷》雜誌投稿的作家們紛紛沿著朗費羅的這條創作道路前進，因此真正的美國文學發展的興盛期才慢慢出現，而美國本土文學發展的巔峰期則是在梭羅[206]時

---

203 查爾斯·布羅克登·布朗（Charles Brockden Brown, 1771-1810），美國小說家、歷史學家、編輯。

204 伊卡博多·克蘭（Ichabod Crane），是一個虛構人物，是華盛頓·歐文短篇故事《沉睡谷傳奇》中的男主角。該小說首次發表於 1820 年。

205 李伯·凡·溫克爾（Rip van Winkle），美國作家華盛頓·歐文的同名小說中的主角，《李伯·凡·溫克爾》（也譯作：《李伯大夢》）描述一位荷蘭裔美國村民李伯·凡·溫克爾在卡茲奇山睡著，20 年後才醒來，發現小鎮已經人事全非了。而在作者歐文晚年生活的紐約的艾文頓上就設立了一座李伯·凡·溫克爾的青銅像。至今李伯·凡·溫克爾他不僅成為美國的傳說人物，也變成「晚於時代的人」的代名詞。

206 梭羅（Henry David Thoreau, 1817-1862），美國作家、詩人、哲學家、廢奴主義者、超驗主義者，也曾任職土地勘測員。他最著名的作品有散文集《瓦爾登湖》（Walden）（又譯為《湖濱散記》）和《公民不服從》（又譯為《消極抵抗》、《論公民抗命》、《公民不服從論》）。《瓦爾登湖》記載了他在瓦爾登湖的隱逸生活，而《公民不服從》則討論面對政府和強權的不義，為公民主動拒絕遵守若干法律提出辯護。

期。梭羅就曾坦率地寫道：「我在康科特地區已經旅行太多次了。」

　　在此期間，朗費羅當年的大學同學霍桑創作的作品所立下的榜樣，也大大增強了朗費羅堅持本國文學的創作理念。朗費羅之前已經掌握了很多這方面的知識，雖然他可能受到了布萊恩特潛移默化的影響，用來對抗那種過度宣揚的說教思想。布萊恩特早期的詩歌作品〈向水禽致敬〉，與朗費羅的其他作品一樣，不僅在情感上表現的深刻，而且在結構上也非常完美。直到他創作的最後一首詩歌，一些膚淺的評論家還會將朗費羅的詩歌與會說教的錫壺進行對比，然後將這比喻成一隻飛鳥的腳上綁著這個錫壺。惠蒂埃的詩歌幾乎都會有附錄。他在晚年的時候經常會為當年沒有將自己的人生想法表達出來，去讓讀者評論而感到遺憾。換言之，他習慣了在每一首歌裡縮短最後的結局內容。若是將朗費羅在詩歌的道德說教與布萊恩特的道德說教進行對比的話，就會發現朗費羅的詩歌不僅在形式上做得很好，而且在說教上也做得更好。在布萊恩特〈死亡觀〉這首詩歌裡，我們無法感受到任何光明或是歡樂的情感，但朗費羅的詩歌則與惠蒂埃的詩歌一樣，始終給讀者帶來人生的希望。正如英國某位著名評論家曾說的，朗費羅並不單純是在發表布道演說，宣揚某些道理，表達出某些「妥當的虔誠情感」，而且他的宗教情感是那麼的安靜與愉悅，而且都是在最深沉的個人悲傷情感的壓力下迸發出來的。

　　我們還應該注意到一點，朗費羅為《北美評論》這份雜誌所創作的散文，與霍桑為該雜誌所創作的文章數量上旗鼓相當。在朗費羅創作的關於泰格納爾[207]的《福瑞特約夫的傳說》（*Frithjof's Saga*）評論文章裡，我們就能感受到朗費羅表現出來那種驚人的描述能力，將瑞典人的生活與風景詳細描述出來。這些都是朗費羅在創作《海柏利昂》一書時沒有展現出來

207　泰格納爾（Esaias Tegnér, 1782-1846），瑞典作家、教授、主教、演說家。泰格納爾的代表作《福瑞特約夫的傳說》是一部根據 13 世紀前後被冰島和挪威人用文字記載的古代民間口傳故事而改編的浪漫史詩。

的，因為朗費羅在創作這本書時，有時會受到一些錯誤筆記的影響。朗費羅的一部分筆記內容，後來被用作他的第二卷詩歌《歌謠與其他詩歌》的前言內容。在一些著名評論家看來，朗費羅所寫的這篇前言作品，是他寫的最好的散文作品。不管怎麼說，我們幾乎不可能用描述性的段落去表達出這種全新且具有力量的特質。我本人就可以證明，朗費羅的這些文章深深刻在當時年輕讀者的心靈，其深刻程度是難以低估的：

「瑞典這個國家的鄉村生活，仍然存在著家長制情況的現象，這非常適合歌謠的創作。在瑞典這個歐洲北部地方的國家，幾乎原始簡樸的生活方式占據著一切 —— 這幾乎是一種原始的孤獨與安靜感覺。當你穿越這座城市的大門，就會感覺眼前的場景似乎像變了魔術一樣，變成了狂野的森林景色。在你身邊，你可以看到一大片茂密的冷杉樹組成的森林。在你的頭頂處，懸掛著一大片像扇子一樣長長的枝條，樹根上則纏繞著青苔，形成了紅色與藍色的圓錐體。在你的腳下是一片黃色葉子形成的地毯。空氣是溫暖的，彌漫著芳香的氣息。透過一條木製的橋梁，你可以跨越一條銀白色的小溪。穿越這條小溪之後，你很快就能看到一片灑滿陽光的美麗農場。木製的柵欄將毗連的田野隔開。穿越道路後，你可以見到很多房子的大門，可以見到一群孩子們正在那裡玩耍。當你走過田野上那些農民的身旁，他們會向你脫帽致意。當你打噴嚏的時候，他們會大聲地說：『願上帝保佑你！』無論是在村莊還是在城鎮，這裡的房子都是用砍伐下來的木材建成的，多數的房子都粉刷成紅色。酒館的地板上都是用那些彌漫著芳香的冷杉樹枝鋪成的，這裡的農民也喜歡輪流接待前來旅行的遊客。節儉的家庭主婦會向你展示她們最好的房間，房間的牆壁上掛著一些粗糙的畫作，其中就包括《聖經》中一些場景和故事的圖片。女主人會遞給你一根沉重的銀製勺子 —— 這是他們的傳家寶 —— 用來品嘗盤子上的牛奶。

你可以吃到幾個月前烘焙的燕麥蛋糕，也可以吃到用茴香子與香菜做成的麵包。當然，這些麵包裡面可能會有些松樹皮作為輔料烘焙而成。」

第十二章　　《夜籟》

第十二章 《夜籟》

　　雖然朗費羅經常會受到朋友或是陌生人的影響，但他絕對不是一個缺乏智慧與勤奮的人。《海柏利昂》一書在 1839 年夏天出版。在 1839 年 9 月 12 日，朗費羅又出版了詩集，定名為《夜籟》。五天之後，他在下面這段文字裡，仍然提到這件事：

　　「首先，我出版了一卷詩歌作品，之後，我出版了一本英文詩歌史。」

　　「研究克勞德・洛林的行為，這是該系列的部分內容。」

　　「《卡廖斯特羅伯爵》是一本小說。」

　　「〈哈肯・賈爾[208] 的傳奇〉是一首詩歌。」

　　值得注意的是，在朗費羅提到的上面四件事情當中，除了第二件事情之外，其他的事情似乎都沒有將朗費羅在《北美評論》上所宣揚的美國本土民族性思想展現出來。我們還應該注意一點，雖然朗費羅早期會制定很多寫作的計畫，但這些計畫很多時候都根本沒有被執行，有時他甚至都還沒有開始過。《哈肯・賈爾的傳奇》一書說明，朗費羅的內心仍然思索著與挪威相關的主題。兩個月後，他這樣寫道：「我在思考著自己接下來該寫些什麼內容。我是應該為《海柏利昂》創作兩卷書，還是為科頓・馬瑟[209] 創作一部戲劇作品呢？」在此，我們再次碰到了與美國本土文化相關的主題，但朗費羅很快就放棄了這個計畫。在遭受打斷之後，他這樣寫道：「科頓・馬瑟？還是創作一部關於古老的《可憐的海因里希》傳奇故事的戲劇作品呢？這個傳奇故事非常詳細。我可以將女主角塑造成像伊摩琴[210] 一樣美好的人物形象，我甚至能夠將她的個人形象描摹出來。我認為自己必須要在這方面進行一定的嘗試。」在這裡，我們提到了關於「金色的傳說」的主題。與此同時，朗費羅不斷產生要創作特殊詩歌的衝動，這

208　哈肯・賈爾（Haakon Jarl, 973-995），挪威統治者。

209　科頓・馬瑟（Cotton Mather, 1663-1728），美國作家、學者、神學家。

210　伊摩琴（Imogen），莎士比亞戲劇《辛白林》中辛白林與其前王后所生之女。

也是他後來經常提到的《頌歌詩篇》。在《頌歌詩篇》裡，其中一首詩歌是〈舊歲子夜彌撒曲〉，朗費羅一開始將這首詩歌稱為〈秋天的頌歌〉。沒過多久，他這樣說：「寫一首關於人生的全新詩篇，這首詩歌就是〈鄉下鐵匠〉。」我們應該注意一點，這部詩歌集《前奏曲》可能是朗費羅在《夜籟》前的短時間內寫下的，其中就回應了瑪格麗特·富勒女士對〈五旬節〉與〈主教帽〉等詩歌的評價。不過，在此之後，美國的猶太人仍然以五旬節的名義去過這個宗教節日。在〈嗩吶草〉這首詩歌裡，朗費羅提到了花朵，這種花是北美大陸上特有的花朵，雖然這種花朵沒有任何鮮明的「金環」。這種花朵呈現出暗淡的紫色，而更為明顯的金環形狀則需要從一種更為普通的花朵黃水枝上找到了。這樣的情況會讓我們對這些花朵到底意味著什麼感到困惑。這樣一種困惑的情感是無法透過丁尼生對花朵的描述而得到解決的。

我們暫且將朗費羅在詩歌方面上的事情放在一邊，轉而去了解他在其他方面的事情，也會饒有興趣。在某個時段，朗費羅曾打算與他的朋友菲爾頓與克利夫蘭一起創辦一份報紙。從朗費羅寫給他的出版商薩謬爾·科爾曼[211]的這封信裡，我們就可以看出他是一個有著務實精神與商業頭腦的人。

1839 年 7 月 6 日，劍橋

我親愛的先生：按照你的要求，我已經印刷兩千兩百本《海柏利昂》。我是在充分了解所有情況之後，做出這個決定的。你想要為這次的印刷支付兩百五十美元的費用，而不是按照之前協定規定的金額去做。我可以得到五十本書，而不是像之前的二十五本。這會讓你得到一百五十本。這對我來說是一個不小的數目了。

211　薩謬爾·科爾曼（Samuel Colman, 1799-1865），美國出版商、書店長，兒子小薩謬爾·科爾曼是美國著名的風景畫家。

第十二章　《夜籟》

第一卷（共計 212 頁）的印刷今天就可以完成：我認為，完成印刷任務大約需要兩週時間，這些書做的非常精美。那些讚美你出版了精美書籍的人，他們的讚美是完全恰當的。

你是否審讀了這本書的全部內容還是部分內容？按照英文的寫作風格，不需要增刪嗎？我相信這本書應該能夠滿足波士頓地區的讀者需求。

請將我最美好的問候轉達給梅林與庫特勒。

永遠忠誠於你的朋友
亨利・華茲華斯・朗費羅

附注：順便說一下，昨天，當我從《紐約評論》上得知，《渦堤孩》[212]這本書即將從你的浪漫叢書系列中出版的時候，我感到非常震驚。這是一個講述關於水神與騎士的故事。你忘記了嗎？當我忙完了印刷《海柏利昂》一書的工作之後，我想立即前往紐約。我們可以對這方面的事情再做進一步的探討。

寄信的地址：紐約阿斯特大廈 8 層

薩謬爾・科爾曼先生（收）

這個時候，美國文學創作者的很多做法，的確有必要像傳統意義上的商人，因為當時美國的很多出版商都沒有像一個正經的商人那樣去做。朗費羅寫信的對象薩謬爾・科爾曼先生在六個月之後破產了。另外一半的《海柏利昂》（大約一千兩百本）則被債主作為抵押物沒收封存起來，因此這本書在長達四個月的時間裡，市場上都嚴重缺貨。「不管怎麼說，」年輕的朗費羅在一篇日記裡寫道，「我為創作這本書而由衷感到高興與滿足。」與此同時，即使是為尼克博克作家圈[213]出版的出版商，在長達

212　《渦堤孩》（*Undine*），德國作家穆特・福開（F. de la M.Fougue, 1777-1843）的童話作品。
213　尼克博克作家圈（Knickerbocker），美國作家自發成立的一個作家組織，目的透過這樣一個較

三年的時間裡，都沒有向他們的撰稿者們支付稿費。而《夜籟》所取得的成功，被認為是具有象徵性意義的。因為出版商在三個月內就賣出了八百五十本。

《夜籟》的受歡迎程度，雖然不能說是人人追捧，但至少可以說是相當受到讀者的青睞。霍桑在寫給朗費羅的一封信裡，就談到了這些詩歌：「你所寫的一些詩歌，可以說是這個世界上沒有什麼可以與之相比的 —— 我的意思是，特別是在我們的西方世界裡。若是我將東半球都包括在內的話，我對自己這樣說也不會感到任何的愧疚。哈勒克[214]在談到〈穿鎧甲的骷髏〉這首詩歌時，就表示『從來沒有人用英文創作出這樣的詩歌作品！』」愛倫·坡在 1841 年 5 月 3 日寫給朗費羅的一封信裡表示：「我簡直無法從你創作的詩歌中抽離出來。唯一能夠做的，就是向創作出〈夜的讚歌〉、〈圍困的城市〉以及〈穿鎧甲的骷髏〉等詩歌的你，表達我發自內心的敬意與崇拜之情，你表現出來的天才深深激勵著我。」

關於朗費羅早期詩歌作品的大多數批評，包括了對他的〈人生頌〉。倘若我們專注於這樣的批評，就會無法注意到詩人柯勒律治的女兒薩拉·柯勒律治[215]對奧布里·德維爾[216]所說的這段精闢話語：「無論這個年輕人在成熟之後，認為這些詩歌作品是多麼的幼稚，但他的詩歌作品裡某些段落本身卻具有獨特的新鮮感，以及一種只能在他的詩歌作品裡才找到的難以言喻的美感。」溫德爾教授對朗費羅的批判，從很多方面來看都是充滿溢美之詞的。但在我看來，溫德爾教授的批判卻沒有意識到這個事實。另一個事實則是，雖然愛倫·坡對有教養的法國民眾的那種病態的審美觀念

為集中作家、編輯的平臺，促使自己的作品早日出版，也是當時美國出版商經常光顧的作家平臺。其中包括著名作家、詩人華盛頓·歐文、詹姆斯·庫珀、威廉·布萊恩特、哈勒克等。

214　哈勒克（Fitz-Greene Halleck, 1790-1867），美國著名詩人。

215　薩拉·柯勒律治（Sara Coleridge, 1802-1852），英國作家、翻譯家。詩人柯勒律治的唯一女兒。

216　奧布里·德維爾（Aubrey de Vere, 1814-1902），愛爾蘭詩人、文學評論家。

第十二章　《夜籟》

有所了解，但只有朗費羅透過自身的努力，帶動了更多的翻譯者去將歐洲其他國家的文學作品翻譯過來，然後與美國本土文學作品對比。正如溫德爾教授所想，如果朗費羅所擁有盛名的基礎是源於他向美國懵懂的民眾介紹了「燦爛的歐洲文學作品」的話，那麼他的詩歌作品又是如何在如此燦爛的歐洲文學的光芒下，仍然閃耀出更為強烈的光芒呢？我們還應該記住一點，朗費羅在某種程度上繼承了布萊恩特的衣缽。布萊恩特向年輕的美國人敞開了西班牙浪漫文學的大門。之後，朗費羅則向年輕的美國人敞開了德國與義大利等國的文學作品。

　　不過，關於朗費羅早期詩歌批判聲音的一個共同基礎，在於朗費羅創作這些詩歌時表現出來的簡樸精神，這種簡樸純真的精神是那麼貼近普通民眾的心靈。迪格比[217]在他創作的一本有趣書裡，將朗費羅早期的詩歌與庫伊普[218]的畫作進行對比：「比方說，庫伊普畫作裡的物體從數量上來說是很少的，而且都是非常普通的物體——一塊土地與一條河流，幾頭牲畜，一些普通的人物形象。正如一位評論家所說的，庫伊普具有一種能力，就是透過他的畫作讓我想到了朗費羅創作的一些短詩。朗費羅這些短詩描述的畫面是那麼的普通，卻將內在靈魂的詩性光芒都展現出來了。」[219]可以肯定的是，當某些人深入回顧我國文學發展的歷史，就會發現這樣的簡樸精神，其實正是美國文學早期形成階段的一個精確描述。在美國這個成立時間沒多久的國家裡，文學的發展很自然會隨波逐流的情況。因此，我們的目光只需要轉向查爾斯·布羅克登·布朗所創作的小說，或是班克羅夫特創作的《美國歷史》，從而了解這對美國文學的發展是多麼重要。不管是愛倫·坡表現出的文學天才，我們都可以看到他在這方面其實代表著一種危險的傾向，而愛倫·坡的追隨者與崇拜者會以最冒險的形式呈現

217　迪格比（Kenelm Henry Digby, 1800-1880），愛爾蘭裔英籍作家。
218　庫伊普（Aelbert Cuyp, 1620-1691），荷蘭黃金時期的風景畫家。
219　出自迪格比作品《情人的座位》（*The Lover's Seat*）。

出來。比方說，就以佐治亞州的湯瑪斯·華立·齊維爾斯[220]，《紅寶石苔草》作者為例，貝爾德·泰勒[221] 在 1871 年的一篇文章就談到了三十多年前的事情，「齊維爾斯的作品表現出來某種神奇的精神」。[222] 可以肯定的是，齊維爾斯表現出的這種神奇精神，正是他一開始創作時所表達的精神。因為我們需要感激他說出的這句話「正如鑽石的光芒取決於其透明度與精緻度，同理，詩歌的美感也在於用優美的韻律去表達出神性的思想」。當我們閱讀齊維爾斯的詩歌時，必然會了解到他呈現出來的最好一面，其實與愛倫·坡最糟糕的一面相差無幾。下面的這首詩歌並不是模仿出來的，而是一次再創作：

「 在用綠寶石鑲嵌的紅色三弦琴，
彷彿能夠彈奏出如潺潺流動的小溪聲。
她在尤巴河岸邊彈奏著，
美妙的聲音與她在夢中聽到的一樣。
就像當星星布滿天空時，天國的模樣。
若是我們朝下看看夜晚的空氣，
就會看到仙女所在的果園。
點亮我的愛人吧。
為了我那充滿稚氣的愛人。
為了我那與生俱來的愛人！
為了我那美麗而盡忠職守的愛人！」

我們很容易猜測到，朗費羅在他發表於《北美評論》雜誌上的文章，其實是從齊維爾斯以及他對美國文學那些「浮誇與炫耀的作者」的描述中

220　湯瑪斯·華立·齊維爾斯（Thomas Holley Chivers, 1809-1858），美國詩人。代表作：《悲傷的旅途》（*The Path of Sorrow*）等。

221　貝爾德·泰勒（Bayard Taylor, 1825-1878），美國詩人、文學評論家、翻譯家、旅行作家、外交家。

222　出自《與魯夫斯·W·格里斯沃德通信錄》（*Correspondence of Eufus W. Griswold*）的段落。

得到靈感的。朗費羅甚至更進一步地說：「這些人並沒有給我們帶來任何思想，而只是給我們帶來了一些看似思想的表象而已。他們架起了一道用語言構成的華麗且威嚴的橋梁，但橋梁下面卻沒有任何思想的河流在湧動。」朗費羅沒有省略地描述這些雲層『這些酣睡的空氣形成的畫面』。這樣的描述將西班牙詩人特有的浮誇呈現出來了，因為他們將一顆星星稱為「燃燒的星星將整個天國的河岸都照亮了」。一個有趣的事實是，這位情感熱烈的詩人齊維爾斯對波士頓的《日晷》雜誌以及超驗主義運動表達出了某種同情心，並且用非常誇張的情感去表達出來。我們可以看到，在這兩種語言極端的情形下，我們需要一種追求簡樸的聲音。毋庸置疑的是，布萊恩特在追求簡樸這條道路上產生了一定程度的影響。但乍看起來，布萊恩特似乎對朗費羅表現出了一種冷漠態度，這是比較有趣的。《夜籟》這本書於 1839 年出版，在這本書出版了兩年之後的 1841 年，一卷名為《美國詩人作品集》由布萊恩特負責編輯出版了。在這本書裡，布萊恩特給珀西瓦爾與卡洛斯·威爾科克斯 [223] 分別十一頁的篇幅，給皮爾龐特 [224] 九頁的篇幅，給他本人的作品八頁的篇幅，給朗費羅四頁的篇幅。因此，我們很難解讀這樣的安排比例，從而得出布萊恩特對朗費羅欣賞程度如何的結論。五年之後，布萊恩特在寫給朗費羅的一封信裡，就談到了朗費羅詩歌的精選集：「這些詩歌作品要比之前讀起來更加具有美感，我在當時就非常欣賞你的這些作品。你的詩歌讀起來那種美妙的音樂，長久地在我的耳畔邊迴盪。」朗費羅與布萊恩特的之間友情始終是很真誠的，但他們之間的關係卻談不上親密。朗費羅始終記得他早年所立下的原則，即他要向那些老一輩的吟遊詩人表達自己的敬意，因此他對布萊恩特在 1821 年出版的詩歌作品始終表達出自己的敬意。無論是朗費羅還是布萊恩特，

---

223 卡洛斯·威爾科克斯（Carlos Wilcox, 1794-1827），美國詩人。
224 皮爾龐特（John Pierpont, 1785-1866），美國詩人、教師、商人、律師。

他們都是當年漂洋過海來到美國的約翰‧艾爾登與普利思利亞‧穆林斯的後代。朗費羅曾說過這方面的故事。

因此，朗費羅在面對讀者的世界時有著第一種印象。年輕的朗費羅在學術方面的地位以及他的研究成果，必須要用另外一個章節做專題討論。但除此之外，朗費羅很快就發現了志同道合的文學圈子，而他本人所具有的那種自然愉悅的性格，也讓他非常適合這樣的場景。現在，我們很難在任何哈佛大學教授那裡，看到像朗費羅這樣始終用溫和愉悅的話語去記錄自己所經歷事情的人了。有時，朗費羅在長達數週的時間裡，都沒有在家裡待上一個晚上。他經常將自己描述成一個「陰鬱的人」，但是他所感受到的這種「陰鬱」卻始終不會持續太久，不會對他的性情造成任何不良的影響。他總是喜歡在波士頓的城市與郊區散步，有時會乘坐馬車前往布魯克萊恩[225]或是牙買加平原地區[226]。當時，惠斯特牌遊戲與小型晚餐聚會活動依然方興未艾。當時，年輕的羅威爾尚且還沒有成為朗費羅的朋友，朗費羅與霍姆斯當時也沒有成為朋友。但是，普雷斯科特[227]、索姆奈、菲爾頓以及其他人卻經常會出現在朗費羅的身邊。他會在化裝舞會上說明自己的底線，拒絕專程為了化妝舞會而化妝。他曾在日記裡表示，自己從來都不會跳舞。但在其他方面上，他寧願按照自身的想法去度過每一個晚上。不過，兩年後，他提到了自己專程去參加一個捐獻舞會「就是為了與那些年老的女士一起跳舞」。在他看來，這些年老女士要比「那些年輕的女士更加優雅」。

有趣的是，當代所有的評論家在談到年輕的朗費羅時，都會提到他在那個時候不僅注重個人儀表，而且他的個人形象讓他顯得非常突出。對那些習慣了大學老師一般衣著的人而言，這些評論家提出的這些批判似乎並

225　布魯克萊恩（Brookline），美國麻州諾福克縣的一個鎮。

226　牙買加平原地區（Jamaica Plain），美國麻州波士頓的一個郊區。

227　普雷斯科特（William H. Prescott, 1796-1859），美國歷史學家、拉美文化專家。

第十二章　《夜籟》

不怎麼讓人感到意外。朗費羅的弟弟曾對我們說，「善良的克雷吉女士認
為，朗費羅有時看上去太娘氣了。他似乎特別喜歡顏色鮮豔的外套、背心
與領帶。」值得一提的是，在《海柏利昂》一書裡，朗費羅讓那位男爵對
保羅·弗萊明說：「那位女士已經開始將你稱為威廉·麥斯特。他們說，
你手套的色調太淺了，並不是一位真正具有道德的男士應該佩戴的。」當
朗費羅在歐洲的時候，他在寫給索姆奈的一封信裡這樣寫道：「如果你想
要讓你的頭髮捲曲起來，像愛德格在《李爾王》戴著那樣的手套，那麼你
最好在你回到美國之前這樣做。」有趣的是，朗費羅在同一時期在寫給他
在羅馬的朋友喬治·W·格林的一封信裡說道：「絕大多數的時候，我都
是過著孤獨的生活，經常抽菸，戴著一頂寬沿帽子，穿著黑色的雙排扣長
禮服，拿著一根黑色的拐杖。」

　　在這樣看上去較為世俗的外表形象之下，朗費羅有著一顆溫柔的心
靈。在下面這封他寫給年輕的嫂嫂信裡，我們就可以看到這點：

1837 年，週五晚上

　　我親愛的馬奇：妳無法想像，因為無法見到妳，我深感遺憾。在過去
一週裡，我幾乎都沒有離開過自己的房間。在這段時間裡，我因為偶染疾
病，因此暫時無法履行自己的教職工作，也無法進行演說等活動。我相信
自己不會出現發燒的症狀，但願儘早順利康復。我在過去幾天裡，一直都
在祈禱著自己能夠快點好起來。今晚，我感覺自己的身體好多了，於是我
就坐在沙發上，寫了這封短信給妳。

　　我親愛的小孩，我很高興知道妳目前來到了波士頓。對我來說，這是
意想不到的一種驚喜。當然，妳應該想要在這裡度過整個夏天，這樣的
話，我就可以經常去見妳了。當妳收到信件之後，請務必立即回覆信件給

我，然後跟我說說其他人的情況。當我身體康復之後，我會盡快去找你
們，然後為你們每人獻上一吻。

　　　　　　　　　　　　　　永遠忠誠於妳的
　　　　　　　　　　　　　　你的弟弟亨利

第十三章　第三次前往歐洲

第十三章　第三次前往歐洲

　　1841 年，這一年對年輕的詩人朗費羅來說，是一個成就輝煌的年分。他的第一卷詩集在出版後受到了讀者的熱捧。他的第二卷詩集也正準備出版。他認識的一幫朋友準備批判他創作的新詩歌或是其他作品。在這些批判家當中，主要就有他在紐約的朋友薩謬爾‧沃德[228]。沃德曾表示〈幽靈船〉這首歌是根據馬瑟的《馬格諾拉》這個傳說故事來創作的，並且敦促朗費羅去翻譯烏蘭德[229]的〈伊登霍爾的好運〉與菲澤[230]的〈兩縷頭髮〉等詩歌作品。在一些帶有紐約州地名的報紙上，我們可以發現「更高的目標」這句座右銘，這也是朗費羅後來一本詩集的名稱。〈穿鎧甲的骷髏〉就收錄在朗費羅《更高的目標》這本詩集裡，他原本打算以這首詩歌的名稱作為詩集的名稱。歷史學家普雷斯科特曾表示，這首詩歌與〈赫斯珀洛斯〉是自柯勒律治的〈古代的水手〉這首詩歌以來，最具想像力的兩首詩歌。當朗費羅閱讀了古希臘版本《馬可福音》第十章內容的時候，他就開始構想《瞎子巴底買》。在寫給父親的一封信裡，他就表示自己最喜歡這卷詩歌裡最後的兩首詩歌，並且認為這兩首詩歌是他當時寫的最好的兩首詩歌作品 —— 這兩首詩歌分別是〈少女〉與〈更高的目標〉。在 1841 年這一年裡，朗費羅開始構想創作《西班牙學生》以及一首以〈基督〉這一神聖名字為主題的詩歌作品。在這首名為〈基督〉的詩歌裡，朗費羅想要將基督教發展歷史上的使徒時代、中世紀以及當代都描述出來。這代表了朗費羅本性中一種沉默的堅韌精神。他在 1841 年所構想的這一創作，最後在三十多年之後的 1873 年以《基督》的出版而順利完成，這也成為了朗費羅詩歌創作生涯的一個巔峰。他的日記後來由他的弟弟出版，其中就包括了朗費羅對那一年他所參加的社交活動的描述。除此之外，朗費羅日常的學術研究工作也在不斷地推進，耗費了他不少的心力。在朗費羅

228　薩謬爾‧沃德（Samuel A. Ward, 1847-1903），美國作曲家、詩人。
229　烏蘭德（Johann Ludwig Uhland, 1787-1862），德國詩人、語言學家、文學史學家。
230　菲澤（Gustav Pfizer, 1807-1890），德國詩人、文藝評論家。

的大學講座安排上，我們可以看到在 1841 ～ 1842 年間的安排：「關於法國、西班牙、義大利與德國等國的語言以及文學作品，主講人是朗費羅教授。」在這些講座的名單上，有三位講師的詳細工作都是在朗費羅的指導下完成的，而主講的工作則完全由朗費羅來完成。這樣的工作會占據他每週的三個小時，分別是在週一、週三與週五的下午。他的頭銜是「法語與西班牙語文學與純文學教授」。當然，最後的「純文學」這一名稱，可以說將其他關於文學方面的內容都包括在內了。與此同時，朗費羅還需要空出時間去監督他手下教職員工的工作，檢查那些寫作訓練，還要參加教職員工大會。因此，下面這封信在朗費羅與哈佛大學的權威之間傳閱，也就不足為奇了。

1839 年

　　先生們 ── 我再次懇求你們將焦點放在我作為哈佛大學史密斯教授所承擔的責任上。大家該記得，當我進入當代語言學系擔任教授這一職以及到我後來成為該系主任的人事安排，都是經過哈佛大學理事會以及我本人同意的。美國本土教師的任務，基本上是專注於教授學生當代語言的基本元素與發音上。對系工作的總體監督，對當代外國文學更深入研究工作的指導等，則落到了我的頭上。就我所知，這樣的人事安排，證明對所有人來說都是相當滿意的。

　　你們還會記得，在 1838 年夏天，兩位先生來這裡任教，他們分別是法語講師與德語講師，他們因為一些在此沒有必要闡述的原因，選擇了辭職。在這兩位講師辭職之後，學校理事會馬上任命了一位德語講師，但當時我們無法找到擔任法語講師的合適人選，因此關於這項任命被推遲了一個學期，我最後同意擔任法語講師方面的工作。我懷著敬意之心，想要特別提醒大家對當時情況有個充分認知，即這項安排只是一項臨時性的安

排，一旦有合適的法語講師，那麼其他人就會正常履行自己的職責。不過，我最後承擔了一年法語講師應該承擔的責任。

在這一個學年開始的時候，我提名一位法國人來擔任法語講師這一職位，該提名交由各位尊重的理事會成員來進行最後的決定前，校長已經同意。但是，你們最後並沒有做出相應的任命。相反，你們卻透過投票，以一票之差要求史密斯教授去承擔未來法語授課方面的工作。

先生們，當然，我不會對你們這種擅自變更我的教授職位所要承擔的責任範圍一事表達質疑。我已經著手開始集結這些班級，準備教授他們法語方面的基本知識，我也對你們投票得出的決定表達了服從。但是，我還是希望你們能夠做出一個不同的安排，讓我的工作職責能夠與純文學教授一職更加相稱，讓這個大學的教授去承擔更具挑戰性的工作職責。從目前來說，當代語言學系的平衡性與完整性已經遭受了破壞。這個系是由蒂克諾先生建立起來的，之前也一直運轉得非常良好，現在卻突然遭受了這樣的破壞。現在，我們系法語教育工作已經沒有了法國人擔任講師了。因此，先生們，我向你們提出建議，這樣的做法會嚴重損壞當代語言系老師正常的履職能力，同時也會都對大學的聲譽造成損害。

現在，我負責 115 名法語專業的學生，30 名德語專業的學生。當然，要我教授這麼多學生的學習，我的所有時間幾乎都被占用了。因此，我幾乎沒有其他時間真正意義上的監督整個系的工作進行，也沒有時間更加深入地研究語言學，而這樣的研究對於這個教授職位原本的要求是極為必要的。若是從掌握某個國家的文學角度去看 —— 在目前的人事安排下，我根本無法取得任何的研究成果 —— 在我的教授職位所涉及的廣泛外國文學領域，我顯然對這些是力不從心的，因為我根本無法空出更多的時間去深入研究。顯然，在目前情況下，我們為了不那麼重要的目標而捨去了一個更重要的目標，這是得不償失的做法。因此，我現在懇求不再進行文學

研究與講師方面的工作，因為這原本就不在我的職責範圍之內。只有這樣，我才能更好地將時間用於基礎教育方面的工作。現在，如果說我的工作對整個大學還有什麼重要性的話，那就只會是我之前在這個教授職位上所履行的工作。現在，我所得到的這些薪水，卻只是從事講師一樣的工作，像那些普通的講師那樣履行著自己的職責。事實上，我身為純文學教授一職所要從事的工作，幾乎已經完全消失不見了。我已經單純變成了一名法語講師。先生們，為了解決這個問題，我謹向你們提出下面的建議：

我應該完全從當代語言學系脫離出來，只是純粹意義上的純文學教授。

我現在應該居住在劍橋地區。

我不應該成為教職員工的成員之一。

我的工作職責應該局限在秋季學期的講演之上。一年的其他時間應該讓我個人自由支配，正如歷史學教授那樣。

考慮到我上述提到的建議，我自願放棄目前一半的薪水，每年只得到一千美元。

尊敬你們的
亨利・華茲華斯・朗費羅

哈佛大學理事會對朗費羅教授在上述這封信提出的問題答覆如下：

為了滿足他的願望以及符合大學的最佳利益，關於他現在的職責範圍有必要進行一兩方面的改動，其中包括專門招聘一位法語講師。

朗費羅教授的工作範圍應該局限於公共演說與口語課程，以及幫助解決其他教育上遇到的問題，繼續負責對當代語言系的監督管理工作，以及他在兩個學期裡的講課任務，年薪則為一千美元。

在一年兩個學期裡，朗費羅教授要履行上面提到的職責，同時測驗法語高年級的學生聽寫，其中包括法語專業多出來的學生進行教導。當這些學生的人數超過了一百人，那麼朗費羅教授的年薪將會達到一千五百美元。

理事會將這份提議交給校董事會進行投票表決，我們相信他們所具有的智慧。我們認為這樣的改動是有必要的。

抄送理事會審閱。

約西亞・昆西

1839 年 10 月 26 日

過了一段時間，朗費羅又寫了下面這封信：

親愛的先生們：因為健康緣故，我極度不情願地懇求，從五月一日開始，我將會休息半年時間。在這段時間，我想前往德國，嘗試一些日光浴的療法。透過這樣的方式，我可以獲得足夠的休養時間，享受海航的旅程，從而重新恢復我的健康狀況。我的醫生對我說，這樣的旅行要比我在美國接受的任何醫學治療都要更為有效。

在離開之前，我應該可以講完春季學期的所有課程。當我從 11 月回來的時候，秋季學期的任務也差不多要結束了。因此，為了學校能夠更好地適應這樣的安排，我提前做出了這樣的休假申請。關於院系的總體監督管理工作，將會由菲爾頓教授負責，這不需要學校對此進行任何重新的任命 —— 我們院系的學生不會錯過任何一節課，我相信學校的利益不會因為我的決定而遭受半點傷害。

在此，我想要重申一點，我的健康狀況是我做出這個請求的唯一原因。

永遠尊重你們的
亨利‧華茲華斯‧朗費羅
1842 年 1 月 24 日於哈佛大學
致哈佛大學校長與教職員工

1842 年 4 月 23 日，朗費羅乘船出發前往歐洲。雖然他的健康狀況在整個夏天都得到了一定程度的恢復，但他在下面這封信裡還是懇求能夠延長他休假的時間：

1842 年 9 月 3 日於馬林貝格 [231]

我親愛的先生（約西亞‧昆西校長）：當我在春季離開你的時候，我認為到這個時候，應該能夠完全恢復健康，準備出發返回美國了。但在身體恢復方面，我的表現可能讓你失望了。我的健康恢復狀況要比我預想的更加糟糕，雖然我現在的健康狀況要比我剛到這裡的時候好了許多，但我仍感覺自己尚未完全恢復健康的活力。這裡的醫生強烈建議我在這裡繼續再待上一段時間，避免舟車勞頓所帶來的疲倦。醫生認為，為了我未來幾年的身體健康，我必須要這樣做。他建議，「如果我日後繼續從事腦力工作的話，那麼我就完全有必要在明年夏天之前這段時間繼續留在歐洲大陸，將大部分時間用於恢復健康，避免各種沉重的工作壓力。」我是引用他今天上午寫給我診斷報告上的一段文字。因此，除非當代語言學系絕對需要我馬上返回，否則我想要申請到明年夏天的時候再返回美國。

我向您保證，做出這樣的決定絕對不是我的本意。我原本並沒有想要繼續留在這裡生活的想法。與此相反，我的內心有一種強烈要返回美國，回到哈佛大學去任教的願望。但我還是希望能夠以充滿活力的健康體魄回到美國，而不是在回去之後繼續過著像之前那種被疾病所掌控的生活。正

231　馬林貝格（Marienberg），德國薩克森州的一個市鎮。

如醫生所說的，我擔心的是，如果我現在就要返回美國，這會毀掉我這一次旅行的本來想要達到的目的。如果我想要完全恢復健康，就必須要繼續接受日光浴的療法。

因此，我最終做出的決定是，在收到您的來信之前，我會繼續留在這裡生活。我曾向自己承諾過，要是我這次能夠從醫院走出來的話，那麼我以後就再也不要進醫院了。

您是否可以替我向您的女兒昆西小姐說一聲，她委託我帶給格拉漢姆先生的東西已經按照她給我的地址留在了在利哈佛市，我想東西格拉漢姆先生已經收到。當我來到法國之後，我沒有足夠的體能支撐我去布列塔尼半島[232]，因此我只能利用您的推薦信去認識他。他所居住的地方距離我要前去的地方實在太遠。我從巴黎出發，經過了比利時，來到了博帕德[233]這座古老的城市。從今年六月一日開始，我就一直生活在這裡。

請將我的問候傳達給昆西夫人及您的家人。

永遠尊重您的

亨利・華茲華斯・朗費羅

有趣的是，朗費羅寄給昆西校長的信，卻得到了昆西校長從經濟學院發出的回函：

亨利・華茲華斯・朗費羅先生：收到了你在 9 月 3 日寄來的信件，對於你在信件裡談到的身體尚未完全康復的消息，我們感到非常遺憾。雖然你按照德國醫生給予你的醫囑去做，有助於回覆你的健康，但是倘若你在歐洲生活到明年夏天的話，這可能會影響到很多方面事情的展開。你在信

232　布列塔尼半島（Brittany），法國西北部歷史上的一個半島，文化及行政上的一個地區名稱。布列塔尼半島的北部面向英倫海峽，南部對著比斯開灣，古城阿摩里卡，範圍包括塞納河和羅亞爾河之間的沿海地區。

233　博帕德（Boppard），德國萊茵蘭 - 普法茲州的一個市鎮。

中所提到的事實，讓你的很多朋友感到悲傷，也讓學校的很多教職員工不知道該怎麼做。要是批准你繼續在歐洲大陸再生活半年，這可能會帶來諸多的困難。很多人都在猜測你是否能夠在離開的這段時間裡實現這個目標。當初學校批准你前去歐洲大陸休養，前提是你會在十月分的時候回來。這樣的話，根據你所安排的課程，就不會落下任何學生的課程。正是基於這個事實以及這樣的保證，學校理事會才同意了你的這個請求。現在，倘若我們同意你在來信中提到的要求，那麼現在的高年級學生將無法正常學習，他們有權利對此表達自己的抱怨之情，或是接受正常的教育權利。

在這種情況下，學校理事會肯定不想同意延長你所說的休假時間。與此同時，他們出於責任感的驅使，授權我這樣跟你說：他們沒有將他們視為學校資產的所有者，而是管理者，因此他們不會像那些沒有居住在此或是沒有履行職責的教授支付薪水。他們非常看重你的工作，因此如果你想要繼續在歐洲生活一年時間，他們也願意在你回來之前，繼續保留你的教授職位。但我必須要說，在你生活在歐洲的這段時間裡，學校將暫停發放你的薪水。也就是說，從這個季度開始，即 11 月 30 日起執行。

學校理事會做出這個決定也很艱難，但他們認為必須要忠實履行自身的責任，認為這樣做完全是出於一種對學校的責任感。

先生，請允許我向你表達希望你盡快恢復健康的的衷心祝願。我對你的才華與取得的成就懷著深深的敬仰之情，對你充滿了尊敬之心。

永遠忠誠於你的朋友
約西亞·昆西
1842 年 9 月 30 日於劍橋

149

　　朗費羅的整個夏天都在馬林貝格進行水療治療，期間也會前往巴黎、安特衛普與布魯日等地散心旅行。在巴黎的時候，他給朱爾斯·賈寧[234]寫了一封信。賈甯現在可能已經被世人所遺忘了，但他是當時巴黎最著名的評論家。他不喜歡那些文學圈子裡的人，聲稱他從未見過這些文人，也絕對不想要見這些人，並且經常會與除了拉馬丁[235]之外的其他法國作家爭論，他將拉馬丁評價為「就像天使一樣善良」。在布魯日的時候，朗費羅喜歡參觀鐘樓，感受著這些鐘樓傳遞給別人的那種魅力。在安特衛普的時候，他感受著雄偉大教堂所具有的榮耀，回想起昆丁·馬西斯[236]以及魯本斯[237]的畫作。朗費羅在馬林貝格的家，當年是為尊貴的修女們建造的古老修道院，現在變成了一個水療中心。整個地方給人一種莊重的感覺。不過，此時的朗費羅是以病人的身分前來這裡修養的——來自佛蒙特州布萊特保羅的威賽爾胡夫特博士在這裡正是他的醫生之一。朗費羅肯定見到了一些德國詩人，或是閱讀過他們的一些作品——其中就包括貝克[238]、赫爾維格[239]、雷瑙[240]、阿納斯塔修斯[241]、策德利茨[242]、弗萊利格拉[243]特等詩人。後來，朗費羅與弗萊利格拉特成為了親密的朋友。事實上，朗費羅

234　朱爾斯·賈寧（Jules Janin, 1804-1874），法國作家、文藝評論家。

235　拉馬丁（Alphonse Marie Louise Prat de Lamartine, 1790-1869），法國著名浪漫主義詩人、作家、政治家。他以半自傳式詩歌《湖》（*The Lake*）聞名。詩中以死了的丈夫的視點去追憶和妻子的一段熱烈的愛情。拉馬丁是法國詩歌形式的大師。他是法國裡少數同時身為政治家的作家之一。

236　昆丁·馬西斯（Quentin Matsys, 1466-1530），法蘭德斯名畫家。

237　魯本斯（Sir Peter Paul Rubens, 1577-1640），法蘭德斯名畫家，巴洛克畫派早期的代表人物。魯本斯的畫有濃厚的巴洛克風格，強調運動、顏色和感官，以其反宗教改革的祭壇畫、肖像畫、風景畫以及相關神話及寓言的歷史畫聞名。

238　貝克（Nikolaus Becker, 1809-1845），德國作家、詩人、律師。「德國青年運動」宣導者之一。

239　赫爾維格（Georg Herwegh, 1817-1875），德國詩人。「德國青年運動」宣導者之一。

240　雷瑙（Nikolaus Lenau, 1802-1850），出生於蒂米什瓦拉的奧地利籍德語詩人作家，以其反映時代悲哀及個人絕望的憂鬱抒情詩聞名。

241　阿納斯塔修斯（Anton Alexander von Auersperg, 1806-1876），奧地利詩人。

242　策德利茨（Joseph Christian Freiherr von Zedlitz, 1790-1862），奧地利詩人、劇作家。

243　弗萊利格拉特（Ferdinand Freiligrath, 1810-1876），德國詩人、翻譯家。「德國青年運動」宣導者之一。

曾大聲面對那些受人尊重的修女們朗讀了他的〈花朵的復仇〉這首詩。他錯過了與烏蘭德見面的機會，這是當時德國唯一一位比弗萊利格拉特更受歡迎的詩人。他在美茵茲見到了可以容納五萬名士兵的軍營以及一幫自然主義者的帳篷。與此同時，他還收到了美國的普雷斯科特、索姆奈以及菲爾頓等人的來信。朗費羅的《西班牙學生》已進入出版流程，他的朋友霍桑也結婚了。最後，他於 1842 年 10 月 22 日乘船返回美國，返程途中，他專注於創作了一本關於奴隸制的詩歌集。

第十四章
創作反奴隸制詩歌與第二次婚姻

第十四章　創作反奴隸制詩歌與第二次婚姻

現在，我們很難充分估算朗費羅在從歐洲返美的船上所寫的反奴隸制系列詩歌，以及在回到美國後出版這些詩歌的始末和因此對他人生產生的影響。在奴隸制這個問題上，出現了涇渭分明的兩大陣營。即便是在反奴隸制的陣營裡，同樣在很多細節問題上出現了分歧，這些不同的派系也會就不同的觀點彼此進行強烈的批判。朗費羅是一個性情溫和的人，始終避免走向任何形式的極端，因此他出版的那本黃色封面的小詩集，就像一陣驚雷那樣，震驚了當時的美國人。事實上，導致朗費羅這樣做的原因是多方面的。他的父親就曾是班傑明·倫迪[244]的「解放奴隸的天才」協會的捐款人，該協會對加里森創辦的《解放者報》產生了重要的影響。年輕時期的朗費羅在布倫瑞克生活的時候，就曾想過要創作一個以「杜桑·盧維杜爾」為主題的戲劇作品。他曾對這樣的想法提出過自己的理由：「因此，我想要以力所能及的方式，為推動解放黑奴這項事業做出自己的貢獻。」

不管從哪個方面去看，瑪格麗特·富勒女士都不可能被稱為一名廢奴主義者，但她將朗費羅的這部詩集稱為「朗費羅所有薄書中最薄的一本書，充滿了那些先驅者們才擁有的強大精神，他所談論的主題是那樣的深層」。另一方面，《格拉漢姆雜誌》[245]的編輯在寫給朗費羅的一封信裡表示，「奴隸制這個詞語之前是不允許出現在費城的雜誌上，而出版商也反對任何書籍的內容上出現這個詞語。」朗費羅的朋友薩謬爾·沃德是一個非常隨和的人，也在紐約寫信給朗費羅談論他這些詩歌的事情：「朗費羅的詩歌激發起了很多人的關注，很快就銷售一空了。我曾寄這本書給生活在南方的一位朋友，這位朋友的其他朋友也表示想要閱讀這本詩集。」在這封信裡，沃德將朗費羅歸入「廢奴主義者」的行列當中。朗費羅這些詩

244　班傑明·倫迪（Benjamin Lundy, 1789-1839），美國著名廢奴主義者。

245　《格拉漢姆雜誌》（*Graham's Magazine*），由美國費城出版商兼編輯喬治·格拉漢姆（George Rex Graham, 1813-1894）1841 年創辦的文藝評論期刊。愛倫·坡與格里斯沃德先後為該雜誌的編輯。

歌所產生的影響，毫無疑問讓他站在這場決定美國歷史命運鬥爭的正確一面。與他的很多偉大同輩錢寧、愛默生與索姆奈等人一樣，這些先驅者都要遭受到當時一些人的批評。但是，對於改革者來說，這樣的批判是不可避免的。在這個過程中，他們要承受的內在壓力，要遠遠大於他們的敵人所施加給他們的壓力。我們可以回想一下培根爵士在談到科西莫·德·麥地奇[246]時說到：「神性的文書會讓我們寬恕我們的敵人，但我們卻很難找到原諒我們朋友的理由。」

　　喬治·倫特[247]是朗費羅所欣賞的一位詩人，但他卻強烈反對這場反奴隸制運動。朗費羅在寫給他的一封信這樣寫道：

　　「對於你如此強烈反駁我所創作的關於奴隸制詩歌作品一事，我感到非常遺憾。不過，我不會就這件事與你爭論，而只會向你簡單地闡明我個人的一些信念。」

　　「1. 我認為，奴隸制的存在是不正義的，這完全是基於強權創造出的正義的謬論。」

　　「2. 我對於去做正義的事情充滿了無限的信念，不擔心會遭遇任何邪惡的結果。」

　　「3. 我相信，每個人無論是在奴隸制這個問題還是其他問題上，都完全有權利去充分表達自己的觀點。每個人都應該這樣做，直到我們這個信仰基督教國家的輿論能夠出現一面倒的情況，然後影響南方人對這個問題的看法。」

　　「4. 對於法律現在規定的事情，我不做任何評論與干涉。」

　　「5. 我認為，有志者，事竟成。當整個國家的民眾都發自內心地希望能

246　科西莫·德·麥地奇（Cosimo di Giovanni de' Medici, 1389-1464），義大利文藝復興時期著名的佛羅倫斯僭主（非官方國家首腦），大商人。也被稱為「老科西莫」，或者「國父」。

247　喬治·倫特（George Lunt, 1803-1885），美國律師、編輯、詩人、作家、政治家。

夠廢除奴隸制的時候，那麼我們最後必然能夠找到解決這個問題的方法。」

　　「6. 因此，讓我們每個人盡自己最大的努力去實現這個目標，用平和與基督教的仁慈去不流血地實現它。」

　　「願上帝保佑！」

　　我認為，朗費羅遭受了很多評論家不公平的對待，甚至連最近為他創作自傳的卡本特教授，也在朗費羅的傳記裡表示，朗費羅曾在 1845 年 11 月同意刪除由費城的凱里與哈特出版的一本詩集裡關於反奴隸制的詩歌。這是插圖版本的詩歌作品，之前就已經準備了一段時間，卻沒有像同期的哈帕出版社那樣出版，因此很多人認為這包括了朗費羅的全部作品。哈帕出版社的版本在 1846 年 2 月出版，這是一個廉價版本，以雙欄的方式呈現出來。這是一個真正意義上的收藏版本，包括了朗費羅創作的反奴隸制詩歌以及其他方面的詩歌。因為我們不知道當時這樣做的背景，因此我們無法肯定這樣的變動是否出現。但無論是在那個時候還是之後的很多年，哈帕出版社在奴隸制問題上都是非常保守的，強烈反對以任何形式去談論奴隸制問題。因此，我們可以非常確定一點，這肯定是在朗費羅強烈的要求之下，哈帕出版社才將這些反奴隸制詩歌收錄在內。很多廢奴主義者對朗費羅的批評，主要是針對他在 1850 年創作的一首詩歌〈造船記〉的結尾處。威廉・勞埃德・加里森 [248] 在《解放者報》上，將這一段詩歌的內容稱為「一首慢慢滲出殘暴人性之血的輓歌」。愛爾蘭一位狂熱的廢奴主義者也對這首詩歌產生了強烈的共鳴。在寫給他在波士頓的朋友的信件裡，他這樣寫道：

248　威廉・勞埃德・加里森（William Lloyd Garrison, 1805-1879），美國著名廢奴主義者、記者、社會改革家。《解放者報》編輯。

1850 年 4 月 28 日於愛爾蘭都柏林

（在談論了韋斯頓[249]小姐不喜歡惠蒂埃的作品，以及她對惠蒂埃的評價不公允之後，這封信接著這樣寫道）

朗費羅不是一名廢奴主義者，這難道不是件非常糟糕的事情嗎？他的那首反奴隸制的詩歌與惠蒂埃的詩歌一樣，簡直就像洗碗水。難道他剛剛創作了一首關於聯邦的四音節詩歌嗎？我無法理解美國這個聯邦國家裡，竟然還會有人喜歡這樣的詩歌 —— 正如你們無法理解，英國有成千上萬優秀的人，都將皇族與君主制視為對整個國家發展有積極作用的中流砥柱。

里奇・D・韋布[250]

雖然惠蒂埃本人與朗費羅存在著很大的差異，但他也寫信給朗費羅，感謝他創作了這本《奴役篇》的小冊子。按照惠蒂埃的說法，朗費羅的詩歌「對整個解放奴隸運動產生了重要的推動作用」。惠蒂埃還詢問，朗費羅是否願意接受自由黨提名他成為國會眾議員的請求。惠蒂埃接著表示：「我們的朋友認為，他們能夠為你爭取到比其他候選人多出一千張的選票。」即便是在廢除奴隸制的立場上，惠蒂埃始終都不是一位聯邦分裂主義者。

有趣的是，正是廢奴問題為朗費羅與羅威爾之間的親密友情打下了牢固的基礎。羅威爾後來出版了一本名為《一年的生命》，這本書在波士頓出版。用羅威爾的話來說「這是一本由朗費羅・菲爾頓與希拉德等人完成的書」。羅威爾後來在〈先驅者〉這篇文章裡，就親切地提到了朗費羅的《奴役篇》。但在這個時候，我們尚且未能找到他們倆之間親密友情的任何直接證據。在一封時間標明是 1844 年 6 月 27 日，地點為愛姆伍德寫給愛倫・坡的信件裡，羅威爾就談到了當時刊登在《國外文學季刊評論》上

249　韋斯頓（Maria Weston Chapman, 1806-1885），美國著名廢奴主義者。
250　里奇・D・韋布（Richard D. Webb, 1805-1872），愛爾蘭出版商、廢奴主義者。

約翰・福斯特[251]的一篇文章。「福斯特是朗費羅朋友圈子裡的一位朋友，也許這也能夠解釋朗費羅成為我國目前詩壇上的領軍人物。目前看這樣的定位是名副其實的。」……值得注意的是，羅威爾之前所說的「等人」，現在變成了「圈子」。值得注意的是，羅威爾並沒有將朗費羅視為美國詩壇領域內的領袖人物，而是表示未來有可能會出現這樣的情況。他們真正的友情，似乎是從朗費羅於 1846 年 10 月 29 日拜訪羅威爾書房開始的，他們當時的對話主要集中在奴隸制問題上。朗費羅在第二部詩歌出版後，於第二年年底再次拜訪羅威爾。1848 年 3 月，朗費羅與羅威爾一起暢聊了一個晚上，當時的羅威爾正在忙著創作《評論家的預言》，年輕的朗費羅熱情洋溢地讚賞羅威爾。

這個時期，朗費羅的心理狀態，可以從下面這封寫給他年輕妻妹瑪格麗特的信中看出來，當時的她剛剛成為一名母親：

1843 年 2 月 15 日於劍橋

我親愛的瑪格麗特：收到妳那封短信，我感到非常高興。前天晚上我就收到了妳的來信，感受到妳那親切的問候。請相信我，我經常會想起妳與妳的丈夫，經常會想起妳的那間新房，雖然妳的這間新房距離妳以前的朋友較遠，但妳始終都是這個世界幸福的中心。在妳真誠的情感感召下，妳的那間「黃色房子」肯定會變成一座金色宮殿。

在我看來，人生就像一場「戰鬥與漫長的前進過程」。我有時會感覺一切良好，有時會感覺糟糕，但總是會感到內心的躁動不安。我最近這次前往德國的旅程，給我帶來了很多益處。我的健康狀況要比過去幾年都好了很多。只要我生活在戶外，並且進行充分的鍛鍊，我就會感覺身心狀況一切良好。只要我將自己關在書房裡，埋頭研究的時候，就會感覺身體

251　約翰・福斯特（John Forster, 1812-1876），英國傳記作家、文藝評論家，查理・狄更斯的摯友。

狀況非常糟糕。因此，這個斯芬克斯之謎 [252] —— 也就是關於我健康的祕密 —— 終於被我發現了。在德國的時候，我過著一種戶外生活，每天進行著沐浴療法，經常從早走到晚。我在萊茵河畔的博帕德，這裡之前曾是馬林貝格一座古老的修道院，現在是進行沐浴療法的地方。我參觀了德國的一些城市，之後在穿過比利時，前往英國。在倫敦的時候，我與狄更斯夫婦在一起，並且一同進行了非常愉悅的旅行。狄更斯夫人是一位溫柔有趣的女士，她有四個孩子，他們都是非常美麗善良的孩子。我還看到了那裡的烏鴉，這些烏鴉喜歡站在門口處，然後在花園裡邁著莊重的步伐。

我親愛的瑪格麗特，關於瑪麗的日記，我無法答應妳的要求。對此，我感到非常遺憾。在我出發前往歐洲之前，我的精神狀態很差，在尚未出發的時候就想到了很多可能會發生的不確定事情。於是，我燒毀了很多信件與私人的文章，其中就包括了瑪麗所寫的日記內容。現在，我為此感到非常遺憾，但是這一切都太遲了！

啊！我親愛的瑪格麗特！雖然我的做法顯得比較任性與魯莽，但我一直珍藏著對我的妻子的最美好回憶。妳知道我們曾經過著多麼幸福的生活。我也知道自己日後再也無法遇到一個像她那樣充滿冒險精神、真誠與自然的女性了。妳要以她為自己的榜樣，妳將會讓妳的丈夫成為世界上最幸福的男人。妳要成為這樣的女人。在妳丈夫看來，即便是在他人生最黑暗的時刻，妳仍然像一盞明燈那樣照亮他人生的道路。

請將我最美好的祝福傳達給妳的丈夫。我真的很想前去拜訪你們。但是，我也不知道什麼時候才能過去。請妳幫我親吻妳的孩子。我永遠都是

---

252 斯芬克斯之謎（Sphinx's riddle），在希臘神話中，赫拉派斯芬克斯坐在忒拜城附近的懸崖上，攔住過往的路人，用繆斯所傳授的謎語問他們，猜不中者就會被牠吃掉，這個謎語是：「什麼動物早晨用四條腿走路，中午用兩條腿走路，晚上用三條腿走路？腿最多的時候，也正是他走路最慢，體力最弱的時候。」伊底帕斯猜中了正確答案，謎底是「人」。斯芬克斯羞愧萬分，跳崖而死（一說為被伊底帕斯所殺）。斯芬克斯的人面象徵著智慧和知識。一說斯芬克斯之謎在更深層次的表現為「恐懼和誘惑」，即「現實生活」。

第十四章　創作反奴隸制詩歌與第二次婚姻

忠誠於妳的哥哥。

亨利・華茲華斯・朗費羅

與此同時，朗費羅的生活即將出現重大的轉變。七年前，他在瑞士遇到了一位十九歲的少女法蘭西斯・伊莉莎白・阿普頓[253]，她是南森・阿普頓這位波士頓商人的女兒。雖然，朗費羅在《海柏利昂》一書裡就曾描述過她的形象，但在多年相識之後，她同意成為他的妻子。這件事發生在 1843 年 7 月 13 日。朗費羅在寫給波特蘭的伊麗莎・A・波特 —— 他第一任妻子的姐姐 —— 的一封信裡，就宣布了這個消息。

1843 年 5 月 25 日於劍橋

　　我親愛的伊麗莎：過去一週以來，我一直都想要寫信給妳，告訴妳我已經訂婚了，懇求能夠獲得妳的同情與良好的祝願。但在最近這段時間裡，我一直都非常忙碌，需要及時完成很多封信件，從而趕上最近一班出發的汽船。可以說，直到現在，我都還沒有給我很多親密的朋友回信。我相信他們肯定能夠體諒我現在忙碌的生活情況。

　　是的，我親愛的伊麗莎，我準備再次結婚了。過去幾年裡，我的生活是如此孤獨與不安 —— 我需要家庭所帶來的那種溫馨感覺 —— 我已經選擇了一位具有高尚美德與良好品格的女性身為我的妻子，這與我親愛的瑪麗是如此相似。當妳聽到我訂婚的消息，請千萬不要誤會瑪麗在我心目中的獨一無二地位。在我的記憶深處，瑪麗始終都占據著任何人都無法替代的地位，她的真善美始終都在鼓勵著我默默前進。有時，我甚至能夠感覺到瑪麗正在對我說話，她也會同意我現在所做的事情。我希望再次結婚的事情，也能夠得到妳與妳的父親的祝福與同意。

253　法蘭西斯・伊莉莎白・阿普頓（Frances Elizabeth Appleton, 1817-1861），朗費羅的第二任妻子。

永遠忠誠於妳的朋友

亨利・華茲華斯・朗費羅

朗費羅在上面提到的那位女士法蘭西斯・伊莉莎白・阿普頓活在每個認識她的人的記憶裡。她有著美麗的容貌以及用朗費羅的話來說是「一雙深沉且難以言喻的眼睛」，她那張具有自制力的安靜臉龐，會在燦爛笑容的感染下變得非常美麗。也許，關於她的最好描述，是一位與科蘇特[254]一起前往美國參觀的匈牙利人普爾茲基夫人，她對朗費羅夫人的描述是「一位有著茱諾（主神朱庇特之妻）一樣美麗容顏與最善良心靈的女士。」她迅速就將自己的人生與丈夫的工作結合起來，特別是在朗費羅的眼睛感到疲倦的時候，她的幫助就會變得非常有價值，因為她可以幫助朗費羅抄寫文章。有時，她還會建議朗費羅根據一些主題創作詩歌，至少朗費羅的〈斯普林菲爾德兵工廠〉就是這樣創作出來的，這是她在查爾斯・索姆奈前來他家拜訪的時候，對朗費羅說的。她還在朗費羅創作《歐洲的詩人與詩歌》這本書上給予了大力的支持。朗費羅的朋友菲爾頓也參與其中，他負責整理與自傳方面相關的內容，而朗費羅則進行詩人的選擇以及翻譯工作。

下面，我將引用朗費羅的未婚妻所寫的一封信。從這封信裡，讀者就能感受到她所具有的那種女性風度。這封信是她寄給朗費羅第一任妻子的姐姐。

1843 年 6 月 5 日於波士頓

親愛的波特女士：您在來信裡表達了對我們的祝福，請謹此接受我對您如此善意行為的真誠感謝之情。特別是對於像我這樣一位對您來說完全陌生的人，能夠得到您如此善意的祝福，這就像在黑夜裡點燃了一根蠟燭，溫暖著我的心靈。在我即將踏入人生全新階段的時刻，我所獲得的諸

254　科蘇特（Kossuth Lajos, 1802-1894），匈牙利革命家、政治家，匈牙利民族英雄。匈牙利 1848 年革命領導人，擔任革命中獨立的匈牙利共和國元首。革命失敗後，被迫流亡海外。

多祝福當中，來自您的祝福是如此的特殊與美好。那些與亨利最親近的人，那些與他早年生活有著緊密連繫的人，我都想要去了解他們，並且表達對他們的善意。我相信不用多久，我們就會有機會成為好朋友。

但是，我從來都不會對認識您或是他的家人感到任何羞澀。若是我對亨利的愛意有任何保留的話，那麼我就無法真正配得上你們給予的美好祝福。要是我們對此心存恐懼的話，那麼我們就配不上你們以慷慨的態度去贊同他做出再婚的決定 —— 你們對亨利的為人充滿了信任。你們已經認識亨利很長時間了，對他非常了解，因此我不需要說，能夠讓亨利成為我的丈夫，這是一件讓我感到多麼幸福的事情！我每天也在向全能的上帝祈禱，希望他能夠賜給我能量，讓我再次給予亨利一個溫馨幸福的家庭 —— 亨利那充滿愛意的本性是那麼神聖與親切，因此我強烈希望自己在這方面能夠取得成功。

我想要再次感謝你們給予的憐憫心，希望你們能夠收到我表達的感謝之情 —— 與此同時，我相信這樣的感激之情並不僅僅局限於語言上，而且還表達著我對波特蘭其他朋友的感謝之情。

永遠忠誠與感激您的
法蘭西斯・伊莉莎白・阿普頓

亨利也向你們表達他最善意的祝福，希望能夠在日後不久的時候回到他的家，然後與你們所有人一起商量一下未來。

閱讀法蘭西斯・伊莉莎白・阿普頓所寫的這封信，再看看我手上拿著這本《海柏利昂》扉頁上有朗費羅用鉛筆所寫的「給伊麗莎・A・波特，來自關心她的朋友與弟弟，作者」讓人覺得非常有趣。毋庸置疑，在朗費羅的一生，他對瑪麗的愛意始終都沒有改變過。

第十五章
在劍橋的學術生活

第十五章　在劍橋的學術生活

　　當代的很多作家在談到朗費羅身為哈佛大學當代語言系負責人以及處理特別班級取得的成功時，可以找到非常充分的證據。因為一些原因，朗費羅被分配到大學堂裡的一間房間，這個房間有時也會用於教職員工的集會。因此，這要比那個時候一般意義上的教室多了幾分生氣。可以說，當朗費羅坐在一間辦公桌後面的椅子上，面對著他負責管理的講師時，就好像他們都是客人，而從來不會將自己與他們進行嚴格意義上的區分，這樣的場景是非常有趣的。我還記得，當我們第一次讀到他負責編輯的一本小書《戲劇諺語》時的場景。之後，我們閱讀了關於拉辛[255]與莫里哀的一些戲劇作品介紹。朗費羅在找尋類似段落方面的能力，給我們留下了深刻的印象，也為我們樹立了一個很好的榜樣。之後，當學生們在大學院子的抗議失敗之後，一些學生拒絕其他老師的要求。最後一位學生負責人說：「我們要聽聽朗費羅教授的說法，他始終像紳士那樣對待我們！」這些年輕的學生在潛移默化當中，意識到了需要付出艱辛的努力，才能在學術研究上實現自律。朗費羅並沒有特別從個人層面上去培養我們，或是邀請我們前去他居住的房子，但他始終記得我們，並且給予我們鼓勵。我認為，他是哈佛大學第一位在與學生說話時，會加上「先生」這個詞語的老師。我還記得他提出問題時有著清晰的邏輯，在回答問題時那麼簡潔有力。正是他所具有的良好教養與個人能力，才讓他引領我們了解各個時期的法國作家，讓我們對巴爾札克的《驢皮記》[256]有所了解。我現在經常回憶起的場景，就是我們見到出版商將朗費羅的《夜籟》一書的樣張拿過來，然後

255　拉辛（Jean Racine, 1639-1699），法國劇作家，與高乃依和莫里哀合稱十七世紀最偉大的三位法國劇作家。

256　《驢皮記》（*La Peau de chagrin*），法國作家巴爾札克巨著《人間喜劇》系列作品，1831 年發表，是「哲理研究」中最有世界影響的一篇，甫出版就引起了德國文豪歌德的強烈興趣，他說「生命裡有二種悲劇，一是得不到任何的悲劇；一是得到一切後的悲劇」，並斷言「這是一部新型的小說」。小說敘述一名貴族出身的青年瓦朗坦破產後投身到社交場所，落得窮途末路，準備投水自殺時，一個古董商給了他一張印有天竺文字的驢皮，這張驢皮能為主人實現任何願望，但願望一經實現，驢皮會立刻縮小，自己的壽命也隨之縮短。瓦朗坦開始從攫獲金錢的快感，去填壑無盡的欲望，另一方面象徵他生命的驢皮也逐步的縮小，將他帶往死亡，瓦朗坦猛然驚覺，死神已臨近身旁，眼睜睜地看著自己的末日來臨。

放在朗費羅的手肘上。當時，我們也會感覺到自己彷彿就活在文學圈子裡。在我們純真的想像裡，也會想像著在朗費羅教授進行朗讀的教室裡，到底會表現出什麼樣的禮節標準呢？

　　不過，在那個變革即將到來的時代，單純教授學生知識，只是身為一名教授工作職責的很少一部分。無論是從個人傾向還是所處的環境來看，朗費羅都是專注於堅持他的前任喬治·蒂克諾教授所開創的改革。他從蒂克諾教授身上繼承了一種先驅者的精神，提出了要在大學實行選修課程作為實驗。在我的印象裡，這樣的改變是在沃克[257]校長在1853年首次提出來的。事實上，關於這樣的實驗在更早的時候就已經有人提出來了 —— 至少是二十年前的時候 —— 在蒂克諾教授負責的當代語言學系以及從1839年以來昆西校長所堅持的結果。我對於這方面的事情有所了解，因為這期間，我都在學校裡，感受著變革所帶來的各種積極影響，因為這讓整個學院在某程度上變成了一所大學。首先，這樣的變革從不再將數學當成學生們的必修課，之後在選修課體系裡增加了歷史、自然史、古典文學等選修課，這就給學生帶來了更多選擇的自由，當然也引發了一些人的反對。在艾瑞特擔任校長期間，特別是在斯帕克斯校長在1849年廢除了選修課制度之後，人們所說的高中教育制度竟然在哈佛大學裡暫時恢復了一段時間。關於這種追求變革想法的傾向，可以從朗費羅寫給校長與教職員工的一封信看出來。在這封信裡，朗費羅顯然是站在了學生自由選擇的一方。當時的大體情況是這樣的：學生們在某段時間裡允許選修一門以上的當代語言課。就我本人而言，我在1841年獲得了文學學位，在之後三年的大學課程裡，又同時選修了兩門語言課程。不過，從下面這封信裡，我們可以看出這樣的特權已經縮減為一門語言課。面對這樣的改變，朗費羅表達了抗議，雖然他的抗議聲音一開始並沒有產生什麼作用。

257　沃克（James Walker, 1794-1874），美國教育學家、教授、哈佛大學校長。

第十五章　在劍橋的學術生活

1845 年 6 月 24 日於劍橋

先生們：在安排明年的課程的時候，教職員工們已經投票決定了，每個學生在一段時間內，可選修的課程不能超過一門當代語言，除非有特殊的原因。這一決定已經得到了教職員工的通過。

你們可以看到，這是學校裡唯一一個制定這樣限制的系。當我們做出這樣的決定時，拉丁與希臘語言系的教職員工都各自獲得了兩票的投票權，而當代語言學系只獲得了一票的投票權。

在那個時候，我就預料到了，這樣的安排對整個系的發展肯定會帶來不良的影響，肯定會在短時間內將學生的數量縮減一半以上。今年，我們系的學生數量是兩百二十四人。明年申請這個系就讀的學生人數不會超過一百人。當我們將所有人都湊在一起的時候，也許只能勉強達到一百一十人。因此，先生們，我懇求你們能夠干預這件事情，要求撤銷這樣的限制，讓我們系能夠重新恢復活力。否則，我擔心按照這樣的安排，這個系到了明年就不存在了。

永遠忠誠於你們的
亨利·華茲華斯·朗費羅

（致哈佛大學校長與教職員工的一封信）

（委員會的報告）

哈佛大學理事會，1845 年 7 月 26 日

學校理事會收到了朗費羅教授對學校教職員工大會投票通過的課程安排事宜表達關切的信件，朗費羅要求立即取消這樣的限制，認為會帶來嚴重的後果。理事會研究學生的課程安排問題，學校監理會也特別對此了進行了討論。最後，他們研究各方面的細節之後，認為在劍橋地區的大學規

定年輕學生學習的課程以及背誦等任務，這不僅是一件複雜與困難的事情，而且還需要找到那些最適合的人來做，需要考慮到每個學生的具體情況去做。我們需要按照學生的個人興趣愛好去做，才有可能使之變得更加公正與高效。委員會認為自身沒有權利去改變這樣的教育體系，因為這個體系裡的每個部分都是與其他部分緊密相連的。要是他們對這樣的教育體系缺乏信心的話，那麼他們肯定就無法在一個整體下更好地工作。因此，他們拒絕了就此相關的事情進行改動的要求。當然，他們也承認，這樣做在未來可能會帶來的一些後果，也是他們所無法預估的，但允許目前的安排持續一段時間，即便是冒著一定的風險，會給朗費羅教授所負責的院系帶來一定的不良影響，我們相信他也能夠充分理解的。不過，他們也衷心希望，朗費羅教授所擔心的事情不會發生。如果這樣的情況發生了，那也可能會帶來同等的好處。

薩謬爾‧A‧艾略特[258] 與 J.A. 羅威爾[259]
學校理事會成員

在上面這次通信一年後，朗費羅所談到的那個問題顯然得到了解決，部分原因在於學院方面的管理能力。我們可以看到朗費羅教授所寫的下面這封信件：

1846 年 9 月 25 日於劍橋

親愛的先生：關於你在 18 號的來信裡提到的懇請我就哈佛大學課程安排方面提出建議，我想要提出以下建議：

關於「選修課制度的優勢與劣勢」，在我的學院裡，我始終是強烈支持選修課制度的。我認為，當代語言課程應該是自願課程或是選修課程，

258　薩謬爾‧A‧艾略特（Samuel Atkins Eliot, 1798-1862），美國教育家、政治家。
259　J.A. 羅威爾（John Amory Lowell, 1798-1881），美國商人、慈善家。

不應該成為學術課程的必修課程。至於拉丁文與古希臘文，我還有諸多的顧慮。但是，我更加傾向於過去古老的制度，特別是如果第五班級可以增添到現有的課程裡面，因為只有這樣，我們才能更好地保證得到這兩種課程制度所帶來的優勢。

在我的院系裡，班級考試的次數較少，得到的回饋結果也不是那麼令人滿意。這樣的做法就像一份關於整個院系在過去一年裡所取得成績的年度報告。因為整個院系的實際工作情況與學生的考試成績其實並沒有什麼必然的關係。因此在我看來，現在根本沒有任何對此進行修正的急切必要。

「第五班級或是哈佛大學的全新院系」，在我看來是極為重要的，因為這能夠讓我們比現在更能對每個院系的教育與研究執行得更加深入，這可以透過演說的方式去做，因為目前我們在這方面做的還遠遠不夠。去年，我們只有十五名駐校研究生，為什麼我們就不能讓這些學生形成第五班級呢？

關於「是否有必要對過去二十年裡形成的教育制度做出實質性的變革」的說法，我很難給予一個明確的觀點。也許，其中很多的教育制度安排都是在我前來這裡教書前就已存在了，因此我對哪些教育規定是新制定的，還是過去制定的，仍然不是那麼的清楚。

我只是對你在來信裡提出的懇求做出了簡短的回答，部分原因在於，對我來說，寫作是一個痛苦的過程，部分原因是我覺得透過口頭的交流，能夠更好地將這件事情說清楚。

永遠尊重你的
亨利・華茲華斯・朗費羅

有趣是，大約在半個世紀之後，在美國當代語言協會的聚會上，負責主辦的機構，正是他們通信的地方。該機構的負責人是查爾斯・威廉・艾

略特[260]會長，他是上面引述的一封信作者的兒子，他意識到語言系所採取的改革步驟，對於整個大學的進步是極為重要的。他在這場聚會上的演說，刊登在 1901 年 12 月 27 日的波士頓《先驅報》上。

「當這場聚會在昨天下午開始的時候，艾略特會長也在現場，並且發表了簡短的歡迎致辭。他說，當代真正能夠稱得上是學識淵博的人，只會是那些語言學方面的教授。」

「『在哈佛大學，』他說，『我們經常會多年持續不斷地實現我們預想的目標。我祝賀你們在過去三十年裡所取得的成就。美國教育體系中最讓人震驚的特點，就是對語言研究的迅速發展。關於語言研究的發展速度，在其他一些大學裡甚至要比哈佛大學走得更快。其中很多大學之前都是沒有當代語言系這個院系。』（笑聲）」

「『我們也要感謝你們這些有識之士，在面對這個重要問題時所表現出來的一致態度。對當代語言學的研究，慢慢地將語言與這個國家的活力連繫起來。現在，這對我們整個國家的國民生活與國家利益都產生了重要的影響。在教育界的權威人士看來，從沒有哪一個學科能夠像當代語言學這樣，其發展的速度與方式與我們當代生活如此緊密連繫起來的。我不會忽視當代語言學研究中那些文學元素，但在未來二十年裡，你們肯定要比過去對此有更強烈的想法，因為你們會在日常生活中使用這些當代語言，在這個國家的工業生產或商業活動中使用到當代的很多語言。』」

我們還應該記住一點，朗費羅性格中的那種自我克制與追求有條不紊的做事方法，習慣性地阻礙了他作為創新者所取得的成就。無論在公共事務還是在私人事情上，朗費羅的做事方法，都是首先表達自己的觀點，然

260　查爾斯·威廉·艾略特（Charles William Eliot, 1834-1926），美國學者、教育家。他在 1869 年當選為哈佛大學校長。艾略特把一個地方院校轉變成了一所美國知名的研究型大學。直到 1909 年結束校長任期，艾略特是美國大學歷史上在位時間最長的校長。

後等待可能出現的結果。顯然，他的心理習慣、他的國外遊學經驗以及他在那個院系裡所感受到的傳統，都讓他強烈傾向於在大學教育裡設置選修課制度。這樣選修課制度在進行了臨時的實驗以及放棄之後，現在已經幾乎變成了每一所大學的固定教育方式了。在取得了這方面的成功之後，當代語言系的不斷壯大，也產生了一股持續的爭議，因為相關的改革一開始就是從這裡出現的。關於這個時期教職員工留下來的紀錄較少，讓我們無法了解每一個教授對此的看法。而朗費羅在整個過程的大部分時間，都是扮演著沉默改革者的角色。不過，我們可以在朗費羅的日記裡經常看到這樣一個事實，他所肩負的責任給他帶來了沉重的負擔。「每天忙完日常的工作之後，我都已經感到非常疲倦。」「學院裡的工作，就像一隻龐大有力的手放在了我的七弦豎琴上，讓這把豎琴無法顫動起來了。」「每一天都與前一天的生活都差不多。對我來說，無法空出足夠的時間去創作詩歌，這是多麼悲哀啊！」「我已經陷入了一種缺乏詩性的情緒狀態當中，根本沒有創作詩歌的欲望。」而且此時的朗費羅的視力已經變得很差了，並且還忍受著神經痛所帶來的身體疼痛。在逃跑的奴隸讓整個新英格蘭地區的民眾都躁動起來了，麻州的政治角力，最後以選舉出了朗費羅最親密的朋友索姆奈擔任聯邦參議員而告終。朗費羅記錄了自己四十四歲生日時所發生的事情。沒過多久，他就想要按照《金色的傳說》的方式去創作。他這樣寫道：「我仍然在努力地創作。」不過，在兩天之後，朗費羅這樣寫道：「與院系的班級一起努力工作，讓他們更好地準備考試。」兩週之後，朗費羅說道：「我這個院系考試的這一天，對我來說始終是充滿悲傷與疲憊的一天。」朗費羅與很多人保持著通信往來，拜訪者與參加晚餐聚會的邀請不斷傳過來。母親的突然離世，讓他整個晚上都孤身一人坐在母親的遺體旁邊。他的心靈深處產生了一種平和的感覺，似乎他的心靈從來就沒有因此而感受到震驚或是發出任何不安的刺耳聲，而是「長壽的人生

最後以和諧的方式終結了」。之後，朗費羅對在迦南地區的休息感到厭煩了，因為他認為自己有必要「用懶散的堅硬磚頭，建造出偉大的人生」。兩天之後，他就返回劍橋的哈佛大學，重新履行自己的職責。他這樣寫道：「我能夠感覺到自己的脖子低垂下來了，感受到束縛所帶來的壓力。」沒過多久，他這樣寫道：「我根本沒有任何閒置時間去寫作。我感覺自己的生活中有越來越多瑣碎的事情占據著寶貴的時間，讓我無法去創作偉大的詩歌。我在工作中會遇到無數次打斷——其中就包括了關於這種或是那種申請的信件，還有外國人無休止地懇求我給予他們這樣或是那樣的幫助——就是這樣的生活狀態，讓我整天都處在一種焦躁不安的狀態，消耗著每天的時間。」朗費羅經常會在日記記錄他與六個人一起吃飯的場景。他會前去劇院，聆聽演說、音樂會，或是參加舞會，但他卻沒有任何的休息時間。也許，我們可以知道，即便當他在迦南度假的時候，也無法真正意義地身心放鬆。不過，正是在這樣的情況下，朗費羅創作的《金色的傳說》在 1851 年 11 月出版了。直到 1854 年 9 月 12 日，朗費羅才終於從哈佛大學辭去教職。在辭職之前，他一直忙著創作《海華沙之歌》[261] 這部作品，並從每天創作的過程中感受到快樂。

261　《海華沙之歌》（*The Song of Hiawatha*），朗費羅採用印第安人傳說而精心構思的長詩，寫印第安人領袖海華沙一生克敵制勝的英雄業績，以及他結束部落混戰、教人民種植玉米、清理河道、消除疾病等重要貢獻。在美國文學史上這是描寫印第安人的第一部史詩。德國詩人弗萊利格拉特翻譯了《海華沙之歌》，在序言中評價：「我的赫赫有名的朋友在詩歌的領域裡為美國人發現了美洲，是他第一個創造了純粹的美國詩歌，這個詩篇應該在世界文學的萬神殿裡占占有一個卓越的地位。」

第十六章　在劍橋的文學生活

第十六章　在劍橋的文學生活

　　讓我們將朗費羅學術生涯的歷史轉移到他的正常人生追求 —— 文學。從朗費羅的詩歌《奴役篇》所展現出來的那種對人類錯誤行為的真正憐憫心，到《西班牙學生》裡展現出來的純粹文學與歷史質感之間，有著一種有趣的轉變。朗費羅的《西班牙學生》這部戲劇作品並沒有激烈的戲劇衝突，因此無法在舞臺上演，至少無法在英國舞臺上演。雖然朗費羅的這部戲劇作品的德國版本，在 1855 年 1 月 28 日在德紹的公爵宮廷戲院裡上演。若是從文學作品去看的話，朗費羅的這部作品是非常優秀的，雖然其部分內容是源於賽凡提斯的《吉普賽姑娘》，並且是在孟達文與索利斯[262]的西班牙語版本，以及英國的米德爾頓[263]的基礎之上創作出來的，但這部作品本質上仍然是朗費羅的作品，雖然他引用了羅伯特・伯恩斯的名言似乎有點不那麼恰當。1840 年 12 月，朗費羅寫給當時居住在紐約的薩謬爾・沃德的一封信裡，就將這部作品稱為「只有我的雙眼才能看到的作品，但我希望你是這部作品的第一位讀者」。接著，朗費羅寫道：「現在，我親愛的朋友，我的心靈都被詩歌所包裹著。很多衡量的標準彷彿突然間從我的眼前消失了，我能夠看到一片美麗的風景。我感覺自己似乎不需要耗費什麼心力就能用文字將這樣的風景描繪出來，並以一種我之前從未有過寫作迅速去完成作品。自從我波特蘭回來之後，我都沒有去閱讀這些文字的勇氣，因為我擔心其中描繪的很多色彩都會慢慢地褪去。這也是我沒有更加詳細地向你描述出其中原因的理由。因為不敢肯定這樣的作品文學價值如何。期待你的閱讀後，我更想聽聽你的評論。」因此，朗費羅在之後寫給父親的一封信裡就這樣說：「我已經創作了一首篇幅較長且更難的詩歌，我將這首詩歌稱為〈西班牙學生〉 —— 事實上，這是一本有五幕的戲劇作品。當我完成了這部作品之後，我產生了些許志得意滿的感

262　索利斯（Antonio de Solís y Ribadeneyra, 1610-1686），西班牙劇作家、歷史學家。
263　米德爾頓（Thomas Middleton, 1580-1627），英國劇作家、詩人。

覺。但是，這是一個屬於我的祕密，最好不要讓家人圈子以外的人知道。因為在我創作的激情尚未褪去之前，我不想出版這部作品。現在，我可以用冷靜的批判眼光去看待這部作品。接下來，我會慢慢地跟你談論自己對此的感受。」

　　朗費羅所創作的《歐洲的詩人與詩歌》於 1845 年出版，後來在 1871 年重印的時候，增加了一些內容。這本書原來大約有 776 頁，而補充的內容大約有 340 頁左右。這部分補充的內容在很多方面來看，都要比原來的內容在編輯層面上做得更好，因為這收錄了很多文章的譯者名字。因為朗費羅能夠找到一些更好的譯者去做這件事，特別是羅塞提 [264]。我們可以公允地說，這本書是這一類不那麼吸引人的書籍中最受歡迎的。這本書的編撰者做到了相對公平，為了能夠完整地將歐洲大陸各國的文學歷史闡述出來，「有時會收錄一些名氣不大的作家，或是一些倘若以更為嚴苛標準去看待，就可能會被排除在外的詩歌作品。」「這部作品被認為，」朗費羅接著補充道，「是一個合集，而不是一個精選集。在評判每一位作家的時候，我們必須要記住一點，很多譯者在翻譯過程中，都無法將他們原本創作的那些詩歌的神韻或是韻律翻譯出來，而經常像是在音樂停止，或是鼓聲消失的時候，士兵們仍然在埋頭衝鋒。」這本書包括了十種語言，將凱爾特語與斯拉夫語排除在外，同樣被排除出去的還有土耳其語與希臘語。現在看來，這樣的做法並不顯得有什麼奇怪。但是，編輯對這樣做給予的解釋則是「我對這些語言不是那麼熟悉」，則讓任何喜歡挑剔的評論家們都失去了吹毛求疵的動力。朗費羅的這一解釋暗示他本人精通北歐的六種語言 —— 包括盎格魯 - 薩克遜語、冰島語、丹麥語、瑞典語、德語與荷蘭語 —— 以及精通南歐的四種拉丁語系語言 —— 法語、義大利語、西班

264　羅塞提（Dante Gabriel Rossetti, 1828-1882），英國畫家、詩人、插圖畫家和翻譯家，是前拉斐爾派的創始人之一。

牙語與葡萄牙語。倘若我們單純審視編輯與收錄這十種語言的不同詩歌與詩人，並且用雙版面的方式去做，就會發現這項任務是相當驚人的。因此，朗費羅有理由感謝他的朋友菲爾頓教授，因為菲爾頓不僅精通德語，而且還是希臘語方面的學者。菲爾頓幫助他負責了這本書所有傳記部分的注解內容。毫無疑問，無論是從選擇的詩歌或是詩人，還是從這本書想要實現的宏大目標來看，這本書始終都會在圖書館裡占據一席之地。這本書裡面的很多翻譯都是非常準確的，特別是在補充內容的部分。其中就包括了普拉滕[265]的〈懊悔〉、雷布爾[266]的〈天使與孩子〉以及馬萊伯[267]的〈安慰〉。我們應該記住一點，朗費羅的翻譯水準是相當高的。根據菲爾德斯夫人的說法，朗費羅始終認為，美國人、法國人與德國人在闡述英國人本性中的狹隘性方面，要更加具有天賦。我們還應該記住一點，朗費羅有時會無法找到別人找到的一些翻譯資料。比方說，在《希臘選集》這本充滿美感的書籍裡，朗費羅就將這本書稱為「散發出逝去花環氣味的憂鬱之書，就像墳墓發出來的聲音，就像酒神的女信徒彈奏的鐃鈸，就像愛意之神在不斷地感嘆、唏噓與祈禱 —— 這一切的情愫都融合起來了。我從未閱讀過一本讓我感到如此悲傷的書籍。」

這個時候，朗費羅的名聲已經得到了廣泛的傳播。不過，一個有趣的事實是，他並沒有馬上以詩人的身分征服整個劍橋地區，我們可以從現在哈佛大學教授查爾斯 · E · 諾頓[268]的父親安德魯斯 · 諾頓[269]寫給費城 W.H. 弗內斯[270]的一封信裡看出來。這封信顯然是諾頓先生解釋對美國一

265　普拉滕（August von Platen-Hallermünde, 1796-1835），德國劇作家、詩人。

266　雷布爾（Jean Reboul, 1796-1864），法國詩人、政治家。

267　馬萊伯（François de Malherbe, 1555-1628），文藝復興時期歐洲詩人。他出生於諾曼第，是亨利四世的宮廷詩人。他清晰的古典風格與早期詩人的誇飾形成對比，受到 17 世紀批評家的歡迎。

268　查爾斯 · E · 諾頓（Charles Eliot Norton, 1827-1908），美國作家、社會評論家、藝術學教授。

269　安德魯斯 · 諾頓（Andrews Norton, 1786-1853），美國神學家。

270　W.H. 弗內斯（William Henry Furness, 1802-1896），美國神學家、社會改革家、廢奴主義者。

些作家進行的評價。也許，這與他當時負責參與編輯的《王冠》這本書有些關聯。可以說，諾頓教授是美國最有教養的人之一，因此別人向他尋求一些建議，這也是非常正常的。在他寫給弗內斯的這封時間標明是 1845 年 1 月 7 日的回信裡，就列舉了四十四名作家，美國的作家只有愛默生出現在名單裡面，而朗費羅的名字則根本沒有出現。接著，諾頓附加了一個補充的名單，這個名單包括了另外二十四名名氣不大的作家，其中朗費羅在這個二十四人的名單裡排名第一。我們之前已經談論了年輕的羅威爾評價朗費羅。大約在這個時候，朗費羅已是這個文學圈子裡的領軍人物。現在，我們可以在安德魯斯·諾頓這裡，以一種年邁成熟的眼光去看待朗費羅，將朗費羅放在了第二等級作家名單的榜首位置。除此之外，霍桑在這個第二等級作家名單裡排在第二，僅次於朗費羅。

　　朗費羅出版了兩本詩歌精選集，分別是《流浪兒》（1845 年出版）與《迷失的人》（1846 年出版）。其中，《迷失的人》這本詩歌精選集原本的書名是《迷失在森林裡的人》。朗費羅記錄了他一次前往大學圖書館的經歷，他前往圖書館的目的，顯然是為了找尋『迷失在森林裡的人』這句話的原始出處。不過，朗費羅接下來的原創詩集則叫做《布呂赫鐘樓及其他》，這本詩集於 1845 年 12 月 23 日出版，裡面包括的詩歌之前已經在《格拉漢姆雜誌》上刊登出來了。這個插圖版本的詩集裡面絕大多數的詩歌作品，之前已經在費城發表過。這本詩歌集的主題，似乎在他寫給弗萊利格拉特的一封信裡透露了些許。朗費羅將他表露出來的這些思想變成了主流的詩歌，另外還有一首詩歌名稱為〈紐倫堡〉。關於創作一部旅行遊記的想法，自從朗費羅創作了《海外領地》之後，就一直縈繞在他的腦海裡。〈諾曼男爵〉這首詩歌的名稱源於蒂埃里[271] 所寫的一個段落，這是一位匿名通信者寄給他的一封信裡談到的。朗費羅其中的一首詩歌可以從

271　蒂埃里（Camille Thierry, 1814-1875），美國詩人。

安徒生的《我的人生故事》裡看出來，這首詩歌是朗費羅在萊茵河畔的博帕德地區創作的。除了這些詩歌之外，朗費羅的其他詩歌都具有濃厚的美國特色與風情。朗費羅的另一首詩歌是〈致變幻莫測的雲〉，這首詩歌的主角是奧馬哈的印第安人，這是朗費羅首次嘗試用六步格的方式去進行詩歌創作，這為他後來創作《伊凡吉琳》打下了基礎。朗費羅在翻譯《主的晚餐的孩子》的工作，同樣為他這方面的創作打下了基礎。朗費羅碰巧在《布萊克伍德雜誌》[272] 上讀到了關於《伊利亞德》[273] 的六步格翻譯版本，這給他留下了深刻的印象。他甚至在創作《伊凡吉琳》的時候，就讓其中的一個段落變成英文的五步格形式。不過，他對於這種完全滿足他所追求的韻律，卻未能完全可以展現出他思想的創作形式，也是感到滿意的。

　　毫無疑問，大眾讀者一般都會認同奧利弗·溫德爾·霍姆斯所說的這句話：「在長篇詩歌方面，要我說，我認為主要的代表作就是《伊凡吉琳》，這是一部大師級作品。我認為，大眾對這部詩集的看法，肯定會同意我的這種選擇……從這部詩集的第一行詩開始，我們就彷彿漂浮在一條寬闊而平靜的河流上，聆聽著水流在拍打著河岸時發出的潺潺聲響，我們可以彷彿可以看到天國就在頭頂，感受到四周尚未遭受任何破壞的狂野所帶來的榮光。」「這是一片原始森林」的話語，已經變成了一句熟悉的話。正如維吉爾在《艾尼亞斯紀》[274] 這部詩集的開場白，成為了經典話語。朗費羅後來將這首詩歌寫成為「平靜流淌的河水，彷彿越過了讓人靈魂感到滿足的地方」。關於這個詩歌主題，一開始是霍桑對朗費羅提起

272　《布萊克伍德雜誌》（*Blackwood's Magazine*），英國出版商威廉·布萊克伍德於 1817 年創辦的雜誌。

273　《伊利亞德》（*Iliad*）又譯《伊利昂紀》（取自書名「伊利昂城下的故事」之意），是古希臘詩人荷馬的長短句六步格史詩。故事的背景設在特洛伊戰爭，是希臘城邦之間的衝突，軍隊對特洛伊城圍困了十年之久，故事講述了國王阿加曼農與英雄阿基里斯之間的爭執。

274　《艾尼亞斯紀》（*Aeneid*），是詩人維吉爾於西元前 29-19 年創作的史詩，敘述了艾尼亞斯在特洛伊陷落之後輾轉來到義大利，最終成為羅馬人祖先的故事。

的。當時，霍桑聽說了他的朋友 H.L. 康諾利牧師的故事，而我們也可以在霍桑的《美國筆記》一書裡找到其中的部分內容。霍桑在這本書裡沒有直接將康諾利的名字寫出來，這讓康諾利牧師感到非常失望。後來，朗費羅在四十歲生日的時候，終於完成了這個故事。

《伊凡吉琳》這本詩集受到的歡迎程度是讓人震驚的，甚至連朗費羅在這本詩集裡所使用的一些名字，也在其他國家裡得到了廣泛的傳播，一些人甚至將這本詩集珍藏起來。索姆奈在英國寫給朗費羅的一封信裡就表示，在文學界享有盛名的諾頓夫人[275]就不止一次閱讀了這本書，而是閱讀了二十幾次。根據諾頓夫人的說法，阿查法拉亞河的景色以及兩位戀人在無意識中擦肩而過的場景，都給她留下了深刻的印象，她甚至將這兩人的名字都刻在一個印章上。沒過多久，比利時國王利奧波德[276]就跟諾頓夫人重複了這樣的話，表示他也準備在將這樣的場景刻在一枚印章上，此時諾頓夫人拿出了自己的那一枚印章，這讓國王大為驚訝。

也許，關於《伊凡吉琳》這本詩集最好的評論分析文章，是半個世紀前法國著名的旅行家，法國大學的教授菲拉勒特・夏斯萊[277]所寫的，他所寫的這本書在 1851 年出版。這是一本非常有趣的書，閱讀這本書能夠讓我們重新意識到其中所表現出來的精神 —— 包括對法國人在談論關於美國主題的時候，要比英國人更為睿智。夏萊斯教授在那個時期進行創作的時候，就已經發現了愛默生所具有的獨特文學天才。他將朗費羅與愛默生進行對比，將朗費羅稱為一名月光詩人，說他缺乏愛默生那樣的激情，但

275　諾頓夫人（Caroline Norton, 1808-1877），英國小說家、詩人、社會改革家。代表作：《夢及其他詩篇》（*The Dream, and Other Poems*）、《鄧利思的斯圖爾特》（*Stuart of Dunleath*）、《失去的和得救的》（*Lost and Saved*）、《老道格拉斯爵士》（*Old Sir Douglas*）等。

276　利奧波德（Leopold I, 1790-1865），原名利奧波德・格奧爾格・克里斯蒂安・腓特烈（Leopold Georg Christian Friedrich），出生於德國科堡，德國薩克森 - 科堡 - 薩爾菲德公爵。1831 年 7 月 21 日成為比利時的第一位國王，開創了比利時薩克森 - 科堡 - 哥達王朝。

277　菲拉勒特・夏斯萊（Philarète Chasles, 1798-1873），法國文學評論家、學者。

他卻有著一種更加接近神聖的安靜態度，有著一種更加深沉的情感，能夠讓他用一種較為節制的韻律去創作。簡而言之，朗費羅的詩歌作品在旋律變化方面很緩慢，具有一種反思情感，而這兩者的結合是非常適合用於描述美國一望無際的平原與茂密的森林所出現的聲音與陰陽變化，因為之前關於這些地方的歷史紀錄幾乎為零。夏萊斯特別對美國詩人與斯堪的納維亞地區的詩人的相似性表現出驚訝之情，比如斯堪的納維亞地區的詩人泰格納爾與歐倫施萊厄[278]。夏萊斯甚至還注意到朗費羅身上具有挪威人喜歡追求詩歌頭韻的傾向。他就引用了挪威一位詩人的詩歌與朗費羅的一些詩歌進行對比，從而證明這樣的類比是確實存在的。我們應該看看朗費羅與歐倫施萊厄這兩位詩人的詩歌對比。

　　一個有趣的事實是，夏萊斯對《伊凡吉琳》做出的評論，與霍姆斯對羅威爾的《郎佛爾爵士的視野》（*The Vision of Sir Launfal*）的評論是大致相同的：「都將虛構與自然的情節相互融合的典範。」我們可以從中得知，這樣做的結果是，雖然整部作品仍然會被人們視為一部藝術作品 —— 正如托爾斯泰的《哥薩克》（*казаки*）—— 但他們卻不會認為這樣的故事情節與他們在隔壁街道上見到的人物形象是類似的。從某種程度來看，這樣的處理方法是具有魅力的。雖然夏萊斯表示，朗費羅的詩歌作品缺乏某種激情，但我們仍然能夠從中感受到青春、純真與溫柔的氣息。身為天主教徒的夏萊斯，同樣對朗費羅關於基督教思想有著自由且深刻的理解而感到震驚。在夏萊斯看來，這雖然不是一部傑作，但同樣認為時間會慢慢為這部作品正名，因為這部作品中具有的某些特質會讓這部作品具有永恆性。當夏萊斯認為我們所有的文學作品都似乎包括著某種無趣的政府歷史以及關於美國總統通信錄的集合時，他能夠有這樣的看法，其實也是難能

278　歐倫施萊厄（Adam Oehlenschläger, 1779-1850），丹麥詩人和劇作家。他是丹麥文學、浪漫主義代表之一。

可貴的。因此，夏萊斯用悲傷的筆觸寫道：「整個美國都沒有一位幽默作家！」我們只能認為，朗費羅所獲得的各種讚美，在很大程度上是因為他在文學層面上取得的成就而為世人所知，這能夠讓他在一位法國人面前抬頭挺胸。在夏萊斯發出這種抱怨的時候，我們同樣應該注意到 S.L. 克萊門斯[279] 當時只是一位只有十五歲的少年。現在，很多歐洲文學評論家對美國文學作品的評論，已經不再聚焦美國沒有什麼幽默作家，而是表示美國出現了太多幽默作家。

朗費羅接下來所創作的這部作品，對那些研究他的傳記作家們來說具有特殊的價值，因為這能夠讓我們透過這本書，感受到朗費羅在智趣層面上所收穫的結晶。朗費羅所創作的這本書就是《卡瓦納》。這本書的出版讓朗費羅大多數的朋友與崇拜者都感到失望，但是他的這本書卻受到了當時兩個人的贊許，這兩個人都將這本書稱為朗費羅所創作的最成功的小說，這兩個人分別是霍桑與霍維斯。此時，關於新英格蘭地區村莊的生活素材，在後來的瑪麗·威爾金斯[280]、薩拉·朱伊特[281] 以及羅蘭·羅賓遜[282] 等人手上，已經變得非常豐富了，因此我們很難繼續回歸到《卡瓦納》這本書的創作中去。倘若真的是這樣做，就必然會認為這樣作品由始至終都是一部純粹的學術文學作品，而缺乏任何形式的特質或是情節的安排 —— 我們甚至不需要用任何話語去對此進行描述 —— 這都會讓我們感受到真實生活的味道。無論生活的歡樂還是悲傷，都無法真正在某個時刻感染讀者的心靈。裡面所有的人物形象基本上說話時都有著相同的口音，他們所說的每一句話都必然會以奇聞異事或是插畫來補充說明，每一個人物形象都是給人一種書呆子氣的感覺。因此，有人說的好，朗費羅試圖透過這

279　S.L. 克萊門斯（Samuel Langhorne Clemens），即馬克·吐溫的原名（Mark Twain, 1835-1910），美國的幽默大師、小說家、作家，亦是著名演說家。

280　瑪麗·威爾金斯（Mary Eleanor Wilkins Freeman, 1852-1930），美國作家。

281　薩拉·朱伊特（Sarah Orne Jewett, 1849-1909），美國小說家、詩人。

282　羅蘭·羅賓遜（Rowland E. Robinson, 1833-1900），美國作家。

樣的方式去觀察鄉村社會，正如讓・保羅以同樣的方式去做。事實上，我們可以發現朗費羅在大聲朗讀《坎帕娜・塔爾》的時候，其實正在創作著《卡瓦納》。他後來在日記裡將《卡瓦納》這部作品稱為一部充滿著浪漫主義氣息的作品。當我們認真思考一下讓・保羅的作品與當代德國民眾的日常生活之間的遙遠距離，就會感覺到將讓・保羅的寫作方法移植到新英格蘭地區是多麼的不適合。不過，愛默生在閱讀了朗費羅的這本書之後，感到「非常滿意」，並且表示「這是我們在美國小說創作方向上最好的一部作品」。最後，愛默生表示，這本書所具有的真正魅力，就在於其中散發出來的那種「優雅氣息」。朗費羅的好朋友霍桑也表示：「這是一本極具價值且難得的作品，散發出新鮮花朵的香氣，卻像花朵那麼簡樸……只有你才能狠下決心，靜下心來去創作這樣一本書。若是其他人嘗試去這樣做的話，必然會遭受失敗的結果。你的這本書具有一種純粹的原創性，這是一本自成體系的書，一本代表著天才藝術結晶的書。」我認為，在美國文學發展的那個有趣階段，這讓我們充分感受到了當時美國文學所具有的真正局限性。因此，我們可以大膽地說，W.D. 豪威爾先生在二十年後進行寫作的時候，就曾用同樣熱烈的情感談論《卡瓦納》這本書：「在我們看來，這本書所描繪的新英格蘭地區的浪漫氣息，是很多人都沒有感受到的，雖然這其中肯定帶有某種真實性。不過，這本書就其輕鬆的幽默與沉思的優雅來看，是其他作品很難超越的。」

　　在《伊凡吉琳》一書出版之後的那個階段，對朗費羅來說，似乎就面臨了一個比過去更加動盪與不安的時期。他想要創作一部關於路易十四國王的浪漫戲劇作品，但最後沒有堅持下來。除了《卡瓦納》這個故事之外，朗費羅也沒有做其他拓展方面的工作。之後，朗費羅繼續出版一些零散的詩歌作品。兩年之後，他出版了另一本名為《海邊與爐邊》的詩歌集。也許，朗費羅耗費時間最長、完整度最高並且最具藝術性的作品，就

是《造船記》這部作品。對那些還記得肯布林女士[283]那無與倫比的聲音與戲劇表演能力的而言，我們可以很容易想像到當她朗讀這些詩歌時表現出來的熱情，必然會受到超過三千名觀眾的熱烈掌聲。即便是在整個國家處在動亂階段，這樣的文學影響還是對那個充滿衝突的時代產生了直接的影響。在這卷詩集的其他詩歌內容，我們可以看到被稱為〈海草〉的充滿強烈情感的抒情性詩句。在那個時候，這些詩句受到了很多人指責說是粗俗與嘩眾取寵的，但這樣的指責是不公允的。朗費羅的另一首具有戲劇力量的詩歌作品便是〈漢弗萊・吉爾伯特爵士〉[284]。朗費羅還有一首最具想像力與音樂性的作品就是〈浮木上的大火〉，則是描述了馬布林黑德的德弗羅農場發生的事情。除此之外，還有一些關於火爐邊的動人詩歌，特別是朗費羅在 1848 年創作的那首〈順從〉的詩歌，這是朗費羅在他的小女兒芬妮去世之後所寫的，他為此創作的另一首詩歌是〈敞開的窗戶〉。若是我們回頭看，就會發現他的第四卷詩集裡基本收錄的都是短詩。我們只能認為，朗費羅成功地為這些詩歌注入了力量或是某種真正的單調色彩。不管怎樣，朗費羅接下來的創作注定要在更為寬廣的舞臺上出現。

283　肯布林女士（Fanny Kemble, 1809-1893），英國著名女演員、作家、詩人。

284　漢弗萊・吉爾伯特爵士（Sir Humphrey Gilbert, 1539-1583），文藝復興時期歐洲航海家和探險家。他曾於 1583 年航行到紐芬蘭島，試圖尋找一條西北航道。他還出版有關於西北航道的論著，以引起其他人的關注。

第十七章
辭去教授職位 —— 朗費羅夫人的去世

第十七章 辭去教授職位─朗費羅夫人的去世

在 1853 年的最後一天，朗費羅在日記裡寫道：「在過去一年的時間裡，我在詩歌創作與散文創作方面的表現，是多麼的乏善可陳！在整個 1853 年，我幾乎都沒有創作出任何拿得出手的作品。在這一年裡，我所做的基本都是學院方面的工作。家庭生活也占據了一半的時間，我還要回覆很多信件，拜訪很多地方，這些活動都耗費了我大量的時間。」不過，四天之後，也就是 1854 年 1 月 4 日，朗費羅在日記裡寫道：「今天，我又在學院裡忙了一天。但是，我為什麼要對此抱怨呢？這些黃金般的日子就像釘子一樣釘入了木頭裡面，誰知道這些釘子是否能夠固定這些東西呢？」2 月 22 日，朗費羅這樣寫道：「你說我準備辭去教授一職，這絕對沒有錯。我正在想辦法重新獲得自由。」在他的生日，也就是 2 月 27 日的日記裡，朗費羅就對即將獲得自由表達了喜悅之情：「我很想知道到底什麼才是詩歌層面上的勝利。如果真的存在這樣的勝利，我能夠在今年取得這樣的勝利嗎？」在 4 月 19 日的日記裡，朗費羅這樣寫道：「在六號大學禮堂裡，上午十一點鐘，我終於講完了最後一節課 —— 我終於完成了自己的使命。」下面這些信件是朗費羅對這個決定所做出的解釋，雖然這些信件之前從來都沒有公開，但卻始終保存在哈佛大學的檔案室裡。

1854 年 2 月 16 日於劍橋

致哈佛大學校長與校理事會成員，

先生們 —— 根據我與沃克博士之間的對話，他已經向你們傳達了我的想法 —— 現在，我懇請你們能夠接受我辭去法國與西班牙語言及文學教授一職的請求。從 1835 年以來，我就一直在哈佛大學擔任這個教授職位。

在下個學期開始之前，要是你們能夠找到一位有能力替代我的人選，我肯定會感到非常高興。但是，如果你們無法做到的，我就一直履職到這

一學年的期末。

先生們，我想要借這個機會向你們表達一點意見，即當代語言學系幾位講師的薪水情況，我懇求你們能夠根據這個國家目前的生活水準，適當地給他們加薪。

我懷著最崇高的敬意，感謝你們一直以來給予我的善意與真誠。在過去十八年裡，要是沒有你們的積極幫助，我肯定無法做好自己的工作。

永遠忠誠於你們的
亨利・華茲華斯・朗費羅

（致沃克校長的一封信）

1854 年 2 月 16 日於劍橋

我親愛的先生：我將我的信件隨信寄給了大學理事會。在我將這封信遞交給他們之前，您是否能夠幫忙看看。如果說這封信裡在格式或是用詞方面出現了什麼不當的情況，我將會再寫一封信。

我還將舒勒・德韋爾[285]的信件隨信附上。

永遠忠誠於您的
亨利・華茲華斯・朗費羅

附注：在我的辭職信裡，我沒有說明自己辭職的原因。我認為這樣做有助於避免闡述一些細節。關於這個問題，我在之前已經跟您解釋過了。

285　舒勒・德韋爾（M. Schele de Vere, 1820-1898），美國翻譯家、當代語言學教授。

第十七章　辭去教授職位—朗費羅夫人的去世

（給哈佛大學校長與教職員工的一封信）

先生們：去年冬天，我已經向你們表達了我準備在這一學年結束之後，辭去教授一職。現在，懇求你們能夠正式以官方檔案的方式批准我的辭職請求。

從我到哈佛大學擔任教授一職到現在，已經過去了十八年了。對我來說，在哈佛大學執教，這是一件非常有趣與愉悅的事情。我希望我在過去這十多年的工作，能夠為學校的不斷發展盡綿薄之力，並得到大家的任何與滿意。因為我一直將這方面的工作看的比任何其他事情都更加重要。

當我下定決心要解除這樣一段存在了這麼多年的關係時，放棄過去一直給我帶來那麼多歡樂與美好時刻的紐帶時，請允許我對你們表達最真摯的感謝之情，感謝你們給予我的信任、關心與友善。

祝願哈佛大學與你們在未來的日子裡越來越好。

永遠尊重你們的
亨利・華茲華斯・朗費羅
法國與西班牙語言及文學教授
1854 年 8 月 23 日於劍橋

（給沃克校長的一封信）

1854 年 8 月 23 日於迦南

我親愛的先生 ── 我隨信附帶了我在昨天提到的辭職信。我盡可能寫一封簡短的信，從而符合學校的檔案紀錄收藏。在這封信裡，我沒有表達什麼遺憾之情。事實上，我感覺自己是在離開您，因為情況也的確如此。在辭職信裡，我還表達了我的感謝之情。我希望透過這樣的方式，表達我始終是哈佛大學忠實的朋友與堅定支持者。

在下次開會的時候，我請求您能夠向教職員工正式公布我辭職的消息，告訴他們，我珍視他們與我的每一份情誼，同時表達我對他們日後生活與工作的祝福。

謹此表達我最高的敬意。

永遠忠誠於您的

亨利・華茲華斯・朗費羅

　　這次，朗費羅決定辭去哈佛大學教授一職，並不是因為健康不佳。事實上，此時的朗費羅健康狀況很好，只是他的雙眼再也無法在燭光下閱讀了。但是，他的朋友、客人、孩子以及大學的教書工作，占據了他太多的時間，因此他根本無法空出更多時間去進行詩歌的創作。在過去兩年裡，朗費羅在詩歌創作方面可以說毫無建樹。除此之外，他的朋友索姆奈在美國國會裡所發表的各種反對奴隸制的演說，加上波士頓出現的逃跑奴隸的審判結果，加上他習慣性的溫和態度，「不過，我對這樣做最後可能取得的結果不是那麼肯定。」與此同時，勞倫斯[286]也在為朗費羅畫一幅肖像畫。關於逃跑的奴隸的問題是很多人經常向朗費羅提起的。正如朗費羅後來所說的，每當別人向他提出關於逃跑奴隸的問題，他的臉上都會流露出憤怒的表情。在 1854 年 7 月 19 日的畢業典禮上，朗費羅最後一次穿上了大學的學袍，記錄了下面這件事：「整個擁擠的教堂看上去是那麼的不真實，而我就像一個旁觀者那樣，與這些事情毫無關係。」此時，朗費羅正在忙著創作與但丁相關的作品，這項工作是他從 1853 年 2 月 1 日開始的。事實上，他早在十年前就有這樣的想法了，但一直耽擱到現在。除此之外，朗費羅又想到了另一個創作計畫，正如他所說的，「這完全是出於滿足他內心的某些幻想。」而辭去哈佛大學教授一職，讓他感受到了久違的自由。

286　勞倫斯（Samuel Laurence, 1812-1884），英國肖像畫家。1854 年勞倫斯訪問美國，就住在朗費羅家中，並為朗費羅和詹姆斯・羅威爾畫了肖像畫。

第十七章　辭去教授職位─朗費羅夫人的去世

多年來，朗費羅一直急切地想要創作關於美國主題的一系列作品。我們都還記得，朗費羅曾在大學講臺上，以印第安人的發言人自居，經常流露出對印第安人的同情。他創作的一系列與此相關的作品，可以追溯到 1829 年的〈科迪印第安人的傳說〉，這篇文章描述這個印第安部落的酋長薩科貝贊。在二十五年後（1854 年 6 月 22 日），朗費羅在日記裡寫道：「現在，我終於可以去展開早年想要創作關於美國印第安人的計畫了。對我來說，這是唯一正確的方式。我想要將印第安人的美好傳統以整體方式保存下來。我制定了相關的創作計畫，我認為這是實現這些計畫唯一可行的辦法。」朗費羅在這本書的描述，不單純是希望這些書籍讓讀者對印第安人有所了解，更是源於他本人在緬因州對這些印第安人進行的深入觀察。之前，他曾在波士頓公園見到了薩克斯與福克斯部落的印第安人，還在家裡招待了奧吉布瓦族[287]的酋長。就詩歌的韻律而言，芬蘭的史詩作品《卡勒瓦拉》[288]給了他不少的靈感，因為當時的朗費羅正在閱讀著這部作品。他想要以恰當的舞臺人物形象去生動地展現出這些印第安人的豐滿形象。《海華沙之歌》這部作品是朗費羅在 1854 年 6 月 25 日開始創作的，在當年的 11 月 10 日正式出版。朗費羅非常享受創作這部作品的整個過程，但他在創作過程中，顯然感覺到自己表現出了一種溫順的態度。而這種溫順態度的傾向，有時則讓讀者對此進行一定程度的批判。但是，這部作品表現出來的簡樸，對於孩子們來說是非常具有吸引力的，並且始終保存著一種獨特的魅力。朗費羅還是以一如既往的坦率方式表示，從一

287　奧吉布瓦族（Ojibwe 或 Ojibway），又稱奧吉布韋族，是北美的原住民族之一。當年法國商人來到北美大陸時，首先接觸到的民族即為奧吉布瓦族。奧吉布瓦因對歐洲人盡了地主之誼，優先得到了歐洲人帶來的馬匹、槍支、彈藥。

288　《卡勒瓦拉》（Kalevala），又譯作《卡萊瓦拉》、《卡列瓦拉》等，又名《英雄國》，是芬蘭的民族史詩。由芬蘭醫生埃利亞斯‧倫羅特（1802-1884）收集了大量的民歌，編成一部完整的史詩。在 1835 年初版，1849 年出版了最後定本，包括五十首歌曲，二萬二千七百九十五行詩句。《卡勒瓦拉》是芬蘭語文學中意義最重大的著作。《卡勒瓦拉》被認為鼓舞了民族主義，並最終於 1917 年從俄羅斯的統治之下獨立。卡勒瓦拉名字的意義是「卡勒瓦的國家」。

開始，這樣的韻律節奏就不是他所原創的，而在創作傳奇故事中具有價值的東西，並不一定就非得要是原創的。朗費羅的這部作品獲得了各方面的關注，很多人表達了讚賞之情，也有人對此嗤之以鼻，對此進行了拙劣的模仿，或是為之譜曲，在公開場合下朗讀。此時，朗費羅的名聲顯然已經建立在一個更加牢固的基礎上，這要比他之前的《金色的傳說》帶給他更大的聲響。朗費羅本人就在一些報紙上發表文章，表示「很多人對《海華沙之歌》這部作品表達出了某種憤怒與嚴肅的態度」，並且「很多人都對《海華沙之歌》這部作品表達了不滿之情」。弗萊利格拉特將這首詩歌翻譯成了德文，他在倫敦寫給朗費羅的一封信裡表示「你是否會對目前很多人對你在《海華沙之歌》這部作品使用的韻律呈現出來的爭議感到好笑呢？」與此同時，朗費羅收到了來自愛默生、霍桑、帕森斯[289]以及貝爾德・泰勒等人寄來的充滿讚美情感的信件。其中，貝爾德・泰勒在寫給朗費羅的一封信裡，就對這本書做出了最好的評價：「閱讀你的這本詩集，給人一種彷彿在美國『印第安部落的夏天』漂浮的感覺。」不過，對朗費羅這本書給予最好致敬的，也許是在休倫湖島嶼上的印第安人在 1901 年 8 月的時候，根據朗費羅的這本書改編而成的戲劇上演了。在這部戲劇上演的時候，朗費羅的孩子與孫子們都紛紛前來祝賀。這也是對這位逝去天才的作品的致敬，是如此的美好與有趣。愛麗絲・朗費羅[290]小姐當時就在現場，曾對此進行了有趣的描述。我得到了她當時所說的一段話，我將會在這本書的附錄裡節選出這段話的內容。

朗費羅接下來創作的一首詩歌，又再次回歸到了六步格韻律，正如《伊凡吉琳》這部詩集在韻律所遭受的早期批判，現在已經變得不那麼重要了。關於這首詩歌的主題在 1856 年就在朗費羅的腦海裡出現了，他已

289　帕森斯（Thomas William Parsons, 1819-1892），美國詩人。
290　愛麗絲・朗費羅（Alice Mary Longfellow, 1850-1928），美國慈善家，朗費羅的女兒。

第十七章　辭去教授職位—朗費羅夫人的去世

經開始用戲劇的形式與詩句去處理，正因為如此，我們才能看到這部作品現在的名稱。但在一年的延遲之後，他嘗試以普瑞希拉這個名稱去嘗試，也許這個書名是從一名英國貴格會教徒普瑞希拉‧格林身上獲取的，因為普瑞希拉‧格林在一場公共集會上發出的甜美聲音，給他留下了深刻的印象。「無論是過去還是現在，」朗費羅說道，「她的聲音就像某種充滿韻律的東西，似乎展開了翅膀，在空中慢慢地漂浮。」很多人都會認為，朗費羅在某種程度上將自己的個性融入到了這位著名女性當中，並且將她作為這個故事的女主角。他們的基督教名字是一樣的。但是，朗費羅後來還是使用了原來的名稱《邁爾斯‧斯坦迪什求婚記》。大約在 1857 年 12 月到 1858 年 3 月之間，朗費羅以非常輕鬆的方式完成了這本書的創作。也許，創作這本書要比他之前創作的任何作品，都要更加讓他感受到愉悅與歡喜。在這本書出版的第一週裡，就賣出了兩萬五千本，而在倫敦，該書出版的第一天就賣出了一萬本。無論是從作品的主題還是創作方式來說，這本書的創作都非常符合朗費羅的本性，這也進一步證明了他早年那種指引他以美國作為創作主題的本能是無比正確的。我們應該記住一點，朗費羅本人描述他的婚姻狀況，引發了讀者極大的憐憫心，而這本詩集的韻律也十分新穎，要比《伊凡吉琳》更加具有彈性，這在很大程度上是因為朗費羅使用了抑揚格的方式去寫作的。毋庸置疑，在進行任何創作時，我們都不應該完全嚴格地遵守一些古典的規則，因為這些所謂的規則會因為不同的語言而需要進行具體的分析與適應。就德語而言，六步格的韻律似乎更加相似一些。

1861 年 7 月 10 日，朗費羅夫人因為一場悲劇而去世了，這場悲劇也是很多創作朗費羅傳記作家們經常提起的。朗費羅夫人因為被大火燒傷，次日就離世了。在朗費羅的家裡，沒有比這更加讓人心碎的悲劇了。在朗費羅看來，沒有誰比她更加簡樸與高尚。要是羅威爾遇到這樣的事情，以

他的性情，肯定會將自己內心的悲傷情感一一表露出來。但是，朗費羅是一個習慣了隱忍的人，因此他不願意用語言或是文字來表達自己內心最深層的情感。只有在朗費羅去世之後，當我們翻看他當年為此創作的文章，才能感受到朗費羅夫人去世的這件事，造成他的心靈多大的傷害，讓他的內心感到多麼痛苦。

雪的十字架

在不眠的長夜裡守望
一張溫柔、久不在人世的臉龐
從牆壁上對著我凝望
夜燈圍著她的頭顱灑下蒼白的光圈，
在她仙逝的房中，蒼白的靈魂
從未經過焚燒而歸至長眠
書本上讀不到
一個生命更為可頌的傳說。
遙遠的西方山上
在那蔑視陽光的山谷中
有一個雪的十字架在那裡安放。
我的胸中便帶著這樣的十字架
十八年間，人世滄桑，季節往復
從她仙逝的時候，再也沒有改變。

1879 年 7 月 10 日

第十八章　漂泊不定的人

第十八章　漂泊不定的人

　　朗費羅有一種能夠將篇幅較短的詩歌集結成卷的能力，並以《漂泊不定的人》為題目出版了很多系列。而他在後來創作的《逃避》詩集，則是將很多篇幅較長的詩歌集結而成的。之後，朗費羅將第一卷詩歌集取名為《邁爾斯・斯坦迪什求婚記》（1858 年），第二卷詩集取名為《路邊旅館故事集》（1863 年），第三卷詩集取名為《再生草》（1873 年），他的第四卷詩集取名為《潘朵拉的化裝舞會以及其他》（1875 年），他的第五卷詩集取名為《凱拉莫斯與其他》（1878 年）。這些短篇詩歌與朗費羅年輕時期所創作的《夜籟》以及早年創作的《民謠》一樣，都能很好地將他中年時期的想法表達出來。雖然朗費羅那些成熟的作品整體而言缺乏早年作品的那種熱情與新鮮感，但這些作品卻展現出了他更加嫻熟的創作執行力。

　　《路邊旅館故事集》將朗費羅收集的幾個長短不一的故事集結起來，最後取了這個較為普通的書名。這本書裡的一些故事在之前也曾出版過，有些曾在 1863 年的一卷書裡有所收錄，而《路邊旅館故事集》最後將這兩卷的故事集結成為一個故事。我們所見到的這本書，並不是普通意義上的那些故事書。朗費羅在寫給英國一位通信朋友的一封信裡，就曾表示「《路邊旅館故事集》在事實基礎上，要比你想像中更加牢靠。蘇德伯裡這座城鎮距離劍橋大約有二十英里左右。大約兩百年前，一個家族名稱為豪伊的英國家庭在其中的一個鄉村裡建造了房子，這座房子直到現在仍然存在，這個家族的最後一位成員在兩年前才去世。在失去財富之後，他們變成了旅館的主人。在接下來的一個世紀裡，這間『紅馬旅館』的生意都很不錯，從父親一輩傳到了兒子手上。我在上面所說的那間旅館，現在已經不再是一間旅館了。這間旅館已經變成了旅館主人的盾形紋章了，也成為了他處理一些糾紛的地方，很多人都將他稱為『鄉紳』—— 在英國人聽來，這肯定是非常奇怪的事情。但是，這個故事裡面的所有人物都是真

實的。裡面的一位音樂人名叫奧利・布林，那位西班牙猶太人伊斯雷爾・艾德里爾，我在刻劃這些人物形象的時候，彷彿自己曾經親眼見過他們一樣。」

詩歌裡一場充滿想像力的狂歡節日裡，其中被寫入的參與者有湯瑪斯・W・帕森斯，他是但丁作品的翻譯者，以詩人的形象出現。另外一位神學家身分出現的是丹尼爾・崔德威爾[291]，他在哈佛大學擔任教授，同時，他也是一位著名的物理學家，他在所處的那個時代，不僅以作為自由思想家而聞名，更是以其他方面而聞名。裡面的一位以學生角色出現的名叫亨利・韋爾・威爾士[292]，他是一位很有前途的學者與熱愛書籍的人，他就曾將自己私人圖書館裡的書捐贈給哈佛大學。另一位西西里島人是路易吉・蒙蒂[293]，他曾在朗費羅手下擔任哈佛大學的義大利語講師。這些人每到夏天就習慣性地聚在一起，朗費羅也經常會與他們交流。即便是現在，他們當時在夏日度假的地方在蘇德伯里仍然可以看到。但是，這個圈子裡除了蒙蒂先生之外，其他人已經謝世了。蒙蒂先生多年前就與他的美國妻子，也就是詩人帕森斯的妹妹一起生活在羅馬。這個圈子裡的人在當時的劍橋地區與波士頓地區都非常著名，特別是奧利・布林，即便在他七十歲的時候，仍然像一位年輕的吟遊詩人，他的那位美國妻子是一位非常活躍勇敢的博愛主義者，他們經常會談論美國與印第安人之間的關係，呼籲美國政府善待印第安人的生存環境。因為奧利・布林夫人的弟弟 J.G. 索普與朗費羅最小的女兒結婚了，因此他們與朗費羅家族也存在著姻親關係。朗費羅的這本故事書出版之後就廣受歡迎，雖然這本故事書以非常豐富的方式去做的，不過，朗費羅卻很少在這本書中引用其他人的詩歌作品，除了〈保羅・里維爾星夜飛馳〉與〈溫特沃斯夫人〉等這兩篇外，詩集中的其

291　丹尼爾・崔德威爾（Daniel Treadwell, 1791-1872），美國發明家、教育家，也是朗費羅的朋友。
292　亨利・韋爾・威爾士（Henry Ware Wales, 1818-1856），哈佛大學教授，朗費羅的同事。
293　路易吉・蒙蒂（Luigi Monti, 1830-1914），哈佛大學教授，義大利人，朗費羅的同事。

第十八章　漂泊不定的人

他作品鮮有讀者讀過，更談不上在民眾間流傳開來了。我們可以看到，這些作品基本上都是以美國本土發生的事情作為主題的。這本書原先的書名是《蘇德伯里的故事》，這本書的手稿於 1863 年 4 月送到了印刷工人的手上。但是，付梓時書名最後變更為《路邊旅館故事集》，據說，這是在查爾斯·索姆奈的迫切提議下更改的。

當這些詩人步入人生晚年的時候，他們都會面臨一種共同的命運，就是面對他們那些批判者，至少是與他們同時代的評論家，都會認為他們日後創作的作品要比早期的作品更加缺乏文學價值。無論是白朗寧、丁尼生還是斯溫伯恩等人都是如此，他們都必須要面臨這樣的命運，朗費羅也無法逃脫這樣的命運。無論朗費羅早期作品累積的名聲是否在慢慢地增加，他後期作品的名聲卻因為沒有經受時間的考驗，而讓一些評論家表達出質疑的聲音。但有一個因素是不容忽視的，那就是隨著這些批判家的年齡越來越大，他們也會對這些詩人後期創作的作品懷著一種更具批判性的目光，因此我們就很難單純透過評判家的眼光去對此進行判別。即便是當代最偉大的詩人在老年時期完成了年輕時期的創作夢想，那麼他年輕時夢寐以求的作品，仍然會在很長一段時間內被很多人視為失敗的作品。正如歌德創作的《浮士德》的第二部分，也是在多年之後才最終獲得很多人的欣賞。因此，我們可以看到，這樣的可能性始終是存在的，但朗費羅選擇以《漂泊不定的人》作為這些詩歌合集的書名，我們可以隱約感受到，朗費羅希望透過這樣的作品將內心真實的想法表達出來。我們也可以說，朗費羅這一系列的作品真正將他的名聲建立起來了，否則我們對於後世人對此的評論是無法做任何保證的。朗費羅的一些詩歌，比如〈克拉莫斯〉、〈壯士赴死〉以及〈埃爾姆伍德的蒼鷺〉等詩歌都是非常特別的，因為這些詩歌都是非常講究韻律的十四行詩。〈雪的十字架〉這首詩歌代表著朗費羅非常高的創作水準，正如丁尼生在〈穿越柵欄〉這首詩歌表現的水準

一樣。除此之外，我們可以說，那名為《鳶尾集》的小卷詩歌是朗費羅最後出版的詩集，這本詩集讓人想起他早年創作的那些詩歌。他的《極北之地》的詩歌集在 1880 年出版。《港口之內》是這本詩歌集的第二部分，卻在朗費羅去世之後才出版。1872 年，朗費羅所創作的一個名為〈猶大·馬加比〉的簡短悲劇故事，收錄在《三部歌謠》裡，而〈米開朗基羅〉這首詩歌則尚未完成，這是我們在朗費羅去世之後在他的案桌前找到的。在朗費羅所創作的所有戲劇性詩歌裡，我們都無法找到其中任何與詩歌相關的東西，大概除了〈金色的傳說〉之外，其他的詩歌作品都可以視為成功的文學創作。顯然，若是單純從歷史層面去看的話，這樣的情況就非常不同了。我們只能說，在英國的伊莉莎白女王時代，雖然平庸的詩人可以成為優秀的戲劇作家，但是優秀的詩人卻很難在日後成為優秀的戲劇作家。朗費羅在這方面的創作，整體而言還算得上成功，至少要比丁尼生與斯溫伯恩在這方面做的更好一些。不過，白朗寧在現實舞臺上經過一番努力，最後在這方面成為了一個例外。

第十九章
最後一次前往歐洲

第十九章　最後一次前往歐洲

　　1868 年 5 月 27 日，朗費羅從紐約乘坐俄羅斯號蒸汽船前往英國的利物浦，與他同行的還有他的家人，其中包括他的兒子與兒子的新娘，他的三個女兒、他的弟弟以及他兩個妹妹，同時還有他的內兄，著名的湯瑪斯·G·阿普頓[294]。抵達利物浦之後，他們立即參觀英國的湖泊，參觀了弗內斯修道院[295]、科爾比城堡[296]與伊甸園[297]。在伊甸園參觀的時候，他親眼看到了烏蘭德的民謠詩歌想要粉碎這裡的傳統高腳杯的做法，終究沒有得逞。在卡萊爾[298]（英國英格蘭西北部城市）附近的莫頓，朗費羅住在一位朋友家，他在這裡發表了一篇公開演說。在他人生為數不多的公開演說裡，朗費羅這樣說：

　　「親愛的校長與先生們：相比於發表公開演說，我是一個更加習慣用文字去表達個人想法的人。對我來說，想要找到恰當的詞語來表達我對你們的感謝之情，這不是一件容易的事情。你們給予我的善意與祝福，根本是我無法用語言表達的。我作為一個陌生者來到這裡，卻受到了你們如此隆重的歡迎，這讓我有一種賓至如歸的感覺。當一個人陌生者來到這個國家後，發現家家戶戶的人不僅向他敞開大門，而且向他敞開心門的時候，他又怎麼算得上是一位陌生者呢？除此之外，我本人也是一位地地道道的坎伯蘭人，因為我也是出生在緬因州的坎伯蘭地區 —— 你們都知道，這個名字熟悉的城鎮或是鄉村，與你們這個地方的名字是非常相似的……你們無法想像，你們給予我的熱情招待，讓我的內心是多麼的感激 —— 讓

294　湯瑪斯·G·阿普頓（Thomas Gold Appleton, 1812-1884），美國作家、藝術家、藝術資助人。朗費羅第二任妻子的兄長。

295　弗內斯修道院（Furness Abbey），又稱弗內斯的聖瑪麗（St. Mary of Furness），是位於英格蘭坎布里亞巴羅弗內斯的一座修道院遺址。弗內斯修道院曾是英格蘭第二富裕和最強大的熙篤會修道院，僅次於北約克郡的方廷斯隱修院。弗內斯修道院創建於 1123 年。

296　科爾比城堡（Corby Castle），建於 13 世紀的一座英國紅砂岩城堡。

297　伊甸園（Eden Hall），英國坎布里亞郡的一個鄉村，建於 1700 年。

298　卡萊爾（Carlisle），英國英格蘭西北部區域坎布里亞郡卡萊爾市的鎮，距離英格蘭與蘇格蘭邊境僅 16 公里。

我的名字在你們的回憶與情感中占據一席之地，這讓我感到非常高興。我衷心感謝你們給予我的善意與款待。你們表達了希望兩國實現長久和平與友好的關係，我也衷心希望兩國人民能夠實現永久的和平。」

朗費羅在劍橋大學獲得了榮譽法學博士學位。關於頒發榮譽學位的場景，一位倫敦的記者曾這樣寫道：

「在眾多下議院議員與其他穿著紅色長袍的學術界權威面前，所有人的目光都聚集在亨利·華茲華斯·朗費羅身上。當朗費羅穿著法學博士紅色長袍出現的時候，臺下的人群發出的歡呼聲震耳欲聾，朗費羅的臉上也露出了興奮的神色。此時的朗費羅已經是一頭柔軟光滑的白髮了，一個普通家長特有的白色鬍鬚似乎將他臉上的興奮情感遮掩住了。他有著一雙深邃的眼睛，寬闊濃密的眉毛似乎將他的雙眼都掩蓋住了。公共演說家克拉克先生在演說的開頭使用了幾句拉丁文句子，然後宣讀了劍橋大學授予尊貴的朗費羅名譽學位的決定。當《海華沙之歌》與《伊凡吉琳》這部作品在被提及的時候，臺下激動的學生發出歡呼。」

在場的另一位記者則這樣寫道：「那位演說家用形象化的方式將詩歌的功能呈現出來，表示詩歌能夠讓人從生活中的苦難中找尋到安慰，讓人能夠從日常生活的煩惱中找到更加美好的遠景。他的這句話馬上得到了很多畢業生的歡呼，他們發出了會心的歡呼聲。接著，朗費羅被授予榮譽法學博士學位。」

抵達倫敦之後，朗費羅收到了洪水般的卡片與邀請。他受到了女王的邀請，前去參觀溫莎城堡，並且在溫莎城堡裡的一個畫廊獲得了女王親自接見。之後，他又受到了威爾士親王的邀請。他受到了著名風景畫家比爾施塔特[299]先生的邀請，一起共進晚餐，在場的人數多達數百人，每個人都

299 比爾施塔特（Albert Bierstadt, 1830-1902），德裔美國風景畫家，以其繪製的美國西部風景畫名噪一時。他參與了多次的西部擴張旅行，是最早開始繪製美國西部風景的畫家之一。

想親眼看看朗費羅。朗費羅事先已經表示，他不會發表演說。但在吃完晚餐之後，在格萊斯頓[300]先生的強烈要求下，朗費羅發表了一篇簡短的演說。根據當時在場的一位記者表示：「朗費羅在眾人的盛情邀請下，無法推辭，只能表達了他當時內心的感謝之情。畢竟，當人們與享譽世界的名人朗費羅坐在一起的時候，那麼很多人都會想要向朗費羅表達他們的崇拜之情。也許，沒有比那些習慣了在政治這條彌漫著灰塵的道路，卻依然邁著疲憊腳步的政客，更能將朗費羅內心的想法表達出來。儘管如此，格萊斯頓還是向朗費羅表達了發自內心的敬意，不僅僅歡迎身為詩人的他，更是歡迎身為美國公民的他。」

朗費羅在回覆中表示：「他們這樣做讓他感到驚訝。對於像他這樣剛剛來到布拉德肖的旅行者來說，他的心靈尚未轉變過來，因此他們不會期望他來發表演說。有時，說話要比做出實際行動來的更容易一些。但是對於此時的他來說，說話卻要比實際行動來的更加困難一些。不過，要是他的心靈對於他們所給予的友善款待與熱情歡迎無動於衷的話，那麼他就是一個怪人了。在他所能發表的最長演說裡，他只能說很多客套話。要是在平常的時候，他會用幾句真誠的話來替代 —— 表達他對於自己所獲得的善意與熱情接待心懷感激。」

在與 R.C. 溫斯羅普[301]一起參觀了英國上議院之後，朗費羅走在大街上的時候，一位勞工走到他身邊，懇求朗費羅與他說話，並在朗費羅做出任何回答的時候，就迅速背誦了朗費羅〈更高的目標〉這首詩歌。朗費羅一行人在整個歐洲大陸上旅行，他們前去瑞士旅行，穿過了聖戈特哈德道路前往義大利，之後在來到卡德納比亞，欣賞了科莫湖。他們在秋天的時

300　格萊斯頓（William Ewart Gladstone, 1809-1898），英國自由黨政治家，曾四度出任首相，以善於理財著稱。

301　R.C. 溫斯羅普（Robert Charles Winthrop, 1809-1894），美國律師、慈善家，曾任美國眾議院發言人。

候回到了巴黎。之後，他們再次前往義大利，並在佛羅倫斯與羅馬逗留了一段時間，他們見到了李斯特·法蘭茲[302]，並且得到了希利[303]所畫的一張李斯特的肖像。他們見到這位偉大的音樂家打開了內門，手上拿著一根蠟燭。在第二年春天的時候，他們前去拿坡里、威尼斯與因斯布魯克，之後回到英國。朗費羅在牛津大學獲得了榮譽民法博士學位。之後，他們前去德文郡、愛丁堡與蘇格蘭的湖泊參觀。在他們回到倫敦之後，朗費羅又再次收到了無數次邀請。在寫給羅威爾的一封信裡，朗費羅寫道：「我需要下定很大的決心，才能避開那些人為我準備的很多公開或是半公開的晚餐邀請。」在乘坐蒸汽船離開英國的最後時刻，他收到了英國海軍總工程師E.J. 里德[304]的一封信。里德在信中將朗費羅的《造船記》稱為關於造船方面最優秀的詩歌作品。1869 年 9 月 1 日，朗費羅乘船回到了美國。在朗費羅這個時期的信件裡，我們可以看到朗費羅始終保持著平和的心態，以平靜的心態看待別人給予他的讚美，再也不像年輕時對名利有著強烈的追求。不過，朗費羅在寫給他的朋友弗格森的一封信裡就表示，如果他能對約克大教堂「能夠暢所欲言」的話，那麼他的朋友就會認為他還只是一個十六歲少年，而不是一個六十歲的老頭。朗費羅再次告訴他的出版商菲爾德斯，表示自己最喜歡盧加諾[305]，但「那座古老城市給人的熟悉感覺卻讓他產生了一種悲傷的情感」。很多前去過這座城市旅行的遊客後來都表達了類似的感受。

302　李斯特·法蘭茲（Liszt Ferenc, 1811-1886），匈牙利作曲家、鋼琴演奏家，浪漫主義音樂的主要代表人物之一。其所創作的鋼琴曲以難度極高而聞名。

303　希利（George Peter Alexander Healy, 1813-1894），美國肖像畫家。

304　E.J. 里德（Sir Edward James Reed, 1830-1906），英國船舶工程師、作家、政治家。

305　盧加諾（Lugano），瑞士提契諾州的一個義大利語區城市，也是最南端的城市。

第二十章　但丁

第二十章　但丁

我們已經知道，朗費羅早年進行了文學試驗之後，就曾將一項重要的創作計畫擱置了下來。直到他辭去了哈佛大學教授一職以及他的第二任妻子去世後，他才重新開始這項工作。十八年前，也就是 1843 年 11 月 24 日，朗費羅在寫給斐迪南‧弗萊利格拉特的一封信裡，就曾表示自己翻譯了但丁的十六首長詩。但即便如此，我們也很難認為，要不是因為最近發生的一系列事情，朗費羅會繼續沿著這個方向進行創作。在重新恢復這項創作計畫之後，朗費羅將翻譯但丁的長詩作為每天必備的工作，並且在他的一首談論與此相關的十四行詩裡提到了這個習慣。他在這首十四行詩裡這樣寫道：

「我每天都進入這個世界，

然後將我的負擔留在大教堂的門口。」

朗費羅的創作直到 1866 年才完成，並在 1867 年出版了部分翻譯作品。

朗費羅完成這項工作的方式，在文學領域內可以說是很常見，其中就包括對他那些有教養朋友圈子的了解。他們每天晚上都會聚在一起討論，呈現各自的創作成果，然後提出改進的方法。多年來，透過這種討論的方式去創作，已經被很多從事文學創作的學生以及評論家們認為是創作出偉大作品的最理想方法，特別是在翻譯層面上 —— 因為在進行翻譯工作的時候，譯者始終都需要按照原文的意思去翻譯，因此能夠獲得更多與原文相關的背景知識，就變得尤為重要了。不過，隨著時間的流逝，很多人對完成作品的崇敬之情，慢慢就摻雜著一些懷疑之情，即很多人認為這種透過聯合方式創作出來的作品，是否就是理想化的。事實上，有可能是個體譯者翻譯的作品，要比眾人合作翻譯出來的作品來得更加具有品質，更能貼近原文的意思。在很早的時候，朗費羅在寫在弗萊利格拉特的一封信裡，就表示翻譯這項工作，就像在「一個人的心智裡持續著沉悶無聊的耕

種工作」。因此，幾個人要是在翻譯的時候進行協作，根本是無法確保他們的心智是處在同一種狀態下的。每個人在面對原文一句話的時候，或是不同的翻譯句子，都會產生不同的想法，因此想要真正將原文所具有的韻味與本意同時翻譯出來，這幾乎是非常難做到的一件事。有時，隔壁鄰居偶爾給予你的一個建議，甚至都會給你帶來更加強大的靈感。因此，我們應該用客觀真實的眼光看待一群人討論所帶來的結果。我們不能認為，更多人聚在一起討論一個問題，就必然能夠將這個問題看得更透，也有可能會讓我們陷入更加封閉的思維迷思。朗費羅自身的性情是屬於那種比較優雅與容易妥協類型的，不會表現出那種盛氣凌人的態度，因此任何透過協作方式呈現出來的作品，最後必然無法將他本人的想法表達出來。而他一位朋友諾頓教授，因為其性格的原因，肯定會將自己翻譯的散文版本作為眾人討論的最終版本。我們還應該看到一點，諾頓教授在他翻譯版本的前言裡，就讚揚了其他幾位譯者的努力，但卻沒有提到朗費羅的名字。在他的《神曲》翻譯研究的感謝名單裡，只是提到了朗費羅幫忙給予了建議，並且對朗費羅的建議表達了感謝。即便是羅威爾，這位參與討論的成員之一，在他關於「但丁」的文章裡，都曾將朗費羅的翻譯視為「最好」的翻譯版本，這樣的評價同樣適用於朗費羅在二十年前上大學時翻譯的早期版本。顯然，朗費羅翻譯的完整版本，必然會替代早期的版本。

當然，當我這樣說的時候，絕對不是要說明那些參與討論的人，在這個翻譯討論的過程中沒有盡心盡力，或是沒有忠誠於他們的工作。相反，他們讓我們感到驚訝的地方，就在於他們沒有說出自己內心想要說出的話。也許，他們之所以沒有對朗費羅翻譯的版本給予讚賞，是因為他們認為自己也應該占據一部分的功勞。但是，這樣的理由是很難讓人接受的。一個最值得人注意的事實，就是大眾讀者對朗費羅翻譯的完整版本的接受程度，顯然要比羅威爾對朗費羅早期翻譯的版本發自內心的讚嘆更為重

第二十章　但丁

要。不過，也有一些讀者抱怨說，朗費羅後期的作品對那些能夠讀懂義大利語的英文讀者來說，缺乏了早期的魅力。這些讀者表示，朗費羅早期那些零碎的翻譯版本，似乎就具有那種特殊的魅力。

我們必須要承認，關於但丁的長詩最好的翻譯版本，並不是眾人協作翻譯的版本，而是習慣在教室裡利用閒置時間翻譯的朗費羅版本。朗費羅翻譯的這些長詩，都是出自《煉獄篇》，這些長詩的名稱都是朗費羅各自起的。其中就包括了〈天國的舵手〉、〈塵世的天堂〉以及〈貝緹麗彩〉[306]等。這些翻譯的長詩首次刊登在朗費羅出版的《夜籟》（1839 年出版）。直到二十八年之後，這些長詩的全新版本才面世。在過去的二十八年裡，朗費羅對義大利語的了解的深度與廣度都得到了極大的拓展。在朗費羅的內心世界裡，無論是對翻譯還是對人生的看法，他都有了更加深入的了解。不過，至於這樣的人生感悟與歲月的磨練，是否會在某種程度上削弱了朗費羅在翻譯時所感受到的那種新鮮感與活力感。我們也無從知曉，那些友善的評論家對朗費羅重新翻譯這些作品所表現出來的態度也截然不同。

如果我們要將朗費羅早期的作品與後期的作品進行對比，那麼最好的辦法就是用平行欄的方式去列舉出來。雖然，我們在此沒有必要用這樣的方式去進行諸多例子的對比，但我們還是可以隨機地選取一個段落進行對比，並且按照這樣的方式去做。比方說，我們可以從《煉獄篇》長詩裡的第二十二句與二十三句進行對比。下面是朗費羅在 1839 年翻譯的版本，當時的朗費羅是一個三十二歲的中年人：

306　貝緹麗彩（Beatrice di Folco Portinari, 1266-1290），一位佛羅倫斯女士，是但丁詩中的靈感，也因此而著名。貝緹麗彩是但丁《新生》的主要創作靈感。同時在《神曲》的最後作為他的嚮導出現，在那裡她接替拉丁詩人維吉爾成為新的嚮導，因為身為一個異教徒，維吉爾無法進入天堂。她是幸福和愛的化身，正如她的名字那樣，自然的成為了但丁的嚮導。

「在黎明的曙光出現的時候，我看到了東方的天空，

出現了玫瑰的色彩，遠方的天空，

也呈現出曙光的光亮。」

下面這段是後來的翻譯版本，這是朗費羅在六十歲時翻譯的。他的這個翻譯版本收穫了很多友善的評論：

「破曉的時候，我看到了

東半球出現了玫瑰色的光芒，

天空的其他地方，也呈現出美麗的顏色。」

我認為，每一個英文讀者都會認為第一個翻譯版本要比第二個翻譯版本更加具有語言的魅力。他們也會認為，正是這樣一種魅力，才讓但丁的名字在文學歷史上成為不朽的傳奇。如果這是真實的話，那麼我們唯一要提出的問題就是，我們需要在多大程度上犧牲文學方面的魅力，才能真正以詩歌的形式去對此進行翻譯。我們必須要記住一點，完美與絕對的文學形式只能在散文形式上看到。即便是一種更為完美的韻律翻譯，在散文版本翻譯裡也是需要的。讓我們思考上面列舉的兩個翻譯版本。我們就會認為，要是完全按照原文的單詞進行嚴謹的翻譯，就必然會損害一些文采的表達。因為每個見到初升太陽的人，都會對這樣的畫面有所感受。我們需要注意到，在「黎明的曙光」與「破曉的時候」，這兩種表達方式是存在著很大的差異，因為黎明的曙光與破曉的時候，其實幾乎是同時進行的。在第二行裡，我們可以看到朗費羅使用了簡潔的詞語「東方的天空」，這要比「東半球」來的更為自然，而後者則顯得有點尷尬，除非我們平時所說的「天空」並不是我們常規意義上所說的「天空」。只有這樣，我們才可以名正言順地將「半球」這個詞語運用到地球上，因為這同樣需要我們省略天空這個詞語。而這樣的缺陷會相互平衡。「玫瑰的色彩」這句話，顯然是更為簡短的翻譯方法。在最後一句的翻譯上，這兩個版本則幾乎沒

有什麼區別。總而言之，朗費羅早期的翻譯版本在使用詞語方面，要顯得更好。而在他後來的翻譯版本裡，朗費羅喜歡使用名詞，這樣的翻譯方法從使用詞語方面來說，也是絕對可行的。根據我們的常識，即便是使用後來版本的詞語，這其實也沒有將早晨的光線描述出來，而是像法語的「晴空雨」一詞，用來描述晚上潮溼的空氣。正如丹尼爾說的：「安靜的大霧環境，讓我們感到困擾。」若是從單一例子的對比去比較，我們就會發現，朗費羅修改之後的版本要比之前的版本更勝一籌，雖然後來的版本確實失去了最初版本的那種活力與語言的魅力。

　　為了更加深入地就此對比，我們還可以對諾頓教授以散文形式翻譯的版本：「在一天到來之時，我看到了東邊的天空出現了玫瑰的色彩，而天空的其他地方則是那麼的美麗，晴空萬里。」在諾頓教授的這個翻譯版本裡，他將朗費羅版本裡使用的「通常」一詞省略掉了。這樣的處理顯然更加符合散文的寫作方式，不需要拘泥於詩歌的形式。「東方的天空」與朗費羅在後來翻譯版本裡的「東半球」有著相似之處。但是義大利原文的句子，顯然與「東方的天空」的翻譯更加貼切，因為這能夠突出地理層面上的感覺，而這樣的翻譯版本也是很多教科書青睞的。朗費羅在兩個翻譯版本裡，都提到了「天空的其他地方」，這也是一個文學的處理手法，用虛化的方式，將一些無法用語言表達出來的想法表達出來。整體而言，如果我們將諾頓教授翻譯的散文版本視為標準的話，那麼朗費羅之後的翻譯版本似乎就完全缺乏了最初版本裡的文學色彩，但這同時給讀者帶來了一種全新的歡樂感受。

　　當然，無論從哪個層面去看，這都算不上是不合理的批評。畢竟，如果翻譯者不是根據原文的意思去翻譯，那麼翻譯版本又有什麼存在的意義呢，即便這些翻譯版本讀起來最好的，但脫離了原文的意思或是違背了原文的意思，這已經不能說是翻譯了，而只能說是除了翻譯之外的其他東

西了。歌德曾說，「譯者就是透過翻譯的方式，呈現出一種含蓄的美感給你。他的翻譯作品會讓你渴盼能夠看到帷幕背後的那種美好。」我們都可以注意到歌德曾經翻譯的一部作品。他根據三種翻譯形式進行分析。他這樣說：「翻譯可以分為三種類型：第一種類型，就是平凡的散文翻譯方法，這種翻譯方法能夠讓譯者使用本國的語言，在原文意思的基礎之上增加了一些全新的意義，但這樣做的弊端是放棄了所有詩性方面的藝術感，也會將詩性的熱情縮減到較為單一的狀態。第二種類型，就是對要翻譯的詩歌進行再創作，使之變成一首全新的詩歌，這樣做的好處就是能夠最大程度地保留原文的意思，避免譯者的國籍身分所帶來的文學干擾，使用一種變換的闡述方法，從而將原文每個詞語原本的意思表達出來，我們將這樣的翻譯方法稱為模仿。第三種類型……也就是最高層次的翻譯，就是譯者追求翻譯的作品與原文作品意義的高度吻合。這種類型的翻譯……『需要我們找到翻譯的版本與原文版本之間的內在關聯，並且讓讀者能夠更好地理解原來版本的意義。透過這種類型的翻譯，我們就可以真切地感受到原著所帶來的意義，也能夠真正感受到翻譯所具有的價值。』」

不過，即便我們允許朗費羅去翻譯這些版本，他是否能夠達到歌德所說的第三種類型的翻譯標準，我們也很難進行真正的判斷。因為他在實際的翻譯創作過程中，必須要非常妥善處理好這兩種語言之間的關係。朗費羅早期翻譯版本的魅力，就在於這散發出英文特有的魅力。也許，但丁的語言魅力，就在於他能夠以一種真誠的方式，將義大利早春時節的清晨情景與夏日下午的情景，真實地呈現出來。我們都知道，歌德在《浮士德》一書使用的語言，基本上都是按照漢斯·薩克斯[307]的標準去做的，而朗費羅則是按照《補鞋匠的吟遊詩人》去做的。但丁在創作《神曲》時，使用了很多簡潔的單音節詞，這是因為當時的民眾都喜歡這樣說話，而他也用

307　漢斯·薩克斯（Hans Sachs, 1494-1576），德國詩人、劇作家和製鞋匠。

第二十章　但丁

藝術的手法將這表達出來了。要是我們在幾百年之後仍然按照但丁當初簡潔的方式去翻譯，也許就會破壞原本所具有的意義。正如安德魯斯先生對《浮士德》的評價，也許是非常適用於《神曲》的，即「畢竟，這仍然是一座充滿魅力的宮殿，那些想要從環繞的灌木叢中走出去的人，就必然會遭受皮肉之苦」。因此，對於 W.C. 勞頓 [308] 這樣一位經驗豐富的希臘語譯者來說，當他評價朗費羅的翻譯作品時說，「他翻譯的著名版本，只是取得了部分成功，因為真正的成功是無法實現的。」他的這句話很有道理。但是，如果我們是有可能在這方面取得成功的話，那麼這注定需要譯者單獨完成這樣的作品，而不是與其他人一起合作，無論這些合作者本身是多麼的具有文學天賦與才華。在文學發展的過程中，任何一部偉大的文學作品，都需要遭受別人的批判。儘管如此，我們還是會對以聯合協作的方式去翻譯的行為，保留自己的意見。

畢竟，當其他人做到最好的時候，那麼我們就通常有必要重新回歸到法國的儒貝爾 [309] 那裡找尋批判的方向。在儒貝爾對荷馬作品無與倫比的翻譯作品裡，我們發現其中的一些理論，其實並不能機械應用到但丁翻譯作品裡的。比如下面的這段話：「除非我們耗費心力去選擇恰當的詞語，並且使用多樣化的詞語，否則我們就根本無法去翻譯荷馬的作品。因為除此之外，我們無法保持翻譯版本的活力與魅力。同樣重要的一點是，這樣的措辭必須要是古典而又簡單的，正如過去那個時代的人無論在行為舉止還是其他方面，都是如此。若是我們用當代寫作風格去闡述荷馬的作品，那麼這必然會讓荷馬作品裡真正的魅力有所流逝。」

308　W.C. 勞頓（William Cranston Lawton, 1853-1941），美國作家、教育家。

309　儒貝爾（Joseph Joubert, 1754-1824），法國隨筆作家、文人，以身後出版的《隨思錄》（*Pensées*）而聞名。

第二十一章
崇高的曲調：基督

第二十一章　崇高的曲調：基督

　　畢竟，無論在翻譯領域內做得多好，都無法真正滿足朗費羅這樣具有原創性思維的人。朗費羅在 1849 年 11 月 19 日的日記裡寫道：「現在，我想要創作更為崇高的詩歌作品，這是一首更為莊嚴的歌曲，這首歌曲旋律在我的內心裡斷斷續續地出現了好多年。我相信，不用過多久，我就能將這些斷斷續續的音符連接起來，使之變成一部交響樂，能夠稱得上這樣宏偉的主題。不過，我想要加入一些『表達生活中煩惱與憤怒的元素，因為生活本來就充滿了悲傷與神祕』。」

　　朗費羅的這種想法，最後讓他決定創作一部關於自己人生的詩歌作品〈基督，一個神祕的故事〉。他在 1849 年 12 月 10 日的日記裡寫道：「今天是愁雲慘澹的一天。我在早上寫了〈托爾的挑戰〉，這是第二部分《基督》的前奏曲。」寫到這裡後，朗費羅將這個創作計畫擱置下來。一個月後，他在日記裡寫道：「今天晚上，我在沉思關於《基督》這部詩歌作品的不同場景。」之後，朗費羅寫了七八個不同的場景以及《金色的傳說》的一部分內容，這些都是屬於《基督》的第二部分，這部分的內容代表著中世紀時代。朗費羅在讀了金斯萊[310]的《聖人的悲劇》（*Saint's Tragedy*）一書之後，開始選擇匈牙利的伊莉莎白身為一個配角。雖然，如果我們按照這兩本書帶給我們的那種靈感去進行對比的話，就肯定不會為此感到任何遺憾。不管怎麼說，朗費羅的這本書還是出版了 —— 可以說，相比於二十年後的《基督》三部曲來說，這可以說是一部先驅作品了。大眾讀者，甚至就連他的朋友，都對他這個宏大的創作計畫一無所知。不過，《金色的傳說》在 1851 年出版，這部作品要比朗費羅之前出版的任何作品具有更加濃重的戲劇性。羅斯金[311]就曾對朗費羅的這部作品給予了高度的

310　金斯萊（Charles Kingsley, 1819-1875），英國文學家、學者與神學家。早年曾先後就學於皇家學院、倫敦大學以及劍橋大學，後常年擔任牧師、教授並開始發表作品。他擅常兒童文學創作，作品具有世界聲譽。

311　羅斯金（John Ruskin, 1819-1900），英國維多利亞時代主要的藝術評論家之一，也是英國藝術與工藝美術運動的發起人之一，他還是一名藝術贊助家、製圖師、水彩畫家、和傑出的社會思

評價：「在他的《金色的傳說》裡，朗費羅將自己接近於僧侶的氣質展現出來了，我們先不論這樣的氣質是好是壞，這都要比任何神學作家或是歷史學家做得更加震撼人心。雖然，神學作家與歷史學家將他們一輩子的時間都投入到了這方面的研究當中去。」需要注意的是，朗費羅這本書裡那些遭受最多譴責的段落，其實是從十五世紀一位義大利牧師遺留的文稿中節選下來的。不過，朗費羅在這方面追求的深度與精確度，是一般讀者無法理解的。著名小說家 G.P.R. 詹姆斯[312] 就評價了朗費羅的這部作品：「這部作品就像那些纏繞著常青藤的古老廢墟建築，上面還生長著青苔。」如果朗費羅計劃長期創作的系列能夠像《金色的傳說》那麼成功的話，那麼朗費羅身為詩人的生涯肯定是非常圓滿的。

　　鑑於羅斯金給予朗費羅如此高的評價，那麼一些人所說的時代錯誤問題也就顯得微不足道了。當然，過去幾個世紀裡的確出現了一些作家生在錯誤時代的例子。朗費羅本人就說過要是自己生活在 1230 年的時候，他的目標會是什麼。但是，朗費羅所談到的史特拉斯堡大教堂直到十五世紀才真正竣工，雖然這座教堂的確是在西元十二世紀開始建造的，那正是戀歌詩人瓦爾特[313] 的黃金時代。當亨利王子在閱讀《醫用百合》這本書的時候，路西法才出現，因此這本書肯定是在西元 1300 年後創作的，因為聖約翰·內波穆克[314] 也是在這個時期之後才進入聖徒的行列。阿爾及利亞地區的海盜直到十六世紀才出現。除此之外，還有其他方面的錯誤，但即便

想家及慈善家。他寫作的題材涵蓋從地質到建築、從神話到鳥類學、從文學到教育、從園藝學到政治經濟學包羅萬象。代表作：《現代畫家》（*Modern Painers*）、《建築的七盞明燈》（*The Seven Lamps of Architecture*）、《拉斐爾前派》（*Pre-Raphaelitism*）、《威尼斯的石頭》（*The Stones of Venice*）、《建築與繪畫》（*Architecture and Painting*）、《時間與潮流》（*Time and Tide*）等。

312　G.P.R. 詹姆斯（George Payne Rainsford James, 1799-1860），英國小說家、歷史作家。

313　瓦爾特（Walther von der Vogelweide, 1170-1230），德國詩人、宮廷戀歌歌手。

314　聖約翰·內波穆克（St. John Nepornuck, 約 1345-1393），捷克共和國的一位民族聖人，被波希米亞國王瓦茨拉夫四世淹死在伏爾塔瓦河。後世認為他的死因是由於他是波希米亞王后的告解神父，並且拒絕透露告解的祕密。根據這種說法，內波穆克被認為是天主教會第一位因告解保密而殉道者，由於他死的方式，他成為反誹謗的主保聖人，同時也是抵禦洪水的主保聖人。

第二十一章　崇高的曲調：基督

是出現了這樣的謬誤，也無法影響朗費羅這部作品所具有的價值。在這本書之後的版本裡，就做出過一些有趣的修正。在第一版描述菲利克斯僧侶的那一段裡，我們會聯想到與聖·奧古斯丁的那一章節。這個聖人在之後的版本裡沒有出現了，取而代之的卻是《聖經》裡面的內容，這一段的內容是這樣的：

> 「在閱讀的時候，他的內心飽含著震驚之情，
>
> 過往的千年彷彿就在眼前，
>
> 就像發生在昨天的一樣，
>
> 彷彿昨晚的守夜人那麼真實。」

接下來「沮喪的人」那一句被替換成了「被放逐的人」，從而保持句子的韻律。整個場景一個非常有趣的修改，可以從作者試圖在原版（1851年出版）裡，引入一個在午夜時分出現的年輕女孩，或是一些僧侶舉辦的狂歡節看出來。這位女孩顯然將自己打扮成僧侶，就像路西法當年那樣。這一系列的段落在之後的版本裡被刪除了。至於是因為那些評論家認為這樣的情節過分大膽，或是因為這些評論家認為這樣的情節還不夠大膽，從而無法將整個場景的意義呈現出來，我們則無從考證。

現在，我們可以將目光轉向朗費羅創作的《新英格蘭地區的悲劇故事》。我們會發現，這本書早在 1839 年就出版了，這是朗費羅在構思《基督》之前創作的，當時朗費羅萌生了想要創作一部與科頓·馬瑟相關的戲劇作品。在之後的 1856 年，朗費羅的一位德國朋友伊曼紐爾·維塔利斯·舍爾布給了他一個建議。於是，朗費羅在 1856 年 3 月 16 日的日記裡寫道：「舍爾布希望我能夠創作一首與清教徒以及教友派信徒相關的詩歌。對於創作悲劇來說，這是非常不錯的主題。」在朗費羅 3 月 25 日與 26 日的日記裡，我們可以發現朗費羅正在找尋著相關主題的書籍，特別是貝西[315] 所

315　貝西（Joseph Besse, 1683-1757），英國教友派信徒。

著的《教友派信徒的痛苦》。4月2日，朗費羅創作了這齣戲劇的一個場景。5月1日與2日，朗費羅開始思考與創作相關素材，並且如是說：「能夠在腦海裡構思出一個全新的概念，這是一件非常有趣的事情。」當年的7月到11月裡，朗費羅斷斷續續地對此進行了構思，並且表示，他經常收到超過六十個簽名的請求，因此他只能躺在桌子上思考。這件事的大致背景，源於1856年那個多事的夏天。他的朋友索姆奈在美國聯邦參議院遭受了攻擊，而他本人也遭受了一場意外，好幾週都無法自由地活動，也無法與他的孩子們按照預期的計畫前往歐洲。朗費羅創作的《溫盧克·克利斯蒂森》一書的手稿，後來被改名為《約翰·恩迪科特》，這也是《新英格蘭地區悲劇故事》的第一篇文章，這篇文章直到1857年8月27日才正式完成。在這段期間，朗費羅還完成了《邁爾斯·斯坦迪什求婚記》一書，但這本書在十年之後（1868年10月10日）才正式出版。朗費羅用散文的方式創作這本書，只印刷了十本書，之後再用詩歌的方式進行重寫。這本書後來成為了《新英格蘭地區悲劇故事》系列的第二本書。朗費羅創作的《賈爾斯·寇里》是描述薩勒姆農場的，這是他在當年2月分以很快的速度完成的。但是，這一卷的內容卻沒有給讀者留下什麼深刻的印象，甚至連朗費羅一貫的支持者，出版商菲爾德斯先生，也對此表現得相當冷淡。當然，朗費羅對這本書也並不感到滿意。1871年4月11日，朗費羅突然認為，他之前想要將《新英格蘭地區的悲劇故事》一書裡出現的各種不和諧狀況消除掉，這是注定不可能做到的。與此同時，朗費羅將這些書籍帶到了歐洲，並且只能找到唯一一位欣賞這些書籍的人約翰·福斯特。福斯特在倫敦寫給朗費羅的一封信裡表示：「你所寫的悲劇故事實在太好了，充滿了一種隨和的美感，悲傷的情感都以純潔的方式呈現出來。自然的畫面與違背法律所造成的悲劇暴力行為之間的對比，形成了一種別樣的反差。在你的這些故事裡，我能夠感受到到處都是真理與自然的情感。我

第二十一章　崇高的曲調：基督

都不知道自己到底最喜歡哪一個故事，但是裡面的那個〈賈爾斯·寇里〉的故事，對我具有特殊的吸引力。」1868 年 9 月 5 日，朗費羅在瑞士西部城鎮沃韋[316]回信給福斯特說：「我不太喜歡你將這樣的創作思路稱為『悲劇』的素描。這些故事都不是素描，這些故事之所以會給你這樣的感受，是因為我有意為之，讓故事裡的主角無法進一步施展他們的行動。我故意將故事的人物與情節設置得比較簡單與直接。」朗費羅接著寫道：「要是任何人想要改編這些『悲劇』故事，搬上舞臺的話，我都根本不喜歡他們這樣做。要是可能的話，我會想要阻止他們這樣做。不過，我希望能夠得到一些優秀的演員給予的建議——當然我所說的不是那些名噪一時的演員，也不是真正的演員導師。我會找布斯[317]這樣的演員去看看劇本。」六週後，朗費羅前往倫敦，確認自己對這些詩歌的版權。他這樣寫道：「我還看到了悲劇演員班德曼[318]，他對於我跟他談到的『悲劇故事』表現出了極大的興趣。」兩天之後，朗費羅最後說：「班德曼給我寫了一封很友好的信件，談到了『悲劇故事』但表示這些故事無法改編成戲劇，從而搬上舞臺。因此，直到現在，我們都沒有再談論過這件事了。」

《基督：一個神祕的故事》一書的完整版本在 1872 年出版，這是第一次將該書的三個部分（第一部分《神性的悲劇》，第二部分《金色的傳說》以及第三部分《新英格蘭地區的悲劇故事》）集合起來。其中，《神性的悲劇》現在是屬於第一部分的，這一部分的內容遭到一些人的批評，說這是一個虎頭蛇尾的故事，因為作者將較重要的內容放在前面，而後面則無以為繼，因此那些評論家表示這無法給讀者留下深刻的印象，甚至無法激發他們的興趣。另一方面，我們發現的一個事實是，朗費羅對於第

316　沃韋（Vevey），瑞士沃州的城市，位於萊芒湖東北岸，西距洛桑不遠。最早曾是羅馬帝國的居民點，後來發展成貿易中心。

317　布斯（Edwin Booth, 1833-1893），美國演員，因出演莎士比亞戲劇而聞名世界。

318　班德曼（Daniel E. Bandmann, 1837-1905），著名德裔美籍演員，擅長莎士比亞戲劇的演出。

一部分的內容是最為投入的。他在 1871 年 1 月 6 日的日記裡寫道：「《神性的悲劇》一書的創作耗費了我全部的時間與精力，讓我根本無法去思考其他任何事情。我每天都在思考與構思著這部分內容的創作。」在第二天的日記裡，朗費羅寫道：「我發現，別人展現出來的熱情與各種社交活動，都只會打斷我正常的創作工作。」儘管如此，朗費羅還是將一週的一天早上用在了參加股東大會上。另一天，阿加西[319]教授前來拜訪，他們談到了失去了健康與往日活力的時候，都忍不住落下了淚水。另一天，朗費羅在日記裡表示，「從早餐開始到晚餐這段時間裡，他一直遭受著外界各種的打擾。在漫長的一整天時間裡，我甚至都無法擁有屬於自己的半個小時。」還有一天，天氣非常寒冷，因此他無法在書房裡創作，而他又還有「很多要回覆的信件」。不過，朗費羅在這個月還是創作了一個場景，或是進行了兩天的創作工作。我們從所有詩人的人生經歷裡可以知道，那些最優秀的短詩，往往都是在短時間內完成的。這些優秀的短詩之所以能夠創作出來，是因為詩人透過不斷的努力，擠出了屬於自己的部分時間，從而在緊迫感的驅使下去完成。

　　一個我們沒有完全解釋清楚的有趣事實是，作家最喜歡的作品，通常都無法透過大眾讀者的喜歡程度，來帶給自己自信。也許，這可以透過朗費羅創作的《基督》這部作品所受到的反應來展現出來。在《基督》這部作品裡，朗費羅做出了最大程度的努力。斯卡德先生曾睿智地說：「《神性的悲劇》一書的創作，幾乎是朗費羅先生人生中最重要的作品。」這代表，當朗費羅的《金色的傳說》在 1851 年出版的時候，卻無法在讀者中間引發什麼共鳴，這讓朗費羅敏感的心靈只能保持沉默。不過，我們現在

319　阿加西（Jean Louis Rodolphe Agassiz, 1807-1873），19 世紀瑞士裔植物學家、動物學家和地質學家，以冰川理論聞名。1847 年，阿加西移民美國，在哈佛大學任教，擔任動物學和地質學教授。在這裡，他領導勞倫斯科學學院，創建了比較動物學博物館（Museum of Comparative Zoology）。阿加西對魚類學分類法和地質學貢獻卓著。阿加西晚年反對達爾文的進化理論，並堅持人種多起源理論。朗費羅的朋友。

第二十一章　崇高的曲調：基督

才知道，當初朗費羅創作《金色的傳說》的時候，這其實只是他一個更為宏大創作計畫的一部分。之後，朗費羅遇到了很多事情。《神性的悲劇》在 1871 年出版之前，朗費羅就曾談論過這本書「在我創作的所有作品裡，我從未像對這本書這樣，懷著那麼多的困惑與猶豫不決的心態」。這一年的 9 月 11 日，朗費羅在迦南寫道：「準備打包行李了。我希望這一段人生旅程就此結束，我準備出發前往劍橋了。我已經迫不及待地想要將《神性的悲劇》這本書的樣稿寄給印刷工人。」10 月 18 日，朗費羅這樣寫道：「印刷工人的延誤，讓我感到非常擔心。」10 月 25 日，朗費羅在日記裡寫道：「收到了《神性的悲劇》最後的樣章。」在 30 日的日記裡，朗費羅寫道：「我審讀了〈插曲〉與〈結局〉等方面的內容，內心萌生了困惑與不安的想法。」在 11 月 15 日的日記裡朗費羅寫道：「在過去一週裡，我都忙著對《悲劇》的最後修改，這讓我的內心感到不安。」這本書最後在 12 月 12 日出版。朗費羅在 1871 年 12 月 17 日寫給 G.W. 格林的一封信裡說：「若是從出版商的角度去看，《神性的悲劇》這本書取得了成功 ——上週二，出版商已經出版發行了一萬冊，馬上要再加印三千冊。這是值得高興的事情，但這不是最重要的。關於這本書的唯一問題，就是這本書本身是否取得成功。」

　　若是嚴格意義上的審視朗費羅的這部作品，就會發現裡面的內容有一些與《聖經》相悖的內容。朗費羅憑藉著個人的創作技巧，以戲劇形式將《聖經》裡的一些內容表現出來，這就好比一些虔誠之人最後克服了內心的顧慮，走進了戲院，當戲院的帷幕上升之後，他們卻隱約產生了一種罪惡的情感。但不管怎樣，我們可以在朗費羅的日記裡發現這樣一小段話（這是他在 12 月 30 日所寫的）：「收到了羅德里奇 [320] 從倫敦寄來的信件，關於

320　羅德里奇（Routledge），由英國著名出版商喬治‧羅德里奇（George Routledge, 1812-1888）創建的國際出版社。

《悲劇》的三篇評論均充滿敵意。」不過，朗費羅卻為收到賀拉斯·布希內爾[321]，這位捍衛原創思想與宗教自由的著名牧師的來信而感到高興：

1871 年 12 月 28 日於哈特福德

　　親愛的先生：我必須要對你出版的詩歌作品取得的成功，致以祝賀。我想你也不會否決我有向你祝賀的權利吧。當我第一次聽到你要出版這個主題的詩歌，我就說：「對人類來說，這是最為宏大的主題了，為什麼之前從來沒有人嘗試過創作這樣的主題呢？」接著，我在內心裡這樣想：「對於普通的凡人來說，他到底要具有多大的心靈能量，才能創作出如此的作品呢？」最後，當我拜讀了你的作品後，我的內心又驚又喜，為你成功地創作出了這樣的作品而感到由衷的高興。你用非常美妙的方式，很好地處理了這個主題。在各個章節的分配，在描述一些固定角色以及具有想像性角色的時候，你表現的那麼遊刃有餘。你非常善於運用這些人物形象，讓你所要講述的故事詩意盎然。除了應該像你的這部作品這樣創作外，我不知道對這個主題還應該怎樣去創作。不過，最讓我感到滿意的部分，還是那些最具詩意的詩歌作品，也就是那些散文詩 —— 你採用了充滿韻律的方式，深入淺出地闡明基督信條。也許，很多人會表示，你應該用更微妙虔誠的方式去做。但是，這些人根本不知道身為詩人的你，有著怎樣自由的思想，對事情的看法是多麼的深刻。透過這樣的創作，你讓語言的表意變得更加深刻，增強了我們所感受到的情感。因此，當讀者在讀到結尾的時候，就會發現自己獲得了一種全新的力量。這種力量源於謙虛與安靜。

　　我可以輕易想像到，某些心靈空洞的人可能會對你的這部作品表達出惡意，我希望你能夠將別人的批評看成是一種讚美。要是讓你親自去塑造

321　賀拉斯·布希內爾（Horace Bushnell, 1802-1876），美國公里會公使、神學家。

第二十一章　崇高的曲調：基督

基督的形象，而那些人這樣要求的時候，我相信你肯定會殺了自己。也就是說，這些人的這些要求，會讓你成為一個古板的布道牧師，而不是一個自由的思想家。

　　在此，我向你表達我衷心的祝賀。

永遠忠誠於你的
賀拉斯・布希內爾

　　即便是現在，想要確定那些針對《神性的悲劇》一書的惡意攻擊，也不是一件容易的事情。但是，因為某些原因，這些詩歌卻不像朗費羅之前所創作的一些詩歌，那麼容易走進大眾讀者的心靈。當一個人想到威利斯早期所創作的那些詩歌所散發出來的熱情，或是在日後受到了帶有濃厚《聖經》意味的散文小說的吸引，正如《大衛之家的王子》與《賓虛》這樣的作品，都是以戲劇形式呈現出來的，那麼我們應該相信，朗費羅完全有理由去嘗試這個最宏大的主題，並有取得成功的可能性。與《新英格蘭地區的悲劇》一樣，這本書完成了關於基督形象的塑造，雖然這本身是非常沉悶的。不過，事實剛好與此相反，這本書其實是風格多變，且具有很強的可讀性。無論是從單純的詩意還是從情感的表達來說，朗費羅在創作的處理層面上，都表現出了極為嫻熟的技巧，很好地塑造了不同人物的形象。除此之外，朗費羅還虛構了一些人物形象，比如泰爾地區的海倫，占星家賽門，艾賽尼派教徒米拿現。朗費羅在塑造這些虛構的人物形象上，也做的遊刃有餘，最後取得了很好的效果。不過，很少有人會引用這本書的內容，而且真正閱讀這本書的人也很少。在朗費羅翻譯的許多外國作品裡，除了講述當代與中世紀故事的《金色的傳說》之外，幾乎從沒出現這樣的情況。不過，這只能說明在當代文學歷史上，這是一位傑出作家的一部傑出作品遭受完全誤解的典型案例。

第二十二章　西敏寺

第二十二章　西敏寺

　　朗費羅是第一位因為自身的公共服務意識與遠親血統的關係,而在西敏寺獲得紀念的美國人。這件事給美國民眾留下了不同的印象,但美國民眾對此的看法主要分為兩類。一些人認為,英語民族的國家都是一家人,而西敏寺毫無疑問是神聖殿堂 —— 在羅威爾看來,這是神聖的象徵性代表 —— 透過這樣的方式去紀念朗費羅,就彰顯了這點。另一方面,一些美國民眾認為,美利堅合眾國在這個世界上還是歷史很短的國家,因此應該擁有屬於自己的神聖殿堂。持後面這種觀點的人,會認為在紐約哈德遜河畔的「名人堂」,要比西敏寺更加具有吸引力。也許,西敏寺一開始也是出於對朗費羅這個人的興趣,而同意在英國這座最偉大的神殿裡紀念朗費羅。不過,倘若我們思考一番,就會發現美國國內民眾的這兩派觀點,其實也是殊路同歸。事實上,除了朗費羅這位在美國土生土長的美國人之外,其他人在去世之後,都無法在英國這座著名的大教堂裡獲得紀念儀式。另一方面,我們也需要承認一個事實,即西敏寺的管理人員,本身並不需要遵循美國民眾的想法,從而刻意做出符合美國民眾認為合適的決定。真正的解決辦法就是豎立很多紀念碑,以各種得到世人認可的方式去做。每個國家的民眾都有權利去對此進行選擇。當這些獨立的決定最後剛好一致的時候,這就是讓大多數民眾滿意的結果了。下面是倫敦一份報紙記錄的這個紀念儀式,我認為這份報導是眾多報導中最真實與詳細的:

　　「1884 年 3 月 2 日,週六中午,為朗費羅半身雕像揭幕的儀式在西敏寺的詩人角舉行。這尊半身雕像是湯瑪斯·布洛克[322]的作品。塑造這尊半身雕像,也是朗費羅這位美國詩人五百多位崇拜者的一致心願。這尊半身

322　湯瑪斯·布洛克(Thomas Brock, 1847-1922),英國雕塑家、章牌設計師。

雕像放在喬叟[323]墳墓附近的一個支架上，兩旁分別是考利[324]與德萊頓[325]的墳墓。在這個儀式開始之前，捐助者在大教堂的耶路撒冷大廳裡聚集起來。布蘭得利主教[326]因為家裡有人去世了，因此未能出席，取而代之出席的人是助理主教卡農‧普洛瑟羅，他負責主持這個儀式。」

「班諾克先生正式宣布儀式的流程。班內特牧師做出了一個簡短的說明，然後格蘭維爾伯爵[327]請出主教先生接受這尊半身雕像儀式致詞。」

「格蘭維爾伯爵接著說：『助理主教先生，女士們，先生們……我擔心自己無法兌現要在這個場合下發表演說的承諾。這不是因為我缺乏演說的素材，而是因為有太多這方面的素材了，我不知道該如何選擇。首先，已故著名詩人朗費羅是一位品格高尚、魅力獨特的人 —— 我覺得，那些了解他或是見過他的人，肯定都會認同我這樣的說法。除此之外，他所創作的文學作品，不僅讓他在美國成為家喻戶曉的人物，而且在我們這個島國以及英聯邦國家，更是深受歡迎。美國與我們在文學層面上有著諸多的共同點，當然這是就在兩個不同國家裡發展起來的文學而言的。兩國的文學發展相互影響、彼此促進。更為重要的是，兩國文學在道德與智慧品格層面上的關係，正在變得越來越強大與堅固，促進了兩國關係的發展。要是我有足夠的能力可以濃縮我想要說的話，從而在規定的時間內完成這篇

---

323 喬叟（Geoffrey Chaucer, 1343-1400），英國中世紀作家，被譽為英國中世紀最傑出的詩人，也是第一位葬在西敏寺詩人角的詩人。代表作：《坎特伯雷故事集》（*The Canterbury Tales*）、《特洛伊羅斯與克麗西達》（*Troilus and Criseyde*）、《聲譽之堂》（*The House of Fame*）等。

324 考利（Abraham Cowley, 1618-1667），英國著名詩人。

325 德萊頓（John Dryden, 1631-1700），英國著名詩人、文學家、文學批評家、翻譯家。是 1668 年的英國桂冠詩人。他被當作是王政復辟時期的主要詩人，以至於這一段文學史被稱為德萊頓時代。華特‧司各特稱他為「光榮約翰」。代表作：《麥克‧弗萊克諾》（*Mac Flecknoe*）、《時尚婚姻》、《一切為了愛》（*All for Love*）等。

326 布蘭得利主教（George Granville Bradley, 1821-1903），英國聖公宗教徒、學者、教師，曾任西敏寺主教。

327 格蘭維爾伯爵（Granville Leveson-Gower, 2nd Earl Granville, 1815-1891），英國政治家。曾任英國外交大臣。

第二十二章　西敏寺

演說的話，我認為在英美兩國，還有更多更具智慧的人可以做到這點。我很高興地看到，參加這個儀式的人當中，不僅有美國政府的官方代表，而且還有美國文學與知識領域的權威人士。我只能說，能夠參與紀念朗費羅先生的兩個活動，均讓我倍感榮幸。我還要說，能夠出席今天朗費羅雕像的揭幕儀式，更讓我感到非常高興。我懷著發自內心的愉悅之情，將這個紀念雕像移交給助理主教。我們感受到了西敏寺的善意。我相信，美國民眾也能夠感受到這一份善意。因此，助理主教先生，我懷著謙卑之心將這尊半身雕像交付西敏寺。』」

「接著，美國牧師羅威爾發表演說：『尊敬的助理主教先生，尊敬的公爵，女士們，先生們，我謹以朗費羅先生的朋友及其女兒們的名義，表達我們對格蘭維爾伯爵在百忙之中抽出時間，出席這個儀式的感激之情。兩年前，我在這座教堂裡發表過一次演說，我還記得當時我表達了希望有一天，西敏寺能夠變成整個英語民族的瓦爾哈拉殿堂[328]。當時，我從未想到這樣的期望能夠在如此短的時間內變成現實 —— 當然，對我來說，這個願望既是痛苦的，也是快樂的 —— 就是將我這位朋友的半身雕像安放在這裡。雖然，英國的學院與法國的學院之間沒有形成什麼關聯，但是能夠在死後進駐西敏寺，這是對一位逝去詩人在文學領域取得的成就的最好證明。我們中每個人都有屬於個人的瓦爾哈拉殿堂，我們的個人殿堂可能並不是別人心目中的殿堂。但是，離世後能夠在西敏寺獲得一席之地，卻意義非凡。我們不應該再去質問為什麼某某人會在這裡，我們自始至終都應該回答一個問題，即為什麼某人沒有在這裡。我認為，在這樣的場合，我表達了整個英語民族的民眾內心一致的想法，那就是我們認可了今天做出的選擇 —— 我們所選擇的這位詩人的名字是如此親切，他的作品激勵

328　瓦爾哈拉殿堂（Valhalla），北歐神話中的天堂，亦意譯作英靈神殿；掌管戰爭、藝術與死者的主神奧丁命令女武神「瓦爾基麗」將陣亡的英靈戰士帶來此處服侍，享受永恆的幸福。

著他們的生活，安慰著他們的心靈，他就像一位熟悉的朋友，隨時準備來到他們家的壁爐旁邊，與他們對話。大約四十年前，我在某個場合下談到了朗費羅，就表示他與英國詩人格雷十分相似。從那之後，我就一直找不到修正這種觀點的理由。我認為，他們倆之間的確有著鮮明的相似點。首先，他們都對某些微妙的美感有著相同的愛意，他們在文字措詞方面是那麼的明亮，他們在吸收國外文學的美感同時，又能不失去個人的原創力。他們都擁有著普世的情感，有著能讓所有人都可以理解的表達能力。可以說，他們能讓自己的作品雅俗共賞，這是他們都共同擁有的鮮明特徵。當然，他們的作品還有著難得的簡樸 —— 這種簡樸的氣質本身就是一種鮮明的特點。不過，要是從創作風格去看的話，簡樸與特色必須要融合起來，才能產生某種合適的效果。也許，在文學領域內唯一能夠確保獲得永久名聲的方式，就是這種簡樸的寫作風格。這種寫作風格有著某種難以定義的東西，就像那些具有良好教養的人做出的一舉一動，都從來不會覺得這樣的行為就代表著良好的教養，而只會認為這是自然而然的。不過，在我看來，這種創作風格上的特色，在我們今天所紀念的這位詩人的作品裡，得到了淋漓盡致的展現。當然，這不是一個文學批評的地方，但這也不是一個歌功頌德的地方，因為發表歌頌的演說，通常都是暗含著諷刺的味道。但是，朗費羅在這方面給我留下了深刻的印象 —— 如果我可以列舉一個例子的話 —— 在我這位已故朋友創作的十四行詩裡，在我看來這些都是我們用英文這種語言所能創作出最具美感與最完美的詩歌作品。朗費羅的心智始終徑直地朝著他想要追尋的目標，內心總是充斥著透明的情感，這讓他能夠表現出坦率與真誠的情感，並以最好的方式表達出來。在此，我似乎應該再說幾句 —— 事實上，我也忍不住要再說幾句 —— 我想要談談這位認識了超過四十年的朋友所具有的個人品格。我有幸與他成為了三十年的朋友。我從未見過像朗費羅這樣無論私底下還是公共場合下，

都表裡如一的人。在我認識的人當中，我從未見過比他更加具有美好品格的人。我每天都能夠感受到他的品格 —— 無論是他的雙手還是內心的想法，始終都在想辦法去幫助別人。他的本性是神聖的，因此任何不純潔的思想都無法進入他的心靈世界。我認為，我現在所做出的評價，也根本無法真實地展現出朗費羅的品格。不過，我認為自己能夠以美國人民的名義，接受你們對他的敬意。無論是在個人生活還是大眾生活上，朗費羅都為他土生土長的國家獲得了榮譽。在格蘭維爾伯爵說了那麼多溢美之詞後，我無法說的比他更好了。因為我從來不認為，這樣的場合是用來表達某種觀點的，而是用來表達我們內心的情感、感恩以及認可的。』」

「助理主教在接受這尊半身雕像的時候，表示能夠接受朗費羅的半身雕像，這對整個英國來說都是一個巨大的榮耀。他可以想像到，如果朗費羅能夠在天堂裡看到現在這一幕，他肯定會為自己的半身雕像能夠與其他詩人放在一起而感到非常滿意。」

「財政大臣也對名譽祕書長與名譽財務主管表達了感謝之情，表示他之所以願意主動承擔這樣的責任，是因為他曾在美國度過了兩三年的時光，並在英國當年的殖民地生活了更長時間，讓他更願意這樣做。他在美國時就認識了朗費羅先生，並且從小喜歡朗費羅的詩歌作品，當時朗費羅的作品在英國就非常受歡迎。無論他在美國的哪個地方，都會聽到有人說，有一個地方是美國人與英國人都共同認可的，這個地方就是西敏寺。因此，在他看來，目前的這個場合，也是對西敏寺的一種認可 —— 這可以說是英語民族的瓦爾哈拉殿堂。他認為，西敏寺接受朗費羅的半身雕像的做法，應該只是一個開端，而不應該是結束。」

「接著，眾人緩慢地走到了詩人角，然後將覆蓋在朗費羅半身雕像前面的帷幕揭開。」

「接著，助理主教說：『我認為今天這樣的場合，以雙重嚴肅的意義將我們聚集於此。首先，我們都知道一個熟悉的事實，那就是我們將一個熟悉的名字列入了本教堂的紀念牆壁上。透過將朗費羅納入其中，我們也在為自身增加了豐富的遺產，讓我們的後代能夠從中感受到更加光榮的使命。我們認為不僅有必要讓後代人以純粹的眼光去看待這一切，而且還希望日後有更多英語國家的名人能夠進入這裡。另一個非常有趣的特別事實就是，在這裡豎立朗費羅的雕像用來紀念他。從某種意義上來說，詩人 —— 像朗費羅這樣偉大的詩人 —— 可以說是一個世界公民。但在這之前，來自其他國家的偉大人物，無論他們多麼傑出，名聲多大，都無法進入到西敏寺。一個世紀前，美國人民開始踏上了尋求獨立與自治的艱險道路。誰能想到，在短短的一百年時間裡，我們這些英國人竟然會如此隆重地紀念一個美國詩人，並且將他的半身雕像放在英國最神聖的地方紀念？難道這不是一個重要的事實嗎？難道這不足以證明英美兩國人民都是同種同根，我們的國家榮耀都是一致的嗎？難道這不是我們對彼此的一個承諾，即無論發生任何事情，都無法切斷兩國在語言、種族、宗教與共同情感上的紐帶嗎？』」

　　「接著，受人尊重的先生們將半身雕像前面的帷幕揭開，整個儀式才宣告結束。」

第二十三章　詩人朗費羅

第二十三章　詩人朗費羅

　　朗費羅的一生給後人在文學創作領域內最大的啟迪，就是他是第一位贏得世界性聲譽的美國詩人。除此之外，他從年輕時期開始到成年時期，就一直受到一種強烈民族情感的指引，無論在任何時期都想要辦法透過自身的創作，去將自己所處的真實環境表現出來，將他的人生情感展現出來。這樣一種情感傾向可以追溯到他在大學的一場辯論裡，朗讀自己創作的一首尚未成熟的詩歌作品看出來。當他第一次出發前往歐洲的時候，他的內心就已經制定好了日後的創作計畫。之後，他在《北美評論》上發表了第一篇原創的作品。朗費羅的這些目標與信條的元素，都具有鮮明的美國特色。他最著名的詩歌集《伊凡吉琳》、《邁爾斯·斯坦迪什求婚記》、《海華沙之歌》以及《路邊旅館故事集》等，都具有毋庸置疑的濃厚美國本土色彩。在朗費羅所處那個時代的那一批詩人當中，朗費羅是出行次數最多的，也是接受教育程度最高的人。若是從正常意義去看的話，朗費羅可以說在這方面做的最好的，而惠蒂埃則是做的最差的。不過，在這兩位詩人當中，我們可以至少可以看到一個共同點，就是他們的作品在英語國家裡都受到熱烈的歡迎。若是從對國外文學與語言的了解程度去看的話，毫無疑問，朗費羅對比惠蒂埃具有很大的優勢。但是，不管是惠蒂埃還是朗費羅，他們在表達美國主義情感的時候，從來都不會以一種敷衍、吹噓或是無知自大的方式去做。因此，我們可以說，正是因為他們一開始都不會選擇以敷衍、吹噓或是無知自大的方式去表達這樣的情感，他們才能創造出屬於自己的名聲。愛倫·坡是一位有著強大想像能力的作家，在詩歌韻律的創作方面有著特殊的天賦，雖然他的詩歌沒有什麼明顯的美國傾向，卻也讓他在歐洲大陸贏得了一定的名聲，至少在法國是如此。不過，愛倫·坡在歐洲大陸上之所以能夠獲得廣泛的名聲，在很大程度上是源於他的散文作品，而不是因為他的詩歌作品。也許，我們可以從中看到，愛倫·坡的創作，在很大程度上按照了法國那些門徒所表現出來的一貫嚴謹

態度，正如卡萊爾對美國文學發展的影響，在很大程度上都是透過愛默生來實現的。不管具體是哪一種情形，可以肯定的一點是，無論是朗費羅還是惠蒂埃，他們之所以能夠獲得世界性的名聲，首先就在於他們提升了自身作品的基調，其次在於他們透過自身的作品，讓自己成為了代表民眾的詩人。在英國很多參加民眾集會的人，基本上都能夠聽到臺上的演說家引用這兩位詩人的一些詩句。雖然，朗費羅與惠蒂埃的詩歌作品尚且無法作為最高層次詩歌藝術標準去看待，但他們的詩歌仍然接受著僅次於最高層次評判標準的檢驗。而無論對朗費羅還是對惠蒂埃而言，他們顯然都希望後人對他們的紀念，源於對他們的作品的一種懷念。

當我們回顧朗費羅的一生事業，可以肯定的是，他在早期所遇到的一些批評，特別是來自瑪格麗特·富勒女士的批評，雖然在那個時候的確是說得比較中肯，但最後卻因為朗費羅自身的努力與創作，進行了最徹底的反駁。即便是普通的民眾也會很好地理解朗費羅人生末期的作品，而對他早期的一些作品有點難以理解。對那些具有詩意秉性的人來說，這顯然是一個很難反駁的事實。現在，我們知道《海柏利昂》與《夜籟》在散發氣質方面顯然是歐洲化的，但是朗費羅在日記裡，卻表達了他對創作與美國主題息息相關作品的強烈情感，而這種強烈的情感在他日後的創作中，成為了驅動朗費羅進行創作的最大動力。雖然，美國的一些文人在歐洲大陸上享有盛名，很多國外的崇拜者都會慕名前來拜訪，但是朗費羅卻根本不為所動，仍然醉心於創作美國主題的故事，談論他的美國朋友、美國家庭、美國人的計畫以及美國人不斷改善自身的故事。在每次選舉裡，朗費羅都會主動前去投票。一般來說，他都會為與自己政治理念較為吻合的黨派投票，對發生在當地的事情充滿興趣，也急切地希望政府機構能夠不斷改善其治理的水準。朗費羅也經常會在捐款冊子上寫下自己的名字。關於這方面的事情，很多孩子都曾見過朗費羅這樣做，朗費羅在這樣做的時

候，也經常會向這些小孩問好。在朗費羅的文學作品裡，我們同樣可以確切地感受到他的這種公民情感。羅威爾在英國民眾的眼中，就是一名具有反抗精神的美國人，卻有著與朗費羅不一樣的傾向。如果民眾在這方面的看法沒有出現誤解的話，那麼情況也許就不會變成這樣子。朗費羅之所以會有這樣想法，完全是源於他始終如一的善意與禮節，源於他意識到所有人本質上都是平等的事實。關於這方面的研究，已故的評論家賀拉斯・斯卡德就曾睿智地說：「在面對他的親密朋友時，他會敞開心扉自由地表達自己的想法，不過，他喜歡與一幫具有魅力的朋友們在一起，他們所談論的一些話題都是普通人不會去觸及的……在我們的這個時代，能夠找到一位像朗費羅如此具有魅力的人，能夠形成以他為圈子中心的作家，是非常難得的。更為難得的是，不論經歷什麼事情，他都始終保持著自己的正直的本性，從未有過任何的動搖。」

關於朗費羅的文學作品，一個顯然的事實就是，雖然朗費羅的這些作品無論在任何時候或是任何地方，都是具有價值的，但是朗費羅的這些作品對於開創一種全新的文學形式來說，卻是具有無法估量的價值。想要創作出這種文學作品，首先需要我們具有一位偉大的原創思考者，正如愛默生這樣的人。要是沒有愛默生的作品，我們的思想視野也許仍然是局限的，在創作的時候仍然喜歡模仿。要是沒有像愛默生這樣具有偉大原創思想的人，我們的詩人可能仍然在創作與雲雀以及夜鶯相關的詩歌。但事實上，在我們的美國，雲雀與夜鶯這兩種小鳥我們很少見過，我們也無法找尋這些小鳥的蹤影。與此相反的是，我們所能見到的是北美食米鳥與大黃蜂。正是愛默生與那些所謂的先驗主義者們所做出的不斷努力，才讓我國的文學真正擺脫了一直模仿英國的束縛，真正實現了創作的思想自由。顯然朗費羅的作品在這個過程中取得了推波助瀾的作用，他的作品始終在讚美美國的精神，給人一種包容的精神，這讓他所創作的美國主題作品能夠

在人類文明世界裡占據一席之地。除此之外，朗費羅能夠以一種溫和態度以及高水準的執行方式，去將與美國相關的事情透過文學作品的形式推廣到全世界，也不會給其他國家的讀者帶來任何反感的情緒。朗費羅身上那種讓其無法成為美國文學歷史上最偉大詩人的秉性，卻也讓他成為美國文學歷史上流芳百世的詩人。朗費羅的名聲始終沒有出現大起大落，而是始終出現一個不斷增長的趨勢。正如羅斯金在談到一些著名詩人的時候寫道：「立即將柯勒律治這個病態且毫無用處的人丟在一邊吧。將空洞與囉嗦的雪萊丟在一邊吧。」朗費羅以平均水準完成的文學作品，也能夠接受那些深邃的思想家的評判，能夠經受時間的洗禮。朗費羅在詩歌創作時，不會追隨大起大落的韻律，但是他的創作技巧卻可以說達到了爐火純青的地步。他的作品始終具有一種「恰到好處的優雅感」。朗費羅嘗試過所有的文學體裁，研究過所有創作詩歌背後的動機，以及深思熟慮過詩律的簡單形式，他在做任何事情之前，都要事先有所準備。當他閱讀的時候，內心從來不會感到那種最深沉的觸動，也不會想辦法將最深層次的神祕展現出來。他始終會想辦法透過閱讀的方式，讓自己的身心感到愉悅，讓自己的內心感到滿足。

可以說，在關於美國文學主題的創作方面，沒有哪一位美國作家能夠像朗費羅這樣，從早期的創作開始，就始終牢牢堅持著這個創作方向，並且從未動搖過。因此，當朗費羅創作出一部與美國主題相關的作品後，他有時會受到一些總是認為朗費羅的作品是在表達美國主題的讀者的不滿之情，因為他們認為朗費羅的作品總是將美國本土性放在第一位，而將作品的藝術標準放在其次。事實上，出現這樣的情況，也不怎麼讓我們感到奇怪。1844 年 7 月 24 日，朗費羅在寫給一位不知名的通信朋友的一封信裡這樣說：

第二十三章　詩人朗費羅

「與所有人一樣，我不喜歡英國那邊的評論家對我國文學作品所進行的批判。但是，當你說：『一個可悲的事實是，我們的國家尚未沿著創立本國文學作品的道路上，邁出決定性的一步。』在我看來，你只是在重複那些英國評論家一直在重複的謬誤觀點。在這個問題上，我完全不同意你的看法。事實上，一個國家的文學作品是這個國家民族性與思想性的展現。我們的品格與思想模式，與英國人的品格與思想模式並沒有什麼本質的區別。但是，我國的文學作品無法同樣與英國的文學作品沒有本質的區別。廣闊的森林地帶、美麗的湖泊以及一望無際的荒原，這些雄偉壯觀的自然景象是無法自然而然地造就出偉大的詩人。這些自然景象的存在，就像一齣戲劇裡的場景而已，這並不是我們想像中的那樣，對我們的詩性品格產生那麼重大的影響。若是這些人認為自然環境決定詩人的存在，那為什麼墨西哥與瑞士都沒有產生出任何一位偉大的詩人呢？」

「我認為，成立一個所謂的『詩人大會』並不會對解決這樣的問題產生任何幫助。事實上，這件事本身是並不需要任何外在的說明。」

三年之後，也就是 1847 年 11 月 5 日，朗費羅用同樣遺憾的口吻表示「費城一份新雜誌的計畫書，表示要成立『一個與尼亞加拉 ── 這個擁有森林與老鷹的國度一樣 ── 具有同等文學價值的民族文學。』」

讀者可能會對一位受人歡迎的作家的每一首詩歌具體的創作方式，有著無窮無盡的好奇心。在朗費羅的例子裡，我們可以發現，他偶爾也會談論這方面的事情。比方說，我們知道，朗費羅的〈箭與歌〉這首詩歌是在某個瞬間立即進入他的腦海裡。而他的〈逝去的青春〉則是在他工作了一整天之後，半夜躺在床上的時候突然想到的，並且在第二天早上馬上將這些詩歌寫下來。1839 年 12 月 17 日，朗費羅在報紙上讀到了一則船難的新聞，讀到了很多乘客的屍體都被海水沖刷到了格羅斯特附近的海岸邊，他這樣寫道：「有一個暗礁名為諾曼人的悲傷，這個地方經常發生船難事

故。在那些遭遇船難的船隻裡，就有一艘名為赫斯珀洛斯的縱帆船。除此之外，海葵號輪船也在黑色岩石上觸礁沉入大海。我必須要為這件事創作一首詩歌。還要創作另外兩首詩歌 —— 一首詩歌是〈穿鎧甲的骷髏〉與〈漢弗萊・吉爾伯特爵士〉。」兩週之後，當朗費羅在半夜十二點坐在壁爐旁抽著菸，他的腦海裡突然想起了要創作一首關於赫斯珀洛斯號縱帆船相關的詩歌。他在日記裡寫道：「我馬上去做。創作完這首詩歌之後，我就上床準備睡覺，但卻怎麼都睡不著。我的腦海裡不斷湧現出很多全新的想法，我馬上起床，將這些剛剛冒出來的想法加入了這首詩歌裡。當我完成這一切工作之後，已經是凌晨三點鐘了。之後，我再次上床睡覺，便很快進入夢鄉。我對自己創作的這首詩歌感到滿意，創作這首詩歌並沒有讓我感覺多麼困難。現在，我覺得當時在創作這首詩歌的時候，腦海裡想的並不是詩歌的某一句話，而是以詩歌音節的方式呈現在我的腦海裡。」在閱讀司各特的《邊境的吟遊詩人》這卷書的前幾章，朗費羅以相似的方式感受到了某些創作靈感，接連創作了〈被圍困的城市〉與〈幸運的伊甸園〉。

透過朗費羅寫給 W.C. 勞頓的一封信，我們了解到一點，朗費羅會在出版一首詩歌之前，盡最大的努力去打磨這首詩歌，這在某個時期成為他的一種習慣。但在後來的時候，他習慣了一旦創作完，就不再進行任何修改。他這樣做是基於這樣一個原則：「透過這樣的方式，閱讀詩歌的讀者能夠以一種最為真實的方式，了解詩人創作出來的作品。」朗費羅還想到了布萊恩特與惠蒂埃都對他們之後修改的版本感到不滿意，還特別提到了布萊恩特創作的〈水鳥〉這首詩歌：

「就像在以太的天空上，投下了石灰的黑影。」

在這首詩歌裡，朗費羅更加喜歡原先版本裡使用「描繪」的詞語。不過，我們很難找到一位能夠真正實現這種原則的詩人，至少朗費羅在自己的詩歌創作裡就很難做到。我們可以非常肯定一點，朗費羅在這方面也無

法成為例外。因此，我們知道朗費羅在《金色的傳說》一書出版前的幾
週，就進行了一些重要的修改。這些事情說明，朗費羅對勞頓所說的話，
其實並不能代表全部的事實。與大多數詩人一樣，朗費羅在修改詩歌的時
候，並不總是在原有的基礎上改良詩歌。因此，在〈赫斯珀洛斯號縱帆船
的船難〉這首詩歌裡，朗費羅就做出了四次修改，讓第四個版本的詩歌聽
上去要比原版聽起來更加具有力量感：

> 「年老的水手走上前，大聲說話，
> 西班牙船隻已經遠去了！」

朗費羅在後來的版本裡修改為：

> 「西班牙船隻已經消失在茫茫大海裡了！」

　　毫無疑問，我們對朗費羅這樣的修改所能找到的解釋，就是朗費羅首
次提到了的「西班牙船隻」意味著加勒比海。但在後來修改把本裡，只是
意味著加勒比海的南邊海岸。更加有趣的是，朗費羅為〈給一個孩子〉這
首詩歌創作一句詩歌的故事。朗費羅在日記裡談到了這件事。「幾年前，
當我在創作一首〈孩子頌〉的詩歌時，曾這樣寫道：『時間，一個將寶藏
埋藏起來的守財奴。』今天，當我第一次讀到華茲華斯所創作的頌歌〈論
聲音的力量〉時，內心感到非常震驚。因為華茲華斯這樣寫道：『時間，
就像一個守財奴，將所有的寶藏都藏起來了。』」事實上，這並不是朗費
羅一開始所寫的句子，原句是「逝去的世紀埋藏的寶藏」，接下來的一句
是「在熱帶炙熱的天空下」。

　　我們可以從上面看出來，「守財奴」並不是朗費羅一直想要保留的詞
語，正如在某個時期，朗費羅曾改用了「海盜」這個詞語。這個詞語在某
種層面上，似乎聽上去更加順耳。朗費羅的那個詩句與華茲華斯的那個詩
句的有趣對比，並不在於他原來那首詩歌的形式，而在於之後的深思熟

慮。幸運的是，將這些有趣的事實綜合起來去看，就會發現這是朗費羅無意識的做法，卻在朗費羅為自己正名的那個階段，沒有得到愛倫·坡的關注。

不過，值得注意的是，朗費羅做出這樣的改變，顯然是為了更加符合自身的判斷，而並不像惠蒂埃甚至是白朗寧那樣子，為了順從一些思想沉悶或是缺乏能力批判家的想法。我們還應該記住一點，即便是那些學術層面上的批判家對朗費羅這首歌的評論，也會讓一些人認為〈穿鎧甲的骷髏〉裡關於貝夏克的故事，就是貝夏克本人所說的。雖然「故事」一詞的意思，在這裡毫無疑問代表著「記帳」或是「計算」的意思，用來代表挪威的英雄能夠一次喝多少麥芽酒。閱讀彌爾頓作品的讀者經常會誤解朗費羅的這句詩：

「每一個牧羊人都會說出他們的故事。」

這是以類似的方式表達出一種觀點，即很多年輕讀者都想當然地認為，牧羊人就可以說出很多與愛情或是冒險相關的故事，而實際上牧羊人只是在數著羊群的數量。

關於愛倫·坡的作品在何種程度上影響到了新英格蘭地區的詩人，無論是透過自身的作品還是透過他不去選擇創作的主題去看，我們都很難給予一個準確的評價。不過，愛倫·坡曾談論過羅威爾的詩歌作品，並且表示他的作品在韻律方面做得還不夠好，這則是毫無疑問的。但是，愛倫·坡的說法在何種程度上影響到朗費羅的詩歌創作，從而讓他更加嚴格遵守一種固定的韻律結構，這是我們無法去確認的。丁尼生曾睿智地說：「每一首短詩都應該有著像曲線那樣的固定形狀，有時這是單一曲線，有時則是雙重曲線，就像一根切斷下來的捲髮，或是掉到地板上的蘋果皮。」朗費羅幾乎沒有嘗試去創作這樣的詩歌，但他選擇用更為恰當的方式去創

作〈海草〉，並在某種程度上取得了成功。愛倫・坡在這方面則表現的非常人性，當他在可以達到這樣的程度時，卻沒有堅持這樣的創作風格。愛倫・坡只是給我們留下了原版的〈勒諾爾〉這首詩歌，這首詩歌刊登在《先驅者》報紙上。也許，這是我國是個文學領域內最精美的一首詩歌。這首詩歌的韻律給人的感覺，似乎只是純粹的叮噹發出的平淡韻律，並且加入了一些冗長的「重複語句」，給人一種更加平庸的感覺。羅威爾也刪減自己創作的一首詩歌，使之以「遠方的松樹林」開頭。但是，朗費羅的詩歌作品卻根本沒有出現任何與愛倫・坡存在關聯的痕跡。若是說在這方面有什麼例外的話，就可以說是朗費羅在創作出〈海草〉這首成功的詩歌的時候，就曾警告過很多詩人，不要將多種韻律疊加起來的詩歌實驗。另一方面，朗費羅對羅威爾始終充滿著敬意，他天生的良好品味，讓他從來不會使用一些讓人感到困惑的暗喻或是一些過分熟悉的詞語，而這正是羅威爾在創作時有時會做的。

也許，關於朗費羅的藝術作品最具穿透力的評論，還是出自賀拉斯・斯卡德：「首先，朗費羅是一位創作者，他能夠看到不同事物之間的關聯，而不是看到事物之間的本質。」身為翻譯者，他從來都不認為使用英文創作具有什麼特別的優勢。他在創作時始終表現出了一貫的高水準。即便是現在，仍然有一些人對朗費羅是否在某個領域內取得了輝煌成就表示質疑，就像薩拉・奧斯丁[329] 女士在〈在墳墓裡的很多年〉的表現。朗費羅會以完美的翻譯作為偽裝，展現出了比呂克特原版詩歌更加深邃的感覺。但是，倘若我們只是單純將朗費羅在翻譯方面的天賦看的平淡無奇的話，那麼我們可以看看朗費羅的翻譯創作，在很多時候都是與原作非常相近的，卻明顯烙下他的個人思想烙印。

朗費羅覺得這樣做是非常愉快的：

329　薩拉・奧斯丁（Sarah Austin, 1793-1867），英國編輯、語言學家、翻譯家。

「躺下來，

望著夏天的天空。

看著天空的白雲飄蕩，

就像看著大海裡的船隻一樣。」

但是，這與白朗寧所描繪的高山景象有著天壤之別：

「天空的一邊，傾斜的雲朵在飄動，

就像波斯艦隊朝著薩拉米斯[330]前進。」

在白朗寧看來，萬物似乎都具有這種力量感與個性的力量。我們看到了船隻，我們知道民族性，我們回想起過去的那些戰鬥，我們可以在想像的世界裡，感受到這些雲層的形狀不斷發生變化。但是，我們卻無法想出朗費羅的詩句卻沒有被一位盲人所寫，而這位盲人只需要根據別人的描述來進行創作的原因。朗費羅的詩歌所具有的局限性，在於他本身性情的局限性。本質上來說，朗費羅的感知能力是出於一個詩人的思想去感受的，但他始終能夠感受到普通人的想法。隨著個人對生活的感受不斷加深，很多學生就會不再迷戀朗費羅的作品，轉而迷戀丁尼生的作品，正如這些學生最後放棄丁尼生，轉而去閱讀白朗寧的作品一樣。就朗費羅所能從他的朋友那裡獲得的人生激勵而言 —— 在美國，他與索姆奈是親密的朋友，在歐洲，他與弗萊利格拉特是親密的朋友。我們還應該記住一點，要不是朗費羅有著一種相對內斂的性格，那麼他的朋友肯定不止這些人。朗費羅從來都不會像愛默生那樣，完全追尋自己的信念，放棄自己的研究目標，而投入到那個時代的抗爭當中。有趣的是，羅威爾曾指責梭羅在這方面沒有做出自己的貢獻，而梭羅事實上的確為那個時代的廢奴運動做出了貢獻，而朗費羅卻沒有做出多少貢獻。不過歸根到底，這都是因為各人在秉

330　薩拉米斯（Salamis），希臘薩龍灣中最大的一個島嶼，距離比雷埃夫斯（Piraeus）市西南海岸約 2 公里，距離雅典以西 16 公里。

性層面上的差異所導致的。因此，我們必須要了解一點，朗費羅在 1859
年 12 月 2 日的日記裡寫道：「這將會是我國歷史上偉大的一天。這是一
場全新革命開始的日子 —— 這就與之前獨立革命爆發的時候一樣重要。
當我寫下這段文字的時候，那位著名的黑人領袖約翰·布朗[331] 正在維吉尼
亞州遭到處決，而他的罪名竟然是拯救那些黑人奴隸！這樣完全漠視人類
良知的做法，就像播下了微風的種子，最後得到的卻是狂暴的旋風，而這
場旋風很快就會到來。」

　　朗費羅與惠蒂埃之間的關係始終是非常融洽的，而且從未出現過任何
破裂的痕跡。他們經常會在大西洋俱樂部與週六俱樂部一起共進晚餐。
朗費羅在 1857 年曾這樣描述過惠蒂埃：「他的性情變得越來越溫和與成
熟，就像他的詩歌作品一樣。」朗費羅有時會前往康科特，與愛默生一起
共進晚餐。「並且與他的那些哲學家朋友，比如奧爾柯特[332]、梭羅與錢寧
人一起會面。」有時，愛默生也會前去劍橋，「與他一起喝茶」，並且在
演講臺上發表一篇演說。朗費羅曾對此評價說：「愛默生的演說很不錯，
卻不是他最佳的表現。他的演說主題是《流暢的演說》。愛默生時而用嚴
肅莊重的口吻說話，時而用詼諧幽默的口氣演說，發表了一些震撼人心的
觀點與文字。他的演說就像那些側燈與交叉的燈光那樣，將每一個主題都
照的一清二楚。」當愛默生的詩歌集送到他手上的時候，朗費羅閱讀這本
詩集直到深夜，然後在日記裡寫道：「讀完愛默生的這本詩集之後，我可

331　約翰·布朗（John Brown, 1800-1859），美國起義領袖、廢奴主義者，1856 年曾參加堪薩斯內
　　戰，贏得勝利。1859 年他率眾在哈伯斯費里舉行武裝起義，要求廢除奴隸制，並逮捕一些種植
　　園主，解放了許多奴隸。起義被維吉尼亞的軍事家、將軍羅伯特·李派軍隊鎮壓，布朗被捕並
　　被處決。當布朗被絞死後，教堂鐘聲及致哀禮炮響起，北方豎起他的紀念碑。著名作家愛默生
　　及梭羅均稱讚約翰·布朗。歷史學家達成共識，認為約翰·布朗對南北戰爭的發起有著重要作
　　用。

332　奧爾柯特（Amos Bronson Alcott, 1799-1888），美國教師、作家、哲學家和改革家。身為一名教
　　育者，奧爾柯特開創了和學生交互的方式，即透過談話式的方式，而不是傳統的教育方式來完
　　善人的精神，為此提倡盡可能的素食。他同時是一名廢奴主義者和女權擁護者。

以感受到金黃色的迷霧慢慢升騰而起，感受到一種思想的昇華。愛默生的這本詩歌集透露出純粹詩歌所具有的那種美妙的光芒，就像河流沿著草地慢慢流淌。可以說，這是一本非常罕見的詩歌集，裡面收錄了很多優秀的詩歌。我要特別指出，諸如〈蒙納德諾克山〉[333]、〈輓歌〉與〈大黃蜂〉等詩歌，都將詩歌應有的精髓全部展現出來了。」在伊斯特曼・詹森[334]用畫筆所描繪的五張肖像畫裡，其中就有愛默生。他始終將這幅肖像畫掛在克雷吉屋圖書館的牆壁上，另外四個人分別是霍桑、索姆奈、菲爾頓以及朗費羅本人。任何人都無法否定我們的詩人在詩歌創作方面、在徹底擺脫所有的嫉妒心理以及要討好任何評論家的想法基礎上，完全實現了創作自由。當白朗寧以他的詩集《鐘與石榴樹》這本詩集聞名於世的時候，朗費羅可以說是白朗寧在美國的第一位學生。之後，朗費羅本能地選擇了白朗寧的《族徽上的汙點》，認為這是「一部充滿巨大能量與美感的戲劇，正如那些評論家所說的，每個人都會閱讀這本書籍。白朗寧是一位卓越的天才，有著一流的戲劇創作能力」。朗費羅評價《帕拉塞爾蘇斯》的時候，則表現出了某些合理的想法，將這些詩歌稱為「非常高尚，卻又非常具有傳播意義的」。在談到白朗寧創作的《平安夜》這首作品裡，朗費羅這樣寫道：「白朗寧是一位非常優秀的人，但他也是一位非常模糊的人。」之後，朗費羅又對白朗寧的《指環與書》做出了類似的評價。朗費羅評論丁尼生所創作的《王子》時，將這部作品稱為「一部散發出溫和諷刺精神的作品，以最自然的無韻詩形式表現出來，並且還有兩首缺乏韻律的詩歌，還有很多充滿精緻情感的段落。我躺在床上閱讀這些詩歌，感覺有美妙的音樂在耳畔響起。不過，我在讀完這些詩歌之後，內心卻感到有所失落，

333　蒙納德諾克山（Monadnock），美國的山峰，位於新罕布什爾州，距離波士頓和康科特 100 和 60 公里，海拔高度 965 米，山體在 4 億年前形成，人類在 1725 年首次登頂。愛默生曾經常攀登過此山，並以它為題，寫下了同名詩歌。

334　伊斯特曼・詹森（Eastman Johnson, 1824-1906），美國畫家，紐約大都會博物館的創建人之一。

第二十三章　詩人朗費羅

我也不知道為什麼會產生這樣的情感。總之，我覺得這些詩歌中存在著某些不和諧的地方，但我卻不知道這些不和諧到底存在於什麼地方。」

　　對一個人具有的天才的不確定考驗，就是他在席間時所說的話。當朗費羅與諸如羅威爾、霍姆斯以及 T.G. 阿普頓等著名文人坐在一起的時候，那麼他就從來不會努力表達自己的想法，會變成一個「相當沉默的人」。正如朗費羅曾這樣評價自己，他說自己會努力避免陷入自言自語的狀態，因為他有時所說的話，會讓另外三個人發出抱怨。朗費羅的沉默與自制力，讓他不需要承受著這樣的奉獻。但是，我們必須要承認一點，即從另一方面去看，當他的弟弟將朗費羅在「席間漫談」時所說的話，收錄在他所創作的回憶錄裡，或是當讀者看到朗費羅在《卡瓦納》一書裡列舉出來的話語，就會認為朗費羅其實也沒有說出多麼好的話語，而且這些話語其實並不值得印刷出來。即便是從朗費羅說出的最有思想話語的角度去看，這些話有時聽上去都是那麼辛辣。正如朗費羅所說的：「在找尋任何失去的東西時，我們就要開始找尋你認為無法找到的東西。」或是「沉默是最好的和平製造者」，或是「在年輕的時候，所有的大門都是朝外敞開的；而到了老年，所有的大門都是朝內敞開的」，或是一些更有思想性的話語，「娛樂消遣就像硬幣支付，如果我們知道自己能夠擁有這些硬幣，那麼我們不會太在乎這些東西。但我們想要知道他們想要擁有什麼」，或是更加深邃的道理「在我們對某個人有了深入的了解之後，我們是否會不再閱讀此人的作品呢？難道我們會單純透過一次見面，就會認為他的作品很糟糕？難道正是某個人的個性，才讓我們認為此人表現出了我們想要的東西嗎？」在朗費羅席間談話的紀錄裡，還包括了一些關於詩歌方面的評論。他曾說：「春天會突然來到這個世界，就像一個莽撞的孩子突然走進一個房間，發出咯咯的笑聲，大喊大叫，雙手捧著一束鮮花。」或是「當那些最為快樂的思想進入我們的腦海，我們會感受到一種多麼突然的美

好。這是一個多麼美妙的驚喜！當我們整天忙著生活中的一些瑣碎事情時 —— 比如當我們正在閱讀一份報紙，或是點燃床邊的一根蠟燭，或是等待著我們的馬匹過來 —— 那些可愛的臉龐出現了，那些比黃金更加寶貴的美好思想突然進入了我們的心靈」。

對一個詩人受歡迎程度的考驗，沒有比向這位詩人索要簽名的要求更加直觀的展現了。朗費羅在 1856 年 11 月 25 日的日記裡寫道，他的書桌上擺放了六十多封要求他給予親筆簽名的信件。在第二年 1 月 9 日的日記裡，朗費羅寫道：「昨天，我寫了七十次自己的名字，然後用信封將這些簽名裝在信封裡，然後寄出去。今天，我又寫了五、六次自己的名字，然後寄過去給那些人。」至於朗費羅在後面所談到的七十個讀者要求得到他的親筆簽名，是否包括了之前提到的六十個簽名要求，我們並不清楚。不過，若是從人性的弱點去看的話，這是很可能出現的事情。我認為，向朗費羅梭要親筆簽名的信件數量肯定會不斷增長的。我記得在 1875 年，我在朗費羅的書房裡見到了他，他的書桌上堆放的讀者信件肯定超過七十封，而且這些信件是西部一座城市僅僅一所高中的學生寄過來的，這些學生給他寄來了祝賀朗費羅生日的信件。這些學生在每一封信裡都暗示希望能夠得到朗費羅的親筆簽名。我認為，朗費羅肯定會滿足這些學生的要求。

1881 年，在朗費羅七十四歲的生日，俄亥俄州的一名女士給朗費羅寄去了一百張空白的卡片，要求朗費羅在每一張卡片上簽下自己的名字。這樣的話，她就能夠將這些卡片送給那些參加她聚會的客人。同一天，西部四十所不同學校的學生，也紛紛寫信給朗費羅，在祝賀他生日快樂的同時，也懇求能夠得到朗費羅的回信。朗費羅的弟弟後來告訴我們，朗費羅回信給每一所學校的學生，還寫了一些詩節，表達對這些學生們的良好祝願。即便當一些人赤裸裸地寫信給他，要求得到他的親筆簽名，朗費羅也

會非常耐心。事實上，朗費羅肯定無法一一回覆所有這些類型的信件，在他人生的最後幾年時光裡，他的祕書負責幫他處理這方面的事情。

　　根據威廉·溫特[335]先生的說法，朗費羅在去世之前，仍然還有一些詩歌尚未出版，這是一件激發我們好奇心的事情。溫特先生說：「朗費羅還說，他有時會純粹為了自己去創作一些詩歌，他根本不在乎這些詩歌是否要出版，因為這些詩歌表現了他過分敏感的情感，因此不適合出版。」溫特對朗費羅還做出另一番的評價：「年輕時，朗費羅的想法並不是為了贏得別人的掌聲，而是為了得到別人的認可。」顯然，這兩種說法是相互制約的。渴望得到別人認可的想法，只有當我們對單純的表達自身想法的要求得到滿足之後才能開始。朗費羅是一個非常務實、做事有條理且勤奮的人，因此他首先需要的是自我表達。我們無法想像，朗費羅會像愛倫·坡那樣，創作完全關於自身的作品；或是像惠特曼那樣，在晚宴上主動發表一篇報告。朗費羅曾一再對溫特說：「如果你耐心地等待，那麼你想要實現的目標就遲早會實現。」問題並不在於這是表達詩歌秉性的唯一形式，而顯然是朗費羅的個人形式而已。梭羅曾睿智地表示，任何人對詩歌的任何定義，都會讓真正的詩人立即站出來表達反對，然後擱置在一邊。在詩意秉性層面上，情況也是如此。

335　威廉·溫特（William Winter, 1836-1917），美國戲劇評論家、作家。

第二十四章　朗費羅其人

第二十四章　朗費羅其人

　　與很多公眾人物一樣，朗費羅也經常會用很多關於描述他個人形象的一些讓人困惑或是自相矛盾的話語來自娛自樂：紐波特一位書商就曾大聲地表示：「什麼，你看上去更像是一名船長，而不是一位詩人！」一位印刷工人曾將朗費羅描述成「一個身強體壯、面容英俊的人，大約一米八左右，身材比例很好，有肥胖的傾向，留著一頭棕色的頭髮與一雙藍色的眼睛。他整個給人的感覺，就像飯店裡一位讓人感到安心的管家」。關於朗費羅個人形象更為細緻的描述，或者說更加接近事實的描述，可以從一位英國軍事人員在 1850 年波士頓舉辦的一次招待會上對朗費羅的觀察。在倫敦一間專門售賣舊書的書店裡，我找到了一本書，其中的一段話就有他對朗費羅的具體描述：

　　「他中等身材，舉止非常優雅，給人一種特別紳士的感覺。他的頭髮是淺色的，性情十分隨和。在他光滑的前額下面，是我看到的最好看的一雙眼睛。他的雙眼似乎正在凝視著遠方蔚藍色的天空。他的臉上會露出非常隨和的微笑。他絲毫沒有流露出任何沉思的詩性品格，他的嘴角經常會流露出微笑。總之，亨利·華茲華斯·朗費羅的表情給人的感覺，就是他始終都在取得勝利。他穿著時尚的衣服 —— 有時這些衣服顯得過分時尚了，包括波斯風格的藍色外套，一件好看的背心馬甲，還有一條整潔的褲子，這些服裝穿在他的身上，給人一種身材苗條的感覺，似乎一刻都無法停頓，就像一隻蝴蝶從一朵花飛躍到另一朵花上。朗費羅也會從一位女士身旁走到另一位女士身旁，受到所有人的欣賞與讚美。他真誠地與我握手，向我介紹他的夫人，然後邀請我前去他的家。之後，他再次像一隻蜂鳥那樣離開了。」

　　另一位英國觀察家描述的關於朗費羅的畫面，則可以從羅納德·高爾爵士[336] 所著的《我的回憶錄》裡看出來。1878 年，在描述克雷吉屋之後，

336　羅納德·高爾爵士（Lord Ronald Gower, 1845-1916），蘇格蘭自由黨政治家、雕塑家、作家。

他這樣說道：「如果別人讓我描述朗費羅的形象，我肯定會將他與早期的基督教聖徒與先知們進行比較。他身上的善意似乎透露出一種光環，他臉上的表情透露出一種仁慈，這容易讓人將他與在派特莫斯（位於愛琴海東部）的聖約翰結合起來，然後對他的追隨者或是同胞們說：『小孩子，要彼此相愛！』……朗費羅在生前就能深受本國國民以及其他國家民眾的欣賞，這對他而言的確是非常好的運氣。也許，要是拜倫、濟慈[337]或是雪萊等人能夠像朗費羅這樣，在生前就能受到國民的欣賞，那麼他們的命運之路肯定會發生翻天覆地的改變。對我來說，要是我在此表示朗費羅的作品受到了每一個英語國家讀者的普遍歡迎，那麼這就是比較誇張渲染的做法了。我認為，當我說朗費羅的作品要比其他在世詩人的作品都要更受歡迎的時候，我並沒有在誇大某個事實，而只是在闡述一個事實而已。現在，哪個孩子沒有讀過《更高的目標》、《伊凡吉琳》、《邁爾斯·斯坦迪什求婚記》或是《海華沙之歌》等作品呢？還有比〈大橋〉或是〈我認識一個美麗的姑娘〉更加受歡迎的詩歌嗎？或者說，在閱讀了〈人生頌〉或是〈天使的步伐〉等詩歌作品之後，誰不會覺得自己的精神得到了提升，能夠以一種更加超然的心態去看待這個世界呢？事實上，世人在這方面虧欠朗費羅太多了……之前，當人們在談論美國的秋天時，很多人其實談論的都是英國詩人描述英國秋天時的景色。但是，朗費羅的作品卻讓我看到了，美麗的秋天出現的紅色與金黃色的葉子，雖然這些葉子已經凋零乾枯了，卻仍然像寶石那樣閃閃發光。我始終將這些葉子帶在身上，這些葉子在詩人朗費羅的肖像畫上形成了一個花環。這是我在克雷吉屋參觀時收穫的一個珍貴紀念品。」

接著，羅納德·高爾爵士引用了懷斯曼樞機[338]對朗費羅的評價——這

337　約翰·濟慈（John Keats, 1795-1821），英國詩人、作家，也是浪漫派的主要成員。

338　懷斯曼樞機（Nicholas Wiseman, 1802-1865），愛爾蘭羅馬天主教堂樞機。

第二十四章　朗費羅其人

段引言用在這裡是相當合適的：

「『我們所處的這個半球，』樞機說，『無法宣稱完全擁有了他所享有的名聲，但他仍然是屬於我們的，因為在每個說英文的家庭裡，他的作品已家喻戶曉了。不論我們是受到了他所刻劃形象的感染，或是因為他創作旋律優美的詩歌而感動，或是因為他那純粹展現靈感的道德教導而獲得精神的提升，或是懷著憐憫之心去追隨《伊凡吉琳》那漫遊的腳步，我都可以肯定，所有聽到我聲音的人，都會與我一道，向朗費羅表現出來的天才致敬！』」

「我們只能在這個世界上活一次，」朗費羅在日記裡這樣寫道。「我們必須要讓將這僅有的一次生命活得精彩一些。想要做到這點，健康的身體與靈活的心智是必需的，任何阻礙或是危害這些必需條件的東西，都是我們應該盡量避開的。」我們並不能經常見到一個像朗費羅這樣，能夠充分實現人生目標的人，也很少會見到一個像朗費羅這樣，將實現目標之後的喜悅之情，直接在臉上的表情呈現出來。當然，朗費羅在人生這趟旅程中所經歷的苦難與挫折，也只有他自己才能深刻體會。當有人讓西德尼・多貝爾[339]去描述丁尼生的時候，他這樣回答說：「如果他像一位創作出了《伊利亞德》[340]這部史詩的人那樣，向你提出這個問題的話，那麼你肯定會回答說：『我深信著你。』」不過，這樣的評價對丁尼生來說並不完全真實。丁尼生創作的那些充滿陰暗情感的東方書籍，肯定會讓人想到阿拉伯傳奇故事《安塔爾》的作者，或是奧瑪・開儼[341]所創作的四行詩。不

339　西德尼・多貝爾（Sydney Thompson Dobell, 1824-1874），英國詩人、文藝評論家。

340　《伊利亞德》，古希臘詩人荷馬的強弱弱格六音步史詩。故事的背景設在特洛伊戰爭，是希臘城邦之間的衝突，軍隊對特洛伊城（伊利昂）圍困了十年之久，故事講述了國王阿加曼農與英雄阿基里斯之間的爭執。

341　奧瑪・開儼（Omar Khayyam, 1048-1131），波斯詩人、天文學家、數學家。開儼意為「天幕製造者」，他一生研究各門學問，尤精天文學。當時的蘇丹非常器重開儼，委以更改曆法的重任，1079 年所實行的新曆亞拉里曆比蔣牟西舊曆更為精確。開儼的代表作：《魯拜集》。

過，另一個同樣真實的事實，就是朗費羅在晚年所表現出來的美麗場景。他的臉上流露出一種巋然不動的安靜與仁慈的表情，似乎能夠寬恕人類所有的罪過。從這方面來說，也許只有屠格涅夫才能在現實生活中與朗費羅相比。其中屠格涅夫的一張照片，應該會被很多人誤認為是美國人。

事實上，朗費羅的幸福家庭生活，都是外人能夠感受到的。他始終居住在一間舊房子裡，身邊總是有孩子與他的朋友相伴，其中還有一些他早年的朋友 —— 其中就包括他的弟弟，一位卓有成就且隨和的人，他組建了一個幸福的家庭。還有他的妹妹也住在離他家不遠的地方 —— 朗費羅還是這座規模不大的大學城的第一個公民。他總是願意付出時間與資源，從而更好地推動公共利益，甚至是推動一些所謂的政治事務，他都是盡自己最大的努力。他給身邊人的感覺，從來都不像那些任性或是超然的詩人。之後，他兩位結婚的女兒在父親居住地不遠處建造了房子，並在那裡養兒育女。因此，這裡有很多朗費羅的玩伴，其中就包括他的孫子與外孫，讓他感受到新一代人生命的活力。朗費羅仍然非常注重個人健康，經常會來回散步，鍛鍊身體。他的一些老朋友在經歷了人生的不幸與風浪之後，都只願意上他的家門，與他傾訴心事。甚至連朗費羅的一些文學作品，比如《這個地方的詩歌》，也主要是為他的這些朋友創作的，好讓他們能夠有事情可以做，讓他們得到精神的寄託。

一個有趣卻又不容置疑的事實就是，劍橋地區的大學圈子雖然現在要比過去擴大了十倍左右，但我們仍然能夠感受到朗費羅時代克雷吉屋所具有的那種友善高雅的社會交流所帶來的美好情感。雖然當時的教授每天都要承擔沉重的工作，獲得微薄的薪水，但是每個人似乎都沒有將心思完全放在賺錢上。因此，最後的結果是一樣的。朗費羅身邊有了一大幫朋友，這些朋友喜歡來到他的身邊，他也喜歡這些朋友前來拜訪他，他們能夠在交流裡感受到內心的愉悅，這樣的感覺始終都會讓他們感受到生活的樂

第二十四章　朗費羅其人

趣。也許，現在的人們會以更為簡樸的方式去做。我們只需要翻看朗費羅的弟弟所創作的回憶錄，就能看到朗費羅在面對那些友善的法國人與義大利人的時候，他會跟隨他們的飲食習慣，嘗試去欣賞葡萄酒。在那個時候，生理學的發展還不像現在這麼深入，不過朗費羅對這個問題的研究還是得到了眾人的讚賞。朗費羅那些居住在波士頓與布魯克林的朋友經常會過來拜訪他，似乎他們當時乘坐的交通工具要比現在的更先進與快捷一樣，但事實情況卻不是這樣的。我們完全可以想像，當朗費羅置身於這幫志同道合的朋友身邊時，他能夠產生那麼多的創作靈感也就不足為奇了。他早年的朋友圈子就是所謂的「五人俱樂部」，這個俱樂部的成員包括菲爾頓教授。狄更斯就曾將菲爾頓教授稱為「最熱心的古希臘教授」，另外四人是查爾斯·索姆奈、喬治·S·希拉德[342]，他是索姆奈當時在律師事務所的合夥人，還有就是亨利·R·克利夫蘭，他是一位退休的教師與教育作家。菲爾頓與索姆奈一樣，都是學識淵博的人。正是在這樣的朋友圈子裡交流，有時會讓菲爾頓說出幽默詼諧的話語，有時則會頑固地堅持自己的觀點。這也讓索姆奈變成了一位演說流利的人，有時在說話的時候也會自誇一番。希拉德則是非常具有天賦的人，但他卻因為無法專注於從事某一方面的研究，最後無法獲得應有的名聲。克利夫蘭則是第一個宣揚現代教育思想的人，他所建立起來的教育思想體系是如此之完善，以至於現在很多人都忘記了他們現在不需要這樣一位推廣人。克利夫蘭英年早逝，薩謬爾·G·霍維[343]，這位聞名世界的慈善家與盲人培訓者，取代了克利夫蘭的位置。這五個人組成的朋友圈子，他們都在文學方面有著一定的追求，有時也會經常讚美對方。後來，他們這個朋友圈子被稱為「相互吹捧的協會」。事實上，菲爾頓曾經寫過一篇評論朗費羅《伊凡吉琳》的文

342　喬治·S·希拉德（George Stillman Hillard, 1808-1879），美國律師、作家。
343　薩謬爾·G·霍維（Samuel Gridley Howe, 1801-1876），美國醫生、廢奴主義者。柏金斯啟明學校創建人之一和首任校長。

章，這篇文章可以在雅典娜圖書館裡找到。文章裡就寫著這樣一句話「在相互吹捧協會內流傳」。後來，他們的這個朋友圈就以俱樂部的形式出現了，成立了存在時間不長的大西洋俱樂部與週六俱樂部。朗費羅經常會出席這樣的聚會。很多時候，愛默生、霍姆斯、羅威爾、阿加西、惠蒂埃以及附近的其他人都會前來參加。霍桑很少出席這樣的活動，梭羅則是從來都不參加這樣的活動。另一方面，這個俱樂部始終沒有接納更多思想激進的改革家，諸如加里森[344]、菲利普斯、布朗森·奧爾柯特、艾德蒙·昆西[345]或是希歐多爾·派克[346]等人都沒有參加。因此愛默生曾表示，這個俱樂部不要將那些「內心不滿的軍人」納入其中。

要是我們認為，在這樣的場合下，朗費羅只是聆聽著別人的說法，那麼這種想法就是完全錯誤的。當然，霍姆斯與羅威爾都是這些聚會上最為健談的人，因此他們肯定會在交流中占據一席之地。不過，雖然朗費羅是一位性情隨和的人，有著自身表達幽默的方式，卻從來不是一位袖手旁觀的沉默者。比方說，他就曾在這樣的場合評論羅斯金：「羅斯金在修辭的運用方面是超過其他人的。可以說，他將《伊利亞德》一書的精髓都學到了。」或是在談到別人的時候，他會說：「批判是一把雙刃劍，他們在批判別人的同時，他們的批判文章也在遭受著別人的批判。」朗費羅對那位心滿意足的荷蘭商人的描述是「他有著一張金色的臉龐，就像圓圓的太陽發出的光芒照在一個鄉村酒館的標誌上，似乎在說：『進裡面玩玩吧！』」在談到威尼斯的時候，朗費羅曾表示「那是一座充滿夢幻情感的城市，讓人彷彿置身於仙境。我們甚至不敢將雙腳踩在地面上，擔心這樣做會讓整座城市都塌陷下去了」。在談到作家創作方面，朗費羅表示：「很多人無法理解的一點就是，作家應該告訴大眾一些他不敢告訴他最親密朋友的內

344　菲利普斯（Wendell Phillips, 1811-1884），美國廢奴主義者、演說家、律師。
345　艾德蒙·昆西（Edmund Quincy, 1808-1877），美國作家、改革家。
346　希歐多爾·派克（Theodore Parker, 1810-1860），美國改革家、超驗主義運動者。

心祕密。」並且接著表示「對一個作家來說，沒有比突然取得成功更加可怕的事情了，因為天才的耐心才是最可貴的品格。那些將磚頭搬到所有人房子的人，是永遠都無法為自己建造出一座房子的。」—— 朗費羅在這些場合下所說的這些話，都是非常新穎且真實的，雖然說得比較樸實平凡，卻也散發出了他內心睿智的光芒。身為一位純粹的評論家，他在年齡越來越大的時候，內心也會變得越來越隨和，更加具有包容心。這似乎也是很多文人的一個通病。約翰·德懷特[347]當時被視為波士頓音樂聯誼會的負責人，他就經常表示，朗費羅經常會對那些剛入門的音樂人表達自己的認可之情，而不管這些音樂人的音樂能力或是表演風格是否過關。他說，朗費羅這樣做其實會對這些音樂新生起到負面的影響。

霍姆斯在 1873 年寫給莫特利[348]的一封信裡，就談到了朗費羅：

「我從朗費羅的社交圈子裡感受到了一種獨特的魅力 —— 他那個圈子裡的人說話都很柔和，每個人都具有愉悅的性情，有著包容心，而不會以咄咄逼人的方式表現個人的智慧，他們會展現出學者的風度，卻也不會以任何迂腐的方式去做。他們會以恰到好處的方式表達幽默的情感，而不會故意以這樣的方式去給別人驚喜，或是讓你處在一種過分興奮的狀態。我非常喜歡與這些睿智的人交流。」

十年後，霍姆斯在寫給一位朋友的信件裡，就談到了他為朗費羅去世所創作的詩歌。這首詩歌刊登在《大西洋月刊》上。霍姆斯表示：「但是，這些都是微不足道的事情，因為朗費羅的人生是極為美好且充滿美妙的音樂旋律，任何讚美的聲音與之相比都會變成雜音。」

羅爾夫教授就曾表示，朗費羅在《金色的傳說》裡就無意識地描述自己，他以吟遊詩人華特的方式去評論亨利王子：

347　約翰·德懷特（John Sullivan Dwight, 1813-1893），美國音樂評論人、超驗主義運動者。
348　莫特利（John Lothrop Motley, 1814-1877），美國作家、外交家。

「他是這個世界上優雅的存在，

他就像爐邊一團熊熊燃燒的火焰。

就像在清晨歌唱的一首美妙音樂，

他說出的振奮人心話語，

激勵著我們的心靈，

讓我們在晚上的睡眠，

變得更加柔軟與輕盈。」

霍姆斯還指出，這首詩的基調其實是向朗費羅在 1849 年出版的詩集《海邊與爐邊》的致敬。

「正如一個人在陰暗的暮色中行走，

在黑暗中聽到已故聲音，

卻看不到任何存在的形狀，

他不時地停下腳步，左顧右盼，認真地聆聽。」

「我的朋友們，就在暮色中行走吧！

我聽到你從遠方傳來的柔軟聲音。

放下腳步，認真聆聽吧，

他在說出代表著友情、舒適與幫助的話語。」

「感謝你們給予的憐憫之心！

感謝你們用沉默表達出來的善意，

這讓我明白，雖然我看似是孤身一人，

但朋友們都在我的身邊，雖然他們沒有說一句話。」

要是在其他時代或是其他國家，朗費羅肯定會成為桂冠詩人，他的形象會被製成銅像、徽章，鑄成楷模。但他的價值更展現在他的身上散發出一種共和精神，有著對這個國家最真摯簡樸的敬意。他在國外也非常受歡迎，但他卻從未得到來自牛津大學與劍橋大學給予的任何榮譽學位。直到

第二十四章　朗費羅其人

1873 年，他才成為俄羅斯科學學院的成員，1877 年，他成為西班牙學院的成員。在美國國內，他幾乎是每一個他所參加的文學俱樂部的榮譽會員。他是在郊區度過自己的成人時光 —— 他本人在《海柏利昂》一書裡就這樣描述：「枝葉繁茂美麗的劍橋」 —— 他在美國文學領域內所擁有的榮譽與地位，就好比歌德在威瑪或讓‧保羅在拜羅伊特等地所占據的地位。朗費羅得到這些榮譽與地位之所以是讓人特別感到震驚，是因為他幾乎從來不參加什麼公共集會，也很少會主動給予別人建議或是採取一些社會行動，民眾甚至都很少能夠見到他。但是，他的個人能量始終都在正確的方向上釋放出來，他始終對公共事務表現出強烈的興趣，始終對他的朋友索姆奈的政治理念表示贊同。他的錢包始終都會為一切善行而打開。在某個場合，他的觀點與市政府的理念產生了衝突，當時市政府認為，為了拓展布拉特爾大街，就有必要清除道路兩旁那些「栗子樹」，這些栗子樹之前就生長在村莊鐵匠德克斯特‧普拉特家旁邊。朗費羅在這件事情上勸告政府不要這樣做，但市政府最後還是砍伐了這些栗子樹。不過，正是這些有趣的想法才讓單調沉悶的市政工作變得更有意思。朗費羅還曾向這座城市的教育管理者建議，應該讓公立學校的孩子們多前往森林裡感受自然。後來，朗費羅收到了一張扶手椅，這份意想不到的禮物讓朗費羅內心的不滿情緒得到了緩解，但卻給他人帶來了一些懲罰。因為友善的朗費羅表示，任何想要前來他家欣賞這張扶手椅的孩子，都要被趕出去。而孩子們那些沾滿泥土的雙腳走在大廳裡，會讓家裡的女傭人根本清掃不乾淨。因此，朗費羅的名字就成了孩子們一個家喻戶曉的名字。在慶祝劍橋定居點成立兩百五十年的慶典上（1880 年 12 月 28 日），大約有一千名來自語法學校的孩子們紛紛前來看望這位滿頭白髮、面容慈祥的老詩人。為了滿足大家對他發表演說的期望，朗費羅破例發表了一篇演說，這也許是他人生中的第一次。

在由市長主持的儀式典禮上，朗費羅發表了一篇簡短的演說。之後，喬治·里德爾朗讀了朗費羅創作的一首詩歌〈坐在扶手椅上的感想〉。這首詩歌是朗費羅為孩子們創作的。朗費羅在演說中這樣說：

我親愛的年輕朋友們：我無法站起身給你們發表演說，而是想要找一些藉口來推辭這次演說。我知道有句諺語是這樣說的：那些為自己找藉口的人，其實就是在責備自己。我願意在這樣的場合下責備自己，因為我與你們中的一些人都有一樣的感想，就是當你們被突然叫到教室，然後在毫無準備的情況下說一些話。我很高興能夠見到你們，聽到你們的聲音。我也很高興能有這樣的機會用散文來感謝你們，正如你們兩年前為我創作了一些代表著美好情感的詩歌作為送給我的禮物。也許，你們中的一些人可能已經忘記了，但我沒有忘記這件事。我認為 —— 是的，我認為五十年之後，當你們在這樣的場合下慶祝劍橋定居點成立三百周年的時候，今天發生的事情可能都會從你們的記憶裡消失了。正如一位英國哲學家所說的，在我們去世之前，我們的很多想法與回憶其實早就離我們遠去了。對我們來說，我們的心智會慢慢地走向墳墓，雖然雕像與大理石會依然存在。但是，雕像上的文字會慢慢被時間所抹去，很多美好的意象會慢慢消失。

在朗費羅七十五歲生日的時候，劍橋地區的一些學校都為他舉辦了生日慶祝活動。在附近的其他城市，也有慶祝他生日的一些活動。

上文已經說過了，克雷吉屋是朗費羅居住的地方。在這座古老莊重的建築物裡，居住了他這樣一位受人尊敬的詩人，他每天在這裡忙著工作，不斷累積著文學層面上的成就。我們會發現他坐在案桌前，案桌上擺放著柯勒律治當年用過的墨水瓶，然後回覆西部一些城市的學生的來信 —— 這些信件的數量實在太多了，但朗費羅總是懷著愉悅的心情去回覆。漸漸

第二十四章　朗費羅其人

地，這就變成了他的一個負擔了。在他的書房裡，有一個雕刻而成的書架，裡面擺放著一件無價的文學珍寶 —— 就是他個人作品的各個不同版本。這些作品是非常具有價值的，而且還有他的一些手稿。這些文稿都得到了非常妥善的保管，並且按照他的要求裝訂。他的這些手稿通常有三個不同的版本：一個是原始的手稿，一個是寄給印刷工人的修改版本，最後一個則是修改之後的樣章版本。他的朋友們不止一次建議他建造一座防火的建築，用來保存這些珍貴的手稿。正如華盛頓當年在其他地方保存自己的一些檔本一樣。但是，朗費羅用冷靜而平和的口吻回答說：「如果這座房子被燒掉了，那麼就讓房子裡面的這些文稿也一同被燒掉吧。」

晚年的朗費羅仍然專注於創作，但他不像在個人名聲與受歡迎程度達到巔峰時那樣，經常受到別人的打斷了，這是讓我們感到驚奇的。在過去的半個世紀裡，朗費羅在克雷吉屋接待了前往波士頓來自世界各地的名人，他始終用同等的友善情感來接待他們，就像愛默生與索姆奈那樣，用平等的方式去對待一切來訪者。不過，他不像奧斯卡·王爾德那樣，不願意接受別人給予的幫助。在他所居住的那個房間裡，他做出了難以計數的善舉與優雅的舉止，從未對任何人說過嚴厲的話語。直到人生的最後時刻，他仍然保持著對年輕人的憐憫心，始終懷著自由進步的思想。事實上，朗費羅在公共責任方面的最後行為，就是在向麻州立法機構的請願書上簽名，懇求州政府能夠幫助那些殘疾人，不要任何形式地迫害那些無神論者。

雖然年事已高，但晚年的朗費羅仍然保持著相對健康的身體。直到他去世前的三個月，他的身體狀況才開始慢慢惡化。一天晚上，當朗費羅在相對健康的情況下躺在床上休息，第二天早上醒來的時候，卻感覺頭暈目眩，無力起床，並且感覺到頭部隱隱作痛。在接下來的一週裡，朗費羅都因為感到頭暈目眩，而無法在房間裡來回走動。雖然他頭暈目眩的症狀慢

慢有所減輕，但他的頭部疼痛卻沒有消失，這消耗了他大量的身體能量，讓他食慾不振。朗費羅立即接受了這樣的事實，沉默地回到自己的房間，拒絕除了家人之外任何的拜訪者，並且列印出一份聲明給他的女兒，告訴所有來訪者具體的情況。在他人生的最後三個月裡，朗費羅也許無法寫下三十多封信件，雖然他也見到了一些拜訪者，但他拒絕去見更多的拜訪者。有時，他會在露天廣場上來回走動，或是在克雷吉屋附近的那條大街上散步，但他再也不接受任何邀請了，大部分時間是待在家裡。2 月 27 日是他七十五歲的生日，他在家裡安靜度過的，雖然很多人都在其他地方為他慶祝生日。3 月 19 日，週日。病魔突然襲來，朗費羅這次出現的症狀，與之前出現的症狀似乎沒有必然的關聯。不過，朗費羅的人生顯然是慢慢地走向了終點。1882 年 3 月 24 日，週五下午，朗費羅因腹膜炎發作而去世。

也許，隨著時間的流逝，人們會慢慢發現，朗費羅這一生對這個世界最大的貢獻 —— 除了他的思想喚醒世人以及給讀者帶來的思想震撼之外 —— 就是他以一種務實勤奮的方式，成為了第一位將美國本土文學發揚光大，並推廣到世界的文人。身為一個有著超乎常人智慧的人，他是唯一一位始終追求生命的純粹性與至高性的人，盡一切努力去呈現出民族文學與文化的重要性。在他之前，華盛頓·歐文主要是生活在歐洲，布萊恩特則是在一份報紙辦公室裡工作。在朗費羅生前的朋友當中，霍姆斯追求著某種精確的科學知識，羅威爾與惠蒂埃則尋求著改革，索姆奈則是努力成為一名政治家，愛默生則追求著精神與神祕主義的價值。甚至連羞澀的霍桑都在美國國內與歐洲大陸的公共事務上形成了一定的作用。而朗費羅就是這樣一個人，他在那個安靜的書房裡所寫下每一句話，都會直抵世界各地遙遠民眾的心中，並且被翻譯成世界不同國家的語言。若是我們將朗費羅的人生單純視為對物質主義崇拜的解藥，那麼他的人生也是具有無法

估量的價值。當我們認真審視朗費羅的時候，就會發現無論多麼純粹的物質主義思想是如何影響他，他都知道如何自我約束。朗費羅看似平凡的文學生涯，在世界的文學領域大放異彩。如若物質主義的影響力變得越來越強大，那麼我們反擊這種思潮最有利的思想武器，就是重新挖掘朗費羅所具有的精神。

附錄

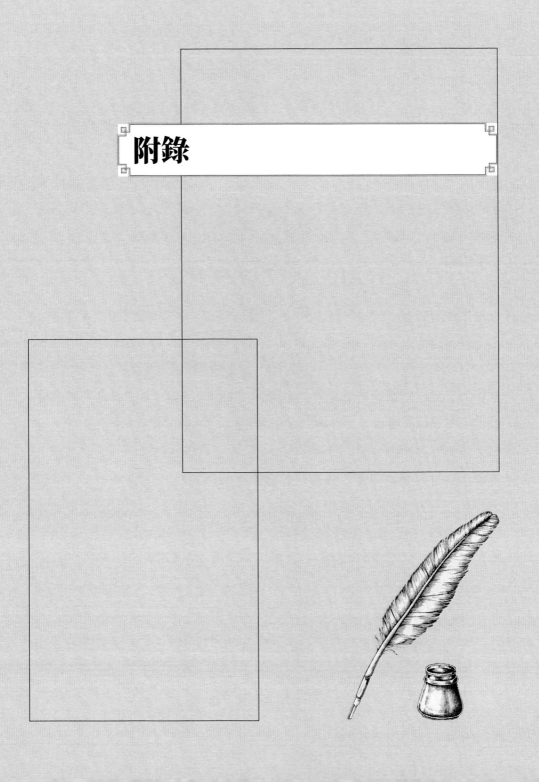

一、朗費羅家族的族譜

（出自《朗費羅傳》，薩謬爾·朗費羅著）

朗費羅這個名字，按照歷史文字紀錄去找尋，可以追溯到 1486 年英格蘭的約克郡。當時的文字紀錄出現了幾個不同的寫法，包括「Langfellay」、「Langfellowe」、「Langfellow」以及「Longfellow」（朗費羅）。有朗費羅這個姓氏人名紀錄的是來自奧特利[349]的詹姆斯·朗法利（James Langfellay）。1510 年，皮特·朗費羅（Sir Peter Langfellowe）是卡爾弗利的教區牧師。在附近的城鎮，包括伊爾克利鎮、吉英瑟萊鎮以及霍斯福斯鎮上，都有不少名叫朗費羅的人，這些人基本上都是當地的自耕農。其中一些人過著還算不錯的生活，另一些人則在教區擔任著某些職位。還有一些人曾有過法庭紀錄，因為諸如「砍伐綠色樹木」或是「偷走了公爵的木材」等罪名而遭受罰款——這些木材都是當地莊園主所種植的紫衫木，他們認為自己有權力將這些木材偷走，然後做成弓箭。其中一個名叫朗費羅的人是馬路監督者，另一個則是伊爾克利[350]地區的教堂看守人。

按照檔案記載，詩人朗費羅的祖先是來自霍斯福斯鎮[351]。我們從歷史文獻裡，發現在 1625 年，就有關於愛德華·朗費羅的描述（也許，這是源於伊爾克利鎮）購買了霍斯福斯鎮的一座「城鎮房子」。在 1647 年的時候，愛德華·朗費羅去世之後，將他的房子與土地都留給他的兒子威廉。這位威廉是一個生意做得不錯的呢絨商，居住在這間房子裡。除此之外，他還有另外三間房子與木屋（因為他曾要為「四個壁爐」支付稅款），這

349　奧特利（Otley），英格蘭西約克郡利茲都會區的一個城市。

350　伊爾克利（Ilkley），英格蘭的一個城鎮和民政教區，也是一個溫泉療養城市，位於北英格蘭西約克郡，在歷史上屬於西約克郡。

351　霍斯福斯鎮（Horsforth），位於英格蘭西約克郡利茲的小鎮，19 世紀末期，一度成為英格蘭人口最多的城鎮之一，1974 年併入利茲都市自治市。利茲三一大學位於此地。

些房子帶有花園、柵欄以及小農場。威廉有兩個兒子，分別是南森與威廉，還有四到五個女兒。威廉在吉英瑟萊（霍斯福斯的教區教堂）裡接受洗禮，時間是 1650 年 10 月 20 日。

在美國出現的第一個朗費羅，就是這位威廉，他是霍斯福斯鎮那位威廉的兒子。大約在 1676 年，年輕的威廉就移民到了麻州的紐伯里波特地區。沒過多久，他就娶了紐伯里波特地區亨利·休厄爾的女兒，薩謬爾·休厄爾的妹妹安妮·休厄爾為妻子。之後，威廉成為了麻州第一位法官。威廉從岳父那裡得到了一塊農場，這塊農場位於比菲爾德教區，靠近派克河附近 [352]。很多人對威廉·朗費羅的評價是「一個接受過良好教育的人，但卻有點狂野」，或是如某些人所說的「並不像其他的清教徒一樣」。1690 年，身為埃塞克斯軍團在紐伯里波特連隊的海軍少尉，威廉·朗費羅加入了由威廉·菲普斯指揮的反抗魁北克人的遠征部隊，這次遠征最後的下場非常糟糕。返回的路上，他們在聖勞倫斯海灣遭遇了一場強烈的暴風雪。其中一艘戰艦在安迪科斯蒂島海域遭遇海難，威廉·朗費羅與另外九名士兵都淹死了。威廉·朗費羅去世後，留下了五個孩子，排行第四的是史蒂芬一世，他自力更生，成為了一名鐵匠。他娶了紐伯里波特愛德華·湯普森牧師的女兒阿比蓋爾為妻。他們排行第五的孩子史蒂芬二世，於 1723 年出生，他是一個聰明的孩子，後來進入哈佛學院就讀，在 1742 年獲得第一個學位，在 1745 年獲得第二個學位。1746 年（他之前在約克的一所學校擔任過老師），他前往緬因州的波特蘭（當時這座城市叫法爾茅斯），成為其中一所城鎮學校的校長 [353]。

352　……靠近派克河附近：1680 年，薩謬爾·休厄爾寫信給他在英國的哥哥：「姐夫朗費羅的父親威廉居住在利茲附近的霍斯福斯鎮。記得跟他老人家說，他的兒子是一個身強體壯的人，有著一大片土地，而且還有很多牲畜。我的父親已經給了一百英鎊，幫助他還清了債務。」1688 年，威廉·朗費羅第一次進入了紐伯里波特的城鎮紀錄裡，紀錄裡寫著「兩間房子，六塊耕地，多塊草地」等等。一年前，朗費羅曾回到霍斯福斯的老家祭拜。

353　……成為其中一所城鎮學校的校長：1744 年 11 月 15 日，該城鎮一名牧師邀請他前來這裡擔任校長：「先生：我們這裡需要一名校長。普拉斯特德先生提到了你現在可以前來。如果你願意

他贏得了當地社區民眾的尊重，以至於後來擔任了一些重要職位，先後成為了教區職員，城鎮牧師、遺囑認證登記員以及法庭職員。當波特蘭這座城市在 1775 年被暴徒焚毀的時候，他的家也遭到了破壞。他搬到了戈勒姆地區居住，並在這裡一直生活到了 1790 年去世。據說，他是一個虔誠、正直與充滿榮譽感的人，最喜歡閱讀關於歷史與詩歌方面的書籍。史蒂芬生前娶了約克薩謬爾·布拉格登的女兒塔比瑟為妻子。他們最大的兒子史蒂芬三世生於 1750 年，繼承了父親的名字與農場。1773 年，他娶了約克地區的佩興斯·揚為妻子，之後代表這個城鎮在麻州擔任了八年的議員。幾年後，他又代表當地選區擔任了幾年的州議員。從 1797 年到 1811 年這十四年裡，他擔任著民事訴訟法庭的法官，以其正直公正的判決而聞名。他的第二哥兒子史蒂芬四世生於 1776 年，1798 年畢業於哈佛學院，後來在波特蘭從事法律研究工作。1801 年，他成為了康伯蘭律師協會成員，很快就成為了這個協會的著名人物。1814 年，身為聯邦黨黨員，他被派到擔任麻州立法機構擔任代表。1822 年，他當選為國會眾議員，但他只擔任了一期。1828 年，他在鮑登學院獲得了法學博士學位，他也在這所學院擔任了十九年的理事會成員。1834 年，他當選為緬因歷史協會的會長。他在 1849 年去世，因為其正直的品格、強烈的公共精神、慷慨大度以及友善的行為而受到人們的贊許。1804 年，他娶了波特蘭地區華茲華斯將軍的女兒西帕為妻子。在他們婚後生育的八個孩子裡，亨利·華茲華斯排在老二。朗費羅是按照他的舅舅，一位英勇的年輕海軍中尉來命名的。朗費羅的這位舅舅在 1804 年 9 月 4 日夜晚在的黎波里爆發的與阿爾及利亞人海戰中，壯烈犧牲。亨利·華茲華斯·朗費羅生於 1807 年 2 月 27 日，

在這裡任教的話，那麼你肯定能夠得到我們的慷慨對待，肯定會感到非常滿意的。我希望你能盡快過來，千萬不要對此有任何疑問，你在這裡肯定會感到順心隨意。永遠忠實於你的僕人湯瑪斯·史密斯」另外附注：「我是以城鎮委員會的名義寫這封信給你的。如果你因為各種原因無法前來，請務必第一時間通知我們。在這個貨幣貶值的時代，你第一年的薪水將有兩百英鎊。」

1825 年畢業於鮑登學院，1829 年被任命為鮑登學院當代語言學教授。1831 年，他娶了瑪麗・斯托勒・波特（波特蘭地區巴雷特・波特的女兒）為妻子。不幸的是，瑪麗・波特在 1835 年去世。1836 年，朗費羅被哈佛大學任命為當代語言學與純文學教授，並且擔任教授一職直至 1854 年。1843 年 7 月，朗費羅再婚，娶了波士頓地區南森・阿普頓的女兒法蘭西斯・伊莉莎白・阿普頓為妻。阿普頓在 1861 年去世，他們的孩子有查爾斯・阿普頓、歐尼斯特・華茲華斯、法蘭西斯（早年夭折了）、愛麗絲・瑪麗、伊蒂絲以及安妮・阿萊格拉。朗費羅於 1882 年 3 月 24 日去世。

二、惠特曼對朗費羅的悼念文章

　　1882 年 3 月 24 日，朗費羅逝世。4 月 3 日惠特曼發表了悼念文章，讓人嘆惋，尤其可貴的是此文不長，但內涵豐富、情真意切，表達了惠特曼對朗費羅的評價、尊重和高度的認可。

　　1882 年 4 月 3 日，坎登。我剛剛從一片老林子裡散步回來，我喜歡偶爾去到哪裡，離開客廳、人行道和報紙雜誌 —— 就在那裡，一個晴朗的上午，在松樹、杉樹和糾結的老月桂和葡萄藤的陰影深處，我首先獲悉了朗費羅去世的消息。地上的常春藤清新茂密，蜿蜒穿過我腳邊的死葉。因為沒有更好的東西，我就把一些常春藤輕輕編成一個小枝，在寂靜中獨自沉思了半個小時，然後把它作為獻禮放在死去詩人的墳上。

　　在我看來，朗費羅卷帙浩繁的作品，不僅僅在詩的表現的風格與形式上是傑出的，象徵著當今的時代（一種帶有個人氣質的，幾乎有些病態的口頭旋律），而且總是給普通人的心靈和趣味帶來最可貴的東西，也許事情的本質就是如此。他是那樣一種詩人和中和劑，是我們物質主義的、專斷孤行的、拜金的央格魯撒克遜種族最為需要的，尤其是當前時

代的美國 —— 這個時代受到工廠主、商人、金融家、政客和零工的專橫控制 —— 身為一個講求旋律、謙恭而遵從的詩人，他為了他們出現了，置身於他們中間 —— 他是義大利、德國、西班牙和北歐往昔那柔和晨光的詩人 —— 是最有同情心的溫和的詩人 —— 也是婦女和年輕人的詩人 —— 如果讓我列舉出為美國做下了比朗費羅更多價值更大貢獻的人，我必須思考很久。我懷疑，以往是否有過具有如此優美的直覺判斷和選擇的詩人。據說他翻譯的大量德國和斯堪的納維亞詩歌比原文還要精彩。他既不催促，也不鞭策。他的影響就像好的飲料或空氣。他絕不溫暾，而是始終充滿生命力，風趣，有動感，優雅。他能感動眾多的普通人，他不歌唱裡外的激情，或者人類不規則的膽大妄為。他不具有革命性，他不寫冒犯人的或新的東西，他不發動猛攻。相反，他的歌是安慰人的和治癒創傷的，如果它們讓人興奮，那也是一種有益健康的愜意的激動。他的憤怒是溫和的，是間接的（就像在《混血姑娘》和《見證》中那樣）。

朗費羅的詩歌中沒有任何不恰當的憂鬱成分。甚至在早期的譯作〈曼里克〉中，那樂章也彷彿強勁的風和持續的潮汐，蓬勃向上，令人鼓舞。他的許多詩歌的主題沒有避開死亡，但是在他關於死亡這個可怕主題的原創詩歌和譯詩中，有什麼東西幾乎總是占著上風 —— 正如〈最幸福的樂土〉的結尾所爭辯的：然後那地主的女兒／向天空舉起手，說／「你們不要再爭了，那裡才是最幸福的樂土。」

有人粗暴地指責他缺乏純正的本土特色和特殊的獨創性，我只能說，美國和世界最好是充滿敬意地感謝 —— 這種感謝從不為過 —— 幾個世紀所奉獻的這樣的歌者，不要要求他的音符不同於那些其他歌手。再補充一點，我曾聽朗費羅本人說過，如果這個新世界想要有有價值的獨創，能夠讓自己和自己的英雄為人所知，它就必須先被別人的獨創性充滿，恭敬地考慮所有在阿加曼農之前生活的英雄。

三、惠特曼《向四詩人的獻禮》

　　1881 年 4 月，惠特曼到波士頓的霍桑紀念館發表紀念林肯的演講，16日專程拜訪了朗費羅，並寫下了如下文章：

　　4 月 16 日。短暫而愉快地拜訪了朗費羅。我不是那種值得拜訪的人，但是，身為《伊凡吉琳》的作者，三年前他不嫌麻煩地來坎登看我，當時我正在生病，對此我不僅僅感到愉快的激動，也感到了責任。他是我在波士頓拜訪的唯一的一個特殊的名人，我很難忘記他微笑的發亮的臉，閃耀著溫暖和謙恭有禮，舉止完全是所謂的老派風度。就在此刻，我衝動地想插幾句，談談關於這四位大詩人的事情，是他們把詩歌文學誕生的標記打在美國第一個世紀身上。在最近的一期雜誌上，我的一個本應當對事情再多了解一些的評論者，說我對這些領先詩人的態度是「輕蔑、傲慢和偏執的」，說我「嘲笑」他們，鼓吹他們的「無用性」。如果有人想知道關於他們我是怎麼想的 —— 長期以來我的想法和我所公開承認的事實 —— 我完全願意提起討論。詩歌的開始與啟蒙源於愛默生、朗費羅、布萊恩特和惠蒂埃，我無法想像還有比這更好的幸運落在美國身上。在我看來，愛默生無疑名列其首，至於其他人我就不知道如何安排他們的順序了。每一個都傑出，都完美，都獨特。愛默生的詩歌甜美柔和，旋律充滿活力，他的詩歌是有韻的哲學，琥珀般透明，就像他喜歡歌唱的野蜂的蜂蜜一樣。朗費羅的色彩豐富，形式與內容優雅 —— 這一切都能使生活美好，愛情雅致 —— 他足以和歐洲同類詩人相媲美，且有過之無不及。布萊恩特啟動了一個巨大世界最初的內在的詩的脈搏 —— 他是河流與森林的歌手，給我們帶來了戶外的氣息，乾草、葡萄、赤楊生長的邊界的芳香 —— 他始終對輓歌懷有眷戀 —— 他漫長生涯的開始和結束都伴隨著對死亡的詠唱，他的全部詩歌，或者是詩歌的片段，都不是地觸及最高的普遍真理，

熱情與責任 —— 與埃斯庫羅斯一樣觸及到了嚴酷而永恆的道德，儘管沒有後者那麼狂暴和命運攸關。惠蒂埃的主題很特殊 ——（他明顯鍾情於英雄主義和戰爭，儘管他是公誼會教徒，他的詩歌有時就像克倫威爾老兵整齊劃一的腳步）—— 惠蒂埃身上的熱情與道德力量，為新英格蘭奠定了路德、彌爾頓、喬治·福克斯的正直與熱忱 —— 我沒有必要，也沒有膽量，說那是固執和狹隘 —— 可是無疑，現在的世界需要，且將始終需要的，恰恰就是這樣的狹隘與固執。

四、朗費羅短詩歌選粹

箭與歌

我向空中射出一支箭，
射出去就看不見了。
他飛得那麼快，
誰知道他飛得多麼遠？

我向空中唱了一支曲子，
那歌聲四散飄揚了。
誰也不會知道，
他飄到天的那一方了。

過了許久許久的時間，
我找到了那支箭，
釘在了一棵老橡樹枝頭，
箭桿還沒有斷。

那支曲子，我也找到了，
說破了倒不稀奇，
那支曲子，從頭到尾，
記在一個朋友的心坎裡。

夜的讚歌

我聽見夜的垂曳的輕裳
拂過她的大理石廳堂！
我看見她的貂黑的衣裙
綴飾著天國宮牆的螢光！

從那強大的魅力，我察覺
她的風姿從上空俯臨；
夜的端凝，沉靜的風姿，
宛如我的戀人的倩影。

我聽到歡愉的、哀怨的歌聲，
多種多樣的柔和韻律，
洋溢在精靈出沒的夜宮，
好似古代詩人的詩句。

午夜的空氣如清涼的水池，
靈魂向這汲取安舒；
永恆和平的神聖泉水
就從這些深池裡流出。

夜啊！你叫我學會忍受
人們曾經忍受的一切！
你手指輕觸「憂傷」的唇吻，
他便悄然停止了嗚咽。

像俄瑞斯忒斯，我祈求寧靜！
受歡迎、被祈求、最可愛的夜
展開她廣闊無垠的翅膀
飛行者，降臨我們的世界。

更高的目標
阿爾卑斯山，夜色已降臨，
村子裡走過一個青年人；
冰雪中，他舉起一面旗幟，
旗上有一句古怪的題詞：
「更高的目標！」

他的面容憂鬱，他的眼
光焰灼灼，像出鞘的短劍；
那一句神祕言辭的音調
鳴奏如一支嘹亮的銀號：
「更高的目標！」

他看見一個個安樂的家庭，
融融的爐火溫暖又光明；
而高處，冰河閃閃如鬼魅，
他唇中逸出了一聲低唄：
「更高的目標！」

老人說：「莫想通過那隘口！
陰沉沉的暴風雪快要臨頭，
又寬又深的飛湍在咆哮！」
然而那號聲響亮地答道：
「更高的目標！」

少女對他說:「別走了,停下來,
把困倦的頭頸偎在我胸懷!」
他炯炯的藍眼閃著淚花,
嘆息了一聲,仍然回答:
「更高的目標!」

「當心松樹的斷梗枯枝!
當心雪崩和滾落的土石!」
這是農人最後的叮嚀
有聲音回答,越過岡陵:
「更高的目標!」

第二天天光破曉的時分,
聖伯納德的虔敬的僧人
向蒼穹唸誦陳舊的禱語,
有呼聲掠過受驚的天宇:
「更高的目標!」

獵犬發現了一個過客,
半截身子被白雪覆沒,
冰封的手裡仍然牢執
那面旗,旗上有古怪的題詞:
「更高的目標!」

躺在冰冷的灰白曙光裡,
他失卻生命,但是美麗;
從那明淨邈遠的天廷
落下來一個聲音,像隕星:
「更高的目標!」

人生頌

不要在哀傷的詩句裡告訴我：
「人生不過是一場幻夢！」
靈魂睡著了，就等於死了，
事物的真相與外表不同。

人生是真切的！人生是實在的！
它的歸宿絕不是荒墳；
「你本是塵土，必歸於塵土」，
這是指軀殼，不是指靈魂。

我們命定的目標和道路
不是享樂，也不是受苦；
而是行動，在每個明天
都超越今天，跨出新步。

智藝無窮，時光飛逝；
這顆心，縱然勇敢堅強，
也只如輦鼓，悶聲擂動著，
一下又一下，想墳地送葬。

世界是一片遼闊的戰場，
人生是到處紮寨安營；
莫學那聽人驅策的啞畜，
做一個威武善戰的英雄！

別指靠將來，不管它多可愛！
把已逝去的過去永久掩埋！

行動吧 —— 趁著活生生的現在！
胸中有赤心，頭上有真宰！

偉人的生平啟示我們：
我們能夠生活得高尚，
而當告別人世的時候，
留下腳步在時間的沙上；

也許我們有一個弟兄
航行在莊嚴的人生大海，
遇險沉了船，絕望的時刻，
會看到這腳印而振作起來。

那麼，讓我們起來吧，
對任何命運都勇於擔戴；
不斷地進去，不斷地追求，
要善於勞動，善於等待。

逝去的青春

那美麗的古城常叫我懷想，
它就座落在大海邊上；
多少次，我恍惚神遊於故鄉，
在那些可愛的街衢上來往，
儼然又回到了年少的時光。
一首拉普蘭民歌裡的詩句，
一直在我記憶裡迴盪：
「孩子的願望是風的願望，
青春的遐想是悠長的遐想。」

附錄

我望見蔥蘢的樹木成行，
從忽隱忽現的閃閃波光，
瞥見了遠處環抱的海洋；
那些島，就像是極西仙境，
小時候惹動我多少夢想！
那首古老民歌的疊句，
依舊在耳邊喃喃低唱：
「孩子的願望是風的願望，
青春的遐想是悠長的遐想。」

我記得烏黑的碼頭和船臺，
海上恣意奔騰的潮汐；
滿嘴鬍鬚的西班牙水手，
一艘艘船舶的壯麗神奇，
茫茫大海誘人的魔力。
那縈迴不去的執拗歌聲，
仍然在那裡又唱又講：
「孩子的願望是風的願望，
青春的遐想是悠長的遐想。」

我記得岸上的防禦工事，
記得山頭聳立的碉樓；
日出時，大炮隆隆怒吼，
鼙鼓一陣陣擂響不休，
號角激昂銳利的吹奏。
那首民歌的悠揚曲調
依然波動往我的心頭：

「孩子的願望是風的願望，
青春的遐想是悠長的遐想。」

我記得那次遠處的海戰，
炮聲在滾滾浪潮上震盪；
兩位船長，在墓中安躺，
俯臨著寂廖寧靜的海灣——
那就是他們戰死的沙場。
那哀怨的歌聲往復迴翔，
顫慄的音波流過我心房：
「孩子的願望是風的願望，
青春的遐想是悠長的遐想。」

我看見微風裡林木亭亭，
荻嶺森林灑落著陰影；
舊日的友誼、早年的戀情，
以安舒的音調回到我心裡，
宛如幽靜鄰里的鴿鳴。
那古老民歌的甜美詩句，
依稀在低語，在顫動不停：
「孩子的願望是風的願望，
青春的遐想是悠長的遐想。」

我記得縷縷的亮光和暗影，
翩翩掠過我童稚的心靈；
心底蘊藏的歌聲和靜默
有幾分是預言，還有幾分
是狂熱而又虛幻的憧憬。

聽啊，那起伏不定的歌聲，
還在唱著，總也不平靜：
「孩子的願望是風的願望，
青春的遐想是悠長的遐想。」

有一些夢境永不會泯滅；
有一些情景我無法傾訴；
有一些愁思，使心靈瘦弱，
使臉色蒼白 —— 像白蠟新塗，
使眼睛溼潤 —— 像蒙上潮霧。
那句不詳的歌詞
一個寒顫落到我身上：
「孩子的願望是風的願望，
青春的遐想是悠長的遐想。」

當我重臨這親愛的古城，
眼中的景象已這般陌生；
但故鄉的空氣甘美而純淨，
熟識的街衢灑滿了樹影，
樹枝上下擺動個不停，
都在唱著那動人的歌聲，
在低聲嘆息，在曼聲吟詠：
「孩子的願望是風的願望，
青春的遐想是悠長的遐想。」

懷著近似痛苦的歡欣，
我的心魂向故國飛奔；
荻嶺森林秀麗而鮮潤；
從一一重溫的繽紛舊夢裡，

我又覓回了逝去的青春。
樹叢還在反覆地吟唱，
那奇異而又美妙的詩行：
「孩子的願望是風的願望，
青春的遐想是悠長的遐想。」

日落

夏日落在天邊，
樹梢紅光突現；
毗鄰教堂塔尖，
風信雞通體火豔；
低處陰影一片。

啊，美麗敬畏的夏日，
你給予什麼，又帶走什麼？
生與死，愛與恨，
幾家幸福，幾家孤寂，
有心歡喜，也有心戚戚！

再走一里生命路！
再翻一頁生命書！
落日似枚紅印章，
將人之善惡封緘 ——
今日一去不復還！

失與得

當我把我的失去和得到
我的錯過和抵達

做個比較，
起碼的自滿都蕩然無存。

我深深感到
多少日子被蹉跎，
良好的用心像一隻箭
沒有抵達更偏離靶心。

但誰敢用
這樣的方式來衡量得與失？
失敗可能是勝利的偽裝，
低潮就是高潮的開始。

鄉下鐵匠

一棵栗子樹延伸寬廣，
鄉下鐵匠鋪靠在樹旁；
鐵匠是有有力氣的漢子，
一雙大手又粗又壯；
胳臂上鼓鼓囊囊的筋肉
結實得就像鐵打的一樣。

他捲曲的頭髮又黑又長，
臉色像樹皮一樣焦黃；
額上淌的是老實人的汗水，
憑力氣做事，取得報償；
他揚眉睜眼望著全世界，
因為他不欠任何人的帳。

一週連一週，早上到晚上，
聽得見他那鳴奏的風箱；
聽得見他掄起沉重的大錘，
節奏分明，緩慢地敲響，
像教堂司事把晚鐘敲動，
當夕陽漸漸沉向西方。

每天，孩子們放學回家，
從敞開的門口向屋裡張望；
他們愛著那紅紅的爐火，
愛聽那嗚嗚吼叫的風箱，
捕捉那爆出的火花點點，
像打穀場上飛迸的穀糠。

一到星期天，他就上教堂，
坐在他的孩子們中央；
他聽牧師講道和祈禱，
也聽村裡唱詩班合唱，
聽出了他的女兒的嗓音，
使他止不住心花怒放。

他聽來，這嗓音就像她母親
歌唱在光明聖潔的天堂！
他不禁又一次把她懷想：
不知道墓穴裡她睡得怎樣？
他用又粗又硬的大手
把一滴淚水抹出了眼眶。

辛苦勞作 —— 快樂 —— 悲傷，
一步步走在人生的路上；
每天早上有活計開始，
每天晚上有活計收場；
有的起了頭，有的做完了，
為他賺來了一夜的酣暢。

謝謝你了，我可敬的朋友！
謝謝你的教益和榜樣！
我們的命運也得要錘鍊，
要經受人生的爐火風箱；
在叮噹震響的鐵砧上錘出
火花四射的事業和思想。

斯普林菲爾德兵工廠

這是國家兵工廠，從地板到天棚，
雪亮的槍炮矗立，像巨大的風琴；
沉默的發音管還沒有奏出樂曲，
以異樣的恐怖震駭鄰近的鄉村。

當死神觸動這些靈魂的琴鍵，
會響起何等野蠻淒厲的聲音！
那種可怕的交響樂會混合著
多少人震耳的啼哭，慘痛的悲鳴！

我聽見無休無盡的凶殘合唱，
痛苦掙扎的叫喊，不斷的呻吟，
經歷了冉冉逝去的悠長歲月，
久遠的餘音一直迴響到如今。

撒克遜鐵錘在鐵盔鐵甲上震響，
幸勃利叢林中唱起北國之歌；
無邊無際的擾攘喧嘩裡，聽得見
韃靼的銅鑼狂鳴在遼遠的荒漠。

我聽見佛羅倫斯人在他的宮廷，
敲動了軍用大鐘，噪音可怖；
阿茲特克的祭祀站在神壇上，
動動擂響駭人的蟒皮戰鼓；

遭劫，被焚的村莊一片哭叫；
驚呼怒吼淹沒了喃喃禱告；
士兵在搶來的帳物中狂歡痛飲；
圍城裡處處饑民斷續哀嚎。

爆炸的炮彈，歪斜破裂的門框，
相擊的白刃，連續發射的步槍；
有如貫耳的雷霆陣陣轟鳴，
是一尊大炮放開嗓門高唱。

人啊！你就用這樣刺耳的喧囂，
用這些急管繁弦的嘈雜合奏，
去淹沒大自然甜美溫柔的萬籟，
去干擾天使們和諧宛轉的歌喉？

只消把一半製造恐怖的力量，
把一半供給兵營和宮廷的資財，
拿來拯救人類迷誤的心靈，
就再也用不著兵工廠，用不著要塞！

讓武士的稱號成為可鄙的稱號！
不管哪一個國家，再敢舉起手來
去打擊一個弟兄，那麼，就叫它
千秋萬世承受該隱的詛咒！

一代又一代，直到朦朧的未來，
喧囂越來越微弱，終於寂靜；
有如洪鐘的鳴奏，莊嚴，甘美，
我又聽到基督的聲音：「和平！」

和平！戰爭的大風琴再也不能
粗腔怪調發出震天的雷鳴！
愛的聖潔樂章將徐徐響起，
像仙人歌曲一般悅耳動聽。

小溪和海浪

小溪從山上流下，
像詩人邊游邊唱，
用它那銀白的腳
奔跑在金黃的沙上。

在那遠遠的鹹水洋，
騰躍著狂暴的海浪，
忽而高歌在海灘畔，
忽而怒吼在洞穴旁。

儘管相隔這麼遠，
小溪也找到了海浪，

用清新、甜美來注滿
那狂暴、苦澀的心腸。

五、朗費羅敘事詩歌背景故事選粹

伊凡吉琳

在阿卡迪亞山谷裡有一個小村莊，叫做蘭德雷。那裡的居民都是身強體壯的法國農民，他們勤勞、友好，又都慷慨大方。雖然地處偏僻，但這裡非常富饒。他們有物共用，不知道什麼叫貧困。農舍的門窗從來也不上鎖，就像它們主人的心靈一樣。

離村子不遠處住著一個富有的農民，叫班尼迪克特，他是個正直威嚴的人。他已經七十歲了，和唯一的女兒伊凡吉琳住在一起，享受著天倫之樂。伊凡吉琳十七歲，是個可愛的少女。她長著黑眼睛和棕色捲髮，非常漂亮。每當禮拜天早上，她戴著諾曼式的帽子，穿著藍長裙前去教堂時，四周總有愛慕的目光跟隨著她，無疑她是村子裡最漂亮的女子。

她有許多求婚者，可她意中的是鐵匠巴澤爾的兒子，年輕的加布里埃爾。巴澤爾和班尼迪克特是老朋友了，他們的兒女是青門竹馬一起長大的。他們學習一樣的課程。分享一樣的運動休閒。隨著年齡增長，兩個年輕人的愛情也日益加深，在他們父親的讚許下，他們的婚禮即將舉行。

一天傍晚，班尼迪克特坐在壁爐邊，伊凡吉琳在他旁邊紡紗。那個時候，一個勤勞的主婦要負責製作所有新居需要的麻紡織品。門推開了，巴澤爾鐵匠和兒子走了進來。兩個老人同往常一樣，搬了兩個凳子坐在壁爐邊，抽起了菸斗，兩個年輕人走到窗邊談論起他們的未來。

巴澤爾說：「我不喜歡現在的形勢，英國艦艇停在我們的港口，炮口對著我們；我們不知道他們的意圖是好是壞，但是我們被通知明天去 的教堂集合，英國將軍將有命令給我們。」

班尼迪克特說：「不要悲觀地看待目前的情況，別忘了，既然這個地方現在屬於英國，我們自然就得遵守新的法規。我們都是遵紀守法的人，他們不會傷害我們的。」

「英國人不會忘記我們曾幫助法國軍隊抗擊他們，」鐵匠說，「很多村民都擔心他們會報復，有些人帶著武器逃到森林裡去了。」

樂觀的班尼迪克特說：「怕什麼，我的朋友，不管怎樣，今天晚上，這屋裡是太平的。我們還是來談談孩子的婚事吧，他們的房子已收拾好，倉裡也放好了稻草，萬事俱備，只欠東風了。」

兩人正說著，聽到有人敲門，尊敬的公證人貝利·華爾士來了。村子裡不平靜的消息被人們反覆討論，他說：「人有時會受到不公正的待遇，可上帝是公正的，正義終會勝利。我在法國監獄裡當俘虜時聽到這樣一個故事：在一個我記不清名字的古城裡，一根柱子上豎立著正義女神的雕像，右手拿著長劍，左手托著天平。天空中飛翔的鳥不怕那把在陽光下閃閃發亮的長劍，牠們時常停在劍上歇息，其中膽大的鳥還在天平裡做了窩。有一次，一位公主的珍珠項鍊丟失了，她那年輕女僕立刻受到懷疑，儘管沒有證據，她仍被判了死刑。她的死刑在正義女神的雕像前執行。當她無辜的靈魂升到天堂時，一陣突如其來的大風暴襲擊了城市，雕像被損壞，正義女神的天平也被拋到了街上。人們從地上撿起天平時，發現天平裡有一個喜鵲的窩，公主丟失的珍珠項鍊，原來在鳥窩裡靜靜地躺著呢！」

鐵匠一語不發，雖然他並未信服公證人的故事，但沒有對現在的情況多說些什麼。

公證人隨後拿出檔本和墨水，書寫了加布里埃爾和伊凡吉琳的結婚契約。班尼迪克特給了他一筆報酬。華爾士祝福過兩個年輕人後就走了。兩個老人定下心來玩以前的拉網遊戲，兩個相愛的人依偎在一起，坐在窗臺上看月亮和星星。到九點鐘，村裡的晚鐘敲響，巴澤爾鐵匠和他的兒子起身告辭了。

第二天，婚禮在班尼迪克特的果園裡舉行。年輕人隨著邁克爾拉的小提琴曲子翩翩起舞。在參加婚禮的人當中，加布里埃爾最英俊，伊凡吉琳最漂亮。

早上就這麼過去了。不久，教堂的鐘聲鼓聲齊鳴，召集人們前去集會。婦女們被吩咐在教堂外的墓地等候，男人們都進了教堂。一隊士兵從英國艦艇上走下來，走進教堂裡，他們進去後，教堂的大門關上了。人們急切地想知道會發生什麼事。

英國指揮官登上祭壇說：「國王給了我一個痛苦的任務，受他的旨意，你們的土地、住所、牲畜從今天起全歸皇室。你們要被送到另一個地方去。現在我宣布，你們的身分是囚犯。」

人群中立刻發出一片悲痛的叫聲和抗議聲，鐵匠巴澤爾大聲叫起來：「打倒英國暴君！」

在一片叫鬧聲中，祭壇後面的門打開了。腓力遜神父走了出來，他一步步走下神壇，做了個手勢讓英軍指揮官安靜下來，然後又讓村民們也慢慢安靜下來。他說：「即使是我們的敵人，我們也應說：哦，主啊，寬恕他們吧！」接著神父平靜地指揮大家晚禱。在那個可怕的夜裡，人們的祈禱表現出前所未有的虔誠。

男人們被關進教堂裡整整四天，婦女們待在家裡焦慮地等待著。到第五天，婦女和孩子們排著長長的隊伍，載著生活用品的四輪馬車被趕到海灘邊集合。隨後，教堂的門被打開了，英國士兵押送著蒼白憂傷的阿卡迪

亞百姓到了港口。伊凡吉琳四處尋找她的親人們，輕聲為她的愛人打氣；當看到父親沮喪的臉一下子老了很多，只有盡心安慰父親了。

上船時發生了混亂：船隻在岸邊排成一列，登船的時候，夫妻被分開，母子被分離。到了晚上，還有一大半人沒上船。巴澤爾和加布里埃爾已經上了船，而伊凡吉琳與她的父親還沒有上船，他們留在岸上，心裡充滿了絕望。

海灘上燃起了火把，腓力遜神父在人群裡走來走去，安慰可憐的無家可歸的人們。當神父來到伊凡吉琳和他父親身邊時，他們背後的天空一片通紅，家鄉火光沖天，他們的房子給英軍燒了。大家流著淚凝視著自己的家園被毀，都傷心得不能自已。班尼迪克特老人一直沒吭聲，等大家轉過身來，發現他突然倒地死了。伊凡吉琳在世界上已是孤身一人，她與心愛的人分離了，現在又失去了父親，她傷心至極。第二天，人們把班尼迪克特草草地安葬在海灘，剩下的流放者被送上船隻，開往遙遠的放逐地。

好多年過去了，伊凡吉琳在這期間一直忍受著親人分離和家鄉被燒毀的痛苦。她不時在新的城鎮和鄉間奔走，尋找她心愛的人，但一無所獲。有人勸她接受公證人兒子的求愛，但她悲傷地說：「我不能啊，我的心已經給了加布里埃爾。」

她困難時，總能得到腓力遜神父的幫助和鼓勵。她去過數不盡的地方打聽加布里埃爾的消息，最終打聽到加布里埃爾和他的鐵匠父親成了很有名的獵人。獵人四處打獵，伊凡吉琳無法跟蹤到加布里埃爾。

但她依舊四處尋找。五月的一天，她與一群阿卡迪亞的流放者沿著寬廣的密西西比河而下，尋找自己的親人。聽人說有阿卡迪亞的人在一個土地肥沃的地區開墾農場。伊凡吉琳他們白天沿河而下，晚上便在岸邊紮營，睡在點燃的篝火邊。一天晚上，伊凡吉琳彷彿感到有獵人划著船經過，她感到加布里埃爾就在獵人中，可自己的船停在一片從遠處看像是灌

木叢的柳林下的河邊，獵人們根本發現不了自己。當獵人們的槳聲遠去時，伊凡吉琳猛地醒了過來，她叫醒腓力遜神父，說：「神父啊，我覺得加布里埃爾就在我的附近。」

神父說：「往南不遠的地方，有一個叫聖莫羅的城鎮，那裡住著我們的族人，那地方很美，人稱它為路易斯安那天堂，哦，新娘到那裡去找新浪吧。」

伊凡吉琳一行人滿懷希望繼續前進，終於看到一個坐落在河邊的美麗花園，花園裡有一個牧人的屋子。牧人騎在馬背上，看著牛羊在草地上吃草。忽然，他看到一個美麗的女孩和神父向他走來，驚喜地大叫，立刻從馬背上跳下來，奔向他們。神父和少女也看清，他就是鐵匠巴澤爾！他們是多麼快樂和驚喜，真有說不盡的話語，表不盡的思念啊！慢慢的，伊凡吉琳沉默了，她在想加布里埃爾為什麼沒有出現！

鐵匠說：「你們從湖那邊來，沒碰上我的兒子嗎？」「走了？加布里埃爾走了？」伊凡吉琳難掩失望的淚水，咕噥道。誠實的巴澤爾說：「別不開心，我的孩子。他也是今天剛走的。他很憂鬱，一直想念妳，實在受不了，就到印第安人那裡去，排遣一下情緒。明天一早，我就跟妳去追他，相信我們能趕上他的。」

這時響起一陣喧鬧，流放後就一直與巴澤爾住在一起的邁克爾領著其他的流放者高興地走過來，他們隨著歡樂的音樂慶祝重逢。巴澤爾請所有人喝酒，他們都驚訝於鐵匠的富有。飯桌上，巴澤爾向其他人講述了這個美麗的國度和肥沃的土壤，並詢問他們是否願意在此定居，重建阿卡迪亞部落。第二天，巴澤爾遵守諾言，和伊凡吉琳一起去找加布里埃爾。他們走了一天又一天，穿過山谷，越過原野，可是沒有追上。在西班牙小鎮的一個小旅館裡，他們得知加布里埃爾前一天剛路過，於是，他們立刻騎馬向草原的方向追蹤而去。

為了找到加布里埃爾，他們還僱了幾個印第安人做嚮導。一天晚上，他們坐在篝火邊，一個滿臉悲傷的印第安婦女走過來。她來自圍獵地，她的丈夫被敵人殺死了。白人們很同情她，拿了些實物給她，還給她安排了休息的地方。晚飯後，伊凡吉琳跟印第安婦女坐在一起，說起了加布里埃爾的事和自己的不幸遭遇。

在第二天，他們重新開始行進，這時，印第安婦女說：「有一個穿黑色長袍的人住在善的西面，他是個大教士，來向人們傳達上帝的旨意，或許他能幫上妳的忙。」伊凡吉琳說：「讓我們去找大教士吧，那肯定有好消息在等我們。」

於是他們騎馬朝那個方向飛奔而去。到太陽落山的時候，他們到達了河邊的一個大草原。那裡有一個傳教士跪著在祈禱，還有很多人跟在後面。伊凡吉琳也虔誠地加入到祈禱的人群中。祈禱結束後，傳教士過來歡迎祈禱的人們，還向他們分發了小麥、蛋糕和泉水。伊凡吉琳向傳教士說了自己的事，傳教士說：「六天前，加布里埃爾就坐在我旁邊，他跟我講述了你現在跟我說的一樣的悲慘故事，後來他離開北上了。到了秋天，等他狩獵結束後，他會回到這裡的。」

伊凡吉琳懇求說：「讓我留在這裡吧！我的靈魂悲傷而痛苦。」大家也支持她留下來。於是，到了第二天，巴澤爾回去了，伊凡吉琳留了下來。

日子過得很慢，伊凡吉琳與大家一起生活工作。一直到秋天，加布里埃爾還沒有回來。伊凡吉琳又等到第二個夏天，這時有人說，加布里埃爾紮營在很遠的一個森林裡。於是，伊凡吉琳與她的朋友們告別了，但當她到達那個森林時，那裡只剩一片荒涼廢墟的景象。於是，她又開始了新的旅程，走過一個個村莊，一個個小鎮。她在傳教士那逗留些日子，還去過戰場的帳篷照料傷病員。時間一年年地過去，她的美貌消失了，黑頭髮中

長出了白髮。她出發尋找加布里埃爾的時候還那麼年輕，而現在，美貌和青春在失望中一起消逝。

最後，可憐的伊凡吉琳對輾轉於不同的陌生城鎮感到疲憊不堪，她決定在傳教士佩恩的小城裡住下來；這個城鎮有很多阿卡迪亞人，能給她一種家的感覺。她在那裡居住多年，就像一位仁慈的天使，為窮苦的人們帶來希望和安慰。一場瘟疫襲擊了城市，數千人死於疾病。窮人們紛紛逃往救濟院，伊凡吉琳日以繼夜地照料者他們。

一個安息日的早上，伊凡吉琳路過一個荒蕪的街道，走進救濟院裡。在路上，她採了一些花，花是給那些病人的，花很香，很好聞。當她踏上門口的臺階時，教堂的鐘聲響了，從遙遠的地方傳來了聖歌，使她的靈魂得到了安寧。她心中說道：「磨難終於要結束了。」

突然，當她走過病房時，一張小床上躺著一個白髮老人，發出痛苦的呻吟。她定眼一看，呀，他就是她追尋了一輩子的愛人──加布里埃爾！她跪在他的床邊，淚流滿面。垂死的老加布里埃爾睜開他的眼，試圖呼喚伊凡吉琳的名字，可他已經沒有力氣了。他看了伊凡吉琳最後一眼，安詳地死去了。

伊凡吉琳痛苦的追尋結束了。在她的生活中既有痛苦也有甜蜜。從此，她全心全意地幫助老人們，一直到她死去為止。現在，在那個遙遠的小城的天主教堂墓地裡，長眠著這兩個相愛一輩子的戀人。

金色的傳說

故事說，魔鬼撒旦以前也是個天使，由於他傲慢犯了大錯，被上帝逐出了天堂，成了魔鬼。他把所有的魔鬼精靈召集在自己的旗下，做了他們的首領。他的願望就是去傷害人類，讓他們心中充滿邪惡的想法，去做壞事，這讓天使為之傷心擔憂。魔鬼撒旦覺得這樣才是對上帝最大的報復。

他曾想毀壞史特拉斯堡大教堂的尖頂，試過幾次，都被日夜守護的天神門打敗。嘗試失敗之後，他又開始算計萊茵城堡的亨利王子。雖然他是王子，但他並不幸福，因為他染上了一種致命的疾病，沒有大夫能夠醫治好他。

到了午夜，王子還沒有休息，他坐在城堡的塔樓中。突然，天上出現了一道閃電，撒旦變成了一個醫師站在王子面前，他說：「你好，亨利王子。」

王子問：「你是誰，來這裡幹什麼？」

狡猾的撒旦答道：「我是一個遊醫，我能治療百病。」

王子悲哀地說：「但你治不好我的病。我已看過很多有名的醫生了，他們都沒辦法。甚至薩勒諾的名醫都回答我治療這個病只有一個辦法，可是這個辦法根本做不到。」

撒旦問：「什麼神奇的辦法？」

王子遞給撒旦一束紙捲，打開一看，上面寫著：「無藥可救。唯一的處方是少女的血，可這個少女必須是自願用她的生命來換王子的命！」

偽裝的醫生說：「這真是一個奇怪的藥方，可是辦不到！我這裡有一瓶神藥，可以治療百病，您不妨試一下。」

王子猶豫了一下，最後還是從撒旦手裡接過藥水，一飲而盡。剛喝完藥水，王子立刻昏倒在地上。撒旦「咯咯」地狂笑著，一會便離去了。

王子喝下去的是撒旦施過魔法的藥水，它只會加重王子的病情。第二天早上，侍從們在塔樓的地板上找到王子，他看上去臉色灰白，氣色極差。

王子開始有點恢復氣色時，他遇到了更多的麻煩。牧師召他到教堂去；原來他患上了麻風病，要遭驅逐，還被宣告了死亡。

　　王子披上一件麻布斗篷被趕出教堂大門，永遠地流放。他獨自一人流浪，四處漂泊。有一天，他到達歐登塞，那裡有一個農場。農場主人是富有的農民哥特里伯，他和妻子耳舒拉夫人及美麗的女兒埃爾希住在這裡，埃爾希今年十五歲了，他們看到王子，對他非常同情，邀請他在這裡住下。王子有了棲身之處很高興，他一住就是幾個月。可是每過一天，他就覺得身體衰弱一些，他的病惡化得很快，他感到自己離死期不遠了。

　　在這些絕望虛弱的日子裡，王子每天看書來打發時光，有時也呆呆地望著埃爾希在花園裡採花。王子給埃爾希講故事，埃爾希將採摘來的花朵送給王子，這使王子暫時忘了病痛。

　　埃爾希慢慢地愛上了王子，他願為王子付出一切，只要王子能夠得救。她產生了這樣的念頭，要為王子付出自己的生命，來實施薩勒諾醫生的藥方。

　　她把自己的決定告訴了父母，她的父母痛苦地流淚，極力勸說她，但那全是徒勞。

　　埃爾希又把這個想法跟王子說了，請求他同意她這麼做，她說：「你是王子，你要是恢復了健康，可以為自己王國的子民造福。而我，只不過一個農家女子，和你相比，你的生命更重要。」

　　亨利王子內心天人交戰得很厲害，他拿不定主意，就去教堂尋求牧師的幫助。王子去晚了，牧師已經在傍晚出去看望病人。撒旦乘機溜進教堂，變成牧師坐在懺悔室裡。王子來到牧師面前，乞求牧師告訴他，在上帝眼中是應該接受女孩用生命換取自己的生命，還是獨自一人承受痛苦，摒棄罪惡的想法。

　　撒旦偽裝的牧師勸說王子，這件事是正確可行且必要的，已經得到了上帝的允許。

　　王子沒有留意到天使輕聲告訴他這麼做是錯的，他回到莊園後，宣布同意接受神賜的禮物 —— 埃爾希的生命。

　　埃爾希只有一個要求，在他們去薩勒諾的途中，王子不能企圖用語言或行動來勸說她改變初衷。埃爾希對死亡無所畏懼，她向悲痛的雙親告別，與王子一起向薩勒諾出發。

　　他們到達史特拉斯堡正趕上復活節，王子和埃爾希一起再教堂裡看神跡。之後，他們又到達了海爾斯卡奇，亨利王子在修道院裡休息，埃爾希在離他不遠的一個女修道院裡由院長嬤嬤照看。

　　撒旦一直密切注意這亨利王子的動向，他不想讓他逃脫自己的手掌。他偽裝成一個修士與真正的修道士混在一起，並在他們之間挑撥離間。原本平靜的修道院氣氛非常緊張，出現了衝突的現象。

　　晚禱後，修士們都回自己房裡去了，可還有一個修士在慢慢地走著，他瞎了眼，由一個唱詩班的孩子帶路。當他走近時，亨利王子吃了一驚，說道：「這是真的嗎？你不是萊茵城堡的亨格伯爵嗎？我以前的死敵？」

　　老修士走近些的時候聽出了亨利王子的聲音，悲傷地回答：「亨格伯爵是我以前的名字，現在亨格伯爵已經不在了。我的驕傲和剛愎自用使我落到了這個地步。我被朋友拋棄，被敵人擊敗，瞎了眼孤單一人，我聽到主在對我呼喊：『跪下祈禱吧。』現在，我已是一個神的子民，我不停地位我昔日的罪過懺悔。聽你的聲音，應該是亨利王子吧，你是憎恨我的人。如果願意，你可以斥罵我，我會默默忍受的。」

　　王子同情地說：「我們都有錯，這是上帝對我們的考驗，我們彼此原諒對方吧。」

　　兩位昔日的仇敵一起跪下，謙恭地祈禱，魔鬼撒旦想從中作怪，但兩人的心是那樣真誠，撒旦毫無辦法，只能走開了。

與此同時，埃爾希正坐在月光下，聽院長嬤嬤講述自己傷心故事。

院長嬤嬤說：「很多年以前，我還是一個剛從女修道會學校畢業的快樂少女，回到我父親的城堡裡，我父親有一位最好最高貴的騎士詩人，名叫華特。他的聲音非常好聽，歌聲也非常動人。我們相愛了。可是另外有一個外國的王子想要娶我，我那嚴厲的父親要我嫁給他，忘記騎士，我說，除了華特，我拒絕嫁給任何人。父親對我說；『你要麼遵從我，要麼就一生做修女，不再嫁人。』那天晚上，我與親愛的華特祕密地偷跑出城堡，我們騎著馬快速穿越森林，可不久我們就被發現了，並被追了回去。當時過於悲傷，許多事都記不得了，我生了一場大病，病後，就被送到了這裡。修道院的大門在我背後關上了，好像牢獄的大門一樣。那是很多年以前的事了，現在我很滿足，我找到了寧靜的生活。」

嬤嬤又對埃爾希說：「我跟你說這個故事，是因為我對你有一種奇怪的感覺，在你年輕的生命裡，有困惑和痛苦。現在我的人生道路明朗了，你也會同樣如此。」

第二天，埃爾希與王子告別了修道院，一起騎馬穿過德國和瑞士。在離開瑞士的琉森後，他們請了一個忠實的嚮導，並由嚮導帶領通過了危險陡峭的山區。在路上，他們經過一個單孔拱橋，橋下是無底深淵。

嚮導向他們講述了單孔橋的故事。

很多年前，人們無法在這建橋通路。因為，人們在白天剛建好橋，晚上就被魔鬼毀了。後來，有一個受人尊敬的神父準備建這個單孔橋，他與魔鬼談了個交易：如果橋造好，第一個通過橋的生物必須屈服於魔鬼的控制。橋造好後，神父站在橋的一端，向橋的另一端猛地丟過去一塊麵包。他身邊的一隻餓狗見了，立即追隨者跑到了橋的另一端，牠成了過橋的第一個生物。岩石發出回聲，大笑魔鬼被擊敗了。

此時，魔鬼撒旦就站在橋下聽嚮導講故事，他冷笑道；「被擊敗了！我讓那橋站立在那裡，是為了實施其他罪惡！」

亨利王子不知道撒旦一直跟著他們，他們安全地通過義大利，在熱那亞上了船，然後到達了以醫道和學術聞名的薩勒諾。

到了薩勒諾，王子就打聽安吉洛修士，撒旦換了偽裝說：「我就是。」

王子說：「那你就該知道我為何而來了。我是亨利王子，這就是我信中提到的少女。」

偽裝的撒旦說：「這是件嚴肅的事情，我們不能過於草率。女孩子是不是同意呢，是自願的嗎？」

王子說：「任何懇求都改變不了她的意志。」

撒旦轉過頭問埃爾希：「我懷疑妳的想法，妳好好想過沒有？」

埃爾希說：「我來這裡不是為了爭辯，而是準備獻出自己的生命，您不必再問了，請您殺了我吧！我已經準備好了。」

埃爾希與王子和傷心的隨從告別，跟著撒旦來到一間陰暗的屋子裡。王子跟在後面，撒旦把他推了出來，然後鎖上了門。

突然，王子的良心復蘇了，他感到用這種方式來重新獲取自己的健康和力量是多麼卑鄙！他情願死，也不願埃爾希為他而死。這一路上是埃爾希陪伴自己，她是多麼值得珍惜啊！

於是，他叫人幫忙，用力撞開門，解救了埃爾希。

幾個星期後，埃爾希的母親耳舒拉夫人正在小屋裡紡紗，悲傷地想著埃爾希過早的離去。一個林務官來到農舍前找到哥特里伯。

夫人說：「我是他的妻子。」

林務官說：「我有好消息帶給您，王子的身體康復了。」

夫人哭了：「那麼我的埃爾希呢？可憐的孩子，她是不是已經死了呢？」

林務官說：「不，您的女兒不再是個農家少女了。」

「請不要這樣說，我已經很痛苦了，實話告訴我吧，她到底怎樣了？」她懇求道。

林務官說：「我不是說，帶來的是好消息嗎？您的女兒沒有死！亨利王子良心恢復後，少女的生命得救了。後來，奇蹟出現在王子身上，王子的病不治而癒。」

耳舒拉夫人驚呆了！

林務官繼續說：「現在您的女兒叫艾麗西婭夫人了。王子在薩勒諾已發誓要娶埃爾希，現在，王子和他的新娘正在回家的路上呢！他們乘坐掛著國旗的豪華遊艇，在萊茵河上航行，岸上的人們都向他歡迎呢！」

耳舒拉夫人真不敢相信自己的耳朵，她清醒過來後，欣喜若狂，立即把這個好消息告訴她的丈夫。林務官平靜地坐下來，與他們一同吃了晚餐。

王子和埃爾希真的結了婚，他們以後的生活非常幸福，因為他們的婚姻經過了痛苦的磨難和考驗，能夠克服這一切磨難的愛必將永恆。

海華沙之歌

很久以前，有一個負心漢娶了一個印第安少女，不久又殘忍地把她拋棄了。她傷心而死，留下了一個男嬰，名叫海華沙。海華沙跟著老祖母諾克密司過日子。

海華沙居住在森林深處，大自然是他的啟蒙老師。他從鳥那裡學到許多知識，看著牠們在夏天怎樣築巢，冬天怎樣藏身。海華沙能叫出樹林裡

各種動物的名字，他懂得牠們的語言，知道牠們的生活習性和祕密。

海華沙是部落裡最有本領的人，部落裡的智者教了他所有的知識。他長大後，從老祖母那裡知道了母親的悲慘遭遇，十分憤怒，決心向他父親——穆德傑基維斯討回公道。他不顧老祖母的勸阻，踏上了復仇之路。他穿著魔法鹿皮靴，這靴子能使他跨一步就走過一英里。海華沙向西出發，很快就到了穆德傑基維斯的王國。

穆德傑基維斯統治者天下所有的風，他熱情地歡迎英俊的年輕人，可是海華沙的胸膛裡燃燒著怒火，他用魔法手套將巨石捏得粉碎，然後向穆德傑基維斯扔過去。穆德傑基維斯與他之間的激烈戰鬥持續了三天三夜。後來，穆德傑基維斯對海華沙叫道：「住手，我的兒子，你不可能殺死我，我是永生不死的，我剛才只是試試你的勇猛；還是回到你朋友那去吧，和他們一起生活勞作，解放那些受妖魔折磨的土地；當你瀕死之際，你可分享我的王國，做西北風之主。」

海華沙知道鬥不過父親，不得不平息了怒火，踏上歸途。途中他轉變了方向，來到了一個印第安部落，買了一些利箭。可是你不覺得這些利箭也同樣可以在家鄉買到嗎？他是來看製箭人的女兒米娜哈哈的，她長得十分美麗，讓海華沙動了心。

海華沙回家後跟祖母諾克密司說了他與父親的戰鬥情況，卻沒有講起製箭人女兒的事情。

海華沙有兩個好朋友：一個是唱歌能手奇比亞博斯，他的嗓音甜美，甚至美過鳥的鳴啼和流水的潺潺之音。聽了他的鋼琴演奏，所有人的心都變得溫柔無比。另一個是大力士卡辛德。那個冬天，他什麼事也不幫母親做，母親對他嘮叨說：「卡辛德，看你什麼事也不幫我做。漁網掛在門口正滴水，去把它們擰乾。」卡辛德慢慢站起來，按母親說的去扭絞漁網，可令他母親沮喪的是，漁網在他手裡一絞，就像稻草一樣粉碎了。有時，

卡辛德靠自己的大力氣也能做些好事，比如，海華沙製作了一條獨木舟，卡辛德幫他清理河床，以確保通道的安全。

不久，海華沙立刻划著獨木舟去抓魚中之王：鱘魚那哈馬。那條巨魚躺在河床潔白的沙礫上。海華沙手裡抓著繩索坐在舟裡叫道：「喂，那哈馬，來吃餌，快上鉤，來看看誰厲害！」

那哈馬對吵鬧喧嘩非常厭煩，於是對梭魚說：「去把那個魚餌吃掉，把那個魯莽傢伙的線拉斷。」

梭魚於是游過去吃魚餌，拖著那根線，差點把獨木舟拉翻。可是，海華沙更有力量，他把梭魚拉出了水面，嘲弄道：「你只是梭魚嘛，可不是魚王。」

梭魚難為情地潛回水底。

於是，鱘魚又叫了太陽魚，太陽魚把海華沙的線竿拉斷了，可是海華沙還是用力把牠拉出了水面，又把牠放了，他叫道：「你不是魚王，不是我要找的。」

鱘魚那哈馬發怒了，牠張開血盆大口，一口把獨木舟和海華沙都吞進了肚子。海華沙眼前一片漆黑，他四處搜索，發現了魚王的心臟，於是用力撞擊敲打，把鱘魚殺死了。

海華沙急於從黑暗的監牢中脫身，他等到那哈馬隨浪漂流到海灘上後，大聲招呼自己的朋友海鷗，海鷗用利爪將那哈馬的體側撕開了一條裂縫，讓海華沙出來。

老祖母諾克密司為孫子感到十分驕傲，於是交給他一項困難的任務。祖母對海華沙說：「在西面的島上住著一個大魔法師，叫珍珠羽，他殺死了我的父親；乘著你的獨木舟，在船壁塗上魚王身上的魚油，這樣，你就能順利地通過黑瀝青大海，去為我的父親報仇。」

海華沙遵從祖母的吩咐，在船四壁塗上魚油。黑瀝青海被一群火紅的蛇保衛著，海華沙殺死了牠們。不久，他就到達了他尋找的地方。他向珍珠羽的住所射了一箭向他挑戰。

高挑的魔法師出來了，他穿著貝殼念珠魔衣，他們展開了一場罕見的激戰。海華沙的利箭射不穿魔法師的貝殼念珠魔衣，太陽下山時，海華沙負傷疲憊，他手裡抓著僅剩的三隻利箭在松樹下休息。

正當海華沙對勝利感到希望渺茫時，一隻啄木鳥站在枝頭對他說：「把你的箭對著他長髮的根部射去，只有那才是他的致命處。」

多虧海華沙懂得鳥語！

他們再次決戰，當珍珠羽彎腰揀起地上的巨石時，海華沙拉開弓，一箭射了過去，一直穿過珍珠羽的王冠，第二箭和第三箭射得更深，珍珠羽立刻倒下死了。海華沙剝下他的貝殼念珠魔衣，拿走他棚裡的皮毛銀箭。我們的英雄駕舟回到了家裡，並將戰利品與人分享。

海華沙是個大男人了，他一直想念米娜哈哈，他把這事告訴了祖母，說：「米娜哈哈是多克他島最漂亮的女子，我想向她求婚。我們的結合還可以修復我們兩大部落的不和。」

祖母諾克密司雖然反對娶異鄉人，但最終說不過善辯的孫子，海華沙迫不及待地出發去向米娜哈哈求親。他走了很長時間，終於到了製箭人的家。

製箭人正在家門口製箭，米娜哈哈在他身旁用燈芯草做墊子。聽到林子裡的瑟瑟聲，他們抬頭來看，只見海華沙背著一頭剛打到的鹿站在他們面前，這頭鹿是送給他們的禮物。老人和女孩站起來向他致意歡迎。

米娜哈哈準備飯菜，他們一起吃飯。海華沙說起自己的童年，說起自己的朋友們和家鄉一些有趣的事。講到後來，海華沙說：「過去，部落之

間衝突不斷，這些年才安定下來。為了我們永久和平，讓我們的心結合在一起，我請求您將女兒許配給我做妻子。」

老人莊重地說：「如果米娜哈哈同意的話，我不反對。米娜哈哈，憑妳的心說吧！」

少女站了起來，她走到海華沙的身邊，輕輕說：「我願意跟隨你，做你的妻子。」

海華沙帶著米娜哈哈一起快活地回家了。

當海華沙帶著他漂亮的妻子回家時，諾克密司請來了很多客人，準備了婚宴。客人中有一位英俊卻淘氣的年輕人，叫做保帕基維斯，他精通所有的運動娛樂項目。為了取悅客人們，他從座位上起身，符合笛子和鼓的音樂，跳起舞來。奇比亞博斯唱起了甜蜜的情歌，這時，愛吹牛的伊阿古十分眼紅音樂家們得到的讚美和掌聲，他講了一個精彩的故事。

米娜哈哈勤勞又賢慧，老祖母感到對這位遠方來的新娘的抱怨是不公正的，海華沙越來越喜歡他心愛的妻子。

有一天傍晚，米娜哈哈在地裡種上了玉米，在玉米周圍畫了一個魔圈，這樣一來，莊家就不會受到疾病和昆蟲的侵蝕。玉米地旁的樹枝上站著烏鴉國王和牠的一群小鳥。烏鴉國王高興地說：「海華沙忘了我們會惡作劇！」

第二天早上，這些黑衣小偷便飛落到玉米地裡，用爪子扒開泥土，用嘴刁食玉米種子。機敏的海華沙在夜晚就聽到了烏鴉們的談話，他在地裡布置了陷阱。結果烏鴉的嘴和爪子都被套子卡住；海華沙從他藏身的地方走出了抓住牠們，毫不留情地將牠們都殺死了。海華沙只留下了烏鴉國王不殺，把牠綁在自己棚屋的頂上，以警告其他壞鳥。

正巧那天喜歡惡作劇的保帕基維斯路過村莊。他看到海華沙的棚屋頂

上有隻烏鴉，就跑到屋頂上把牠抓住，扭斷了牠的脖子，他還把棚屋裡的東西丟得亂七八糟，以此來羞辱細心的諾克密司和美麗的米娜哈哈。他對自己的惡作劇非常滿意，接著他又去海邊，殺死飛過身邊的海鷗來取樂。

海華沙回來發現了這一切，非常憤怒。「我得殺死這個惡作劇的傢伙，」他說，「不管他逃到哪裡。」他和幾個朋友一起出發追捕保帕基維斯，可是他早已逃之夭夭。保帕基維斯後來跑到森林裡，看到一條小溪邊上有一些海狸在建一條水壩。

「讓我變成一隻海狸吧。讓我變得比你大些，這樣我就可做你們的統治者了。」保帕基維斯懇求海狸說。

「好吧，」一隻海狸說，「你待在水裡，我們將你變成比我們大幾倍的海狸。」

於是保帕基維斯跳入水中。

海狸聽到海華沙和獵人們追來了，嚇得紛紛逃走，只留下保帕基維斯還在水裡。海華沙一眼就認出了他，把他殺死了。六個獵人把海狸的屍體搬運回家，但保帕基維斯的靈魂沒有消亡，化成人形逃脫了，消失在森林裡。只有機警的海華沙發現保帕基維斯逃走了，於是繼續追蹤。

保帕基維斯逃到湖邊，懇求黑雁將他變化，也是他變成了一隻巨大的黑雁，比其他黑雁要大十倍。黑雁拍動翅膀，飛上天空，向北而去。「注意不要向下看，不然會有災禍的。」一隻黑雁對他說。保帕基維斯記住了。不過，到了第二天，當他們繼續飛行時，保帕基維斯聽到下面村莊裡有叫喊聲，聽聲音是海華沙和伊阿古的，他一時忘了警告，向下看去，突然風裏住了翅膀，將他吹到地面。他在半空試圖平衡一下，可是沒用，他重重地摔在地面上。可他的靈魂還在，他再一次逃脫了海華沙的追蹤。

　　這回，海華沙更加小心地追蹤保帕基維斯，差一點就要抓到了。保帕基維斯將自己變成一條大毒蛇躲在一棵樹上。當海華沙搜索到樹邊的時候，保帕基維斯有變成人形逃走了。他一直逃到湖邊變成一塊大石頭，山神將他保護了起來。海華沙到了湖邊，大喊道：「讓開，我是海華沙！」可是山神根本不理他。於是海華沙伸手到天上召來雷鳴和閃電幫助自己。雷和閃電擁有比人類更強大的力量，它們不斷地擊打巨石，打得巨石粉身碎骨，保帕基維斯終於現出人形死了。

　　這是海華沙最後的勝利，接下來海華沙體會到了悲痛，他的兩個朋友奇比亞博斯和卡辛德死了。這件事一直壓在他心頭，而最痛苦的是，漫長的冬季裡，到處流行著瘟疫和饑荒，瘟疫奪走了海華沙最心愛的人，他年輕妻子的生命。

　　米娜哈哈穿著最漂亮的衣服，被埋在厚厚的雪下。晚上，海華沙看到她墓前燃燒著的火堆，心情不在沉重，他感到他們的分離不會太久。很開他也將離開這片土地，升入天堂。在那裡，他妻子的靈魂正在等待他。

六、朗費羅作品表

1830 年　　《法語語法要素》（*Elements of French Grammar*）

1831 年　　《法語的起源及其發展》（*Origin and Progress of the French Language*）

1832 年　　《為詩歌辯護》（*Defence of Poetry*）

　　　　　《義大利語及方言的歷史》（*History of the Italian Language and Dialects*）

　　　　　《西班牙禱告及道德詩歌》（*Spanish Devotional and Moral Poetry*）

1833 年　　《西班牙語言及文學》（*Spanish Language and Literature*）

　　　　　《古代英語傳奇故事》（*Old English Romances*）

1835 年　　《海外領地》（*Outre-Mer: a Pilgrimage beyond the Sea*）

1837 年　　《大都會》（*The Great Metropolis*）

1838 年　　《盎格魯撒克遜文學》（*Anglo-Saxon Literature*）

1839 年　　《海柏利昂（兩卷本）》（*Hyperion: a Romance. 2 vols.*）

　　　　　《夜籟》（*Voices of the Night*）

1840 年　　《論英格蘭的法語》（*The French Language in England*）

1841 年　　《歌謠及其他》（*Ballads and other Poems*）

1842 年　　《奴役篇》（*Poems on Slavery*）

1843 年　　《西班牙學生》（*The Spanish Student: A Play in Three Acts*）

1845 年　　《流浪兒》（*The Waif: a Collection of Poems*）

　　　　　《歐洲的詩人與詩歌》（*The Poets and Poetry of Europe*）

1846 年　　《布呂赫鐘樓及其他》（*The Belfry of Bruges, and other Po-*

ems）

《迷失的人》（*The Estray: a Collection of Poems*）

1847 年　　　　《伊凡吉琳》（*Evangeline: a Tale of Acadie*）

1849 年　　　　《卡瓦納》（*Kavanagh: a Tale*）

1850 年　　　　《海邊與爐邊》（*The Seaside and the Fireside*）

1851 年　　　　《金色的傳說》（*The Golden Legend*）

1855 年　　　　《海華沙之歌》（*The Song of Hiawatha*）

1858 年　　　　《邁爾斯‧斯坦迪什求婚記》（*The Courtship of Miles Standish*）

1863 年　　　　《路邊旅館故事集》（*Tales of a Wayside Inn*）

1867 年　　　　《鳶尾集》（*Flower-de-Luce*）

1868 年　　　　《新英格蘭悲劇》（*The New England Tragedies*）

1867-1870 年　譯著《但丁的神曲》（*Dante's Divine Comedy*）

1871 年　　　　《神性的悲劇》（*The Divine Tragedy*）

1872 年　　　　《基督》（*Christus: a Mystery*）

《三部歌謠》（*Three Books of Song*）

1874 年　　　　《再生草》（*Aftermath*）

1875 年　　　　《潘朵拉的化裝舞會以及其他》（*The Masque of Pandora, and other Poems*）

1876-1879 年　編輯《各地之詩（三十一卷）》（*Poems of Places，31 vols*）

1878 年　　　　《克拉莫斯及其他》（*Ke'ramos, and other Poems*）

1880 年　　　　《天涯島》（*Ultima Thule*）

1882 年　　　　《泊港集》（*In the Harbor*）

1883 年　　　　《米開朗基羅》（*Michael Angelo*）

1886 年 ⋯⋯⋯⋯⋯ 《朗費羅詩歌、散文全集（十一卷）》（*A Complete Edition of Mr. Longfellow's Poetical and Prose Works, in 11 volumes, with introductions and notes*）

東方英語詩的開創者朗費羅：

一首〈人生頌〉將西洋詩引入大清，以文學展現靈魂，美國最偉大的浪漫主義詩人

作　　　者：[美] 湯瑪斯·溫特沃斯·希金森
　　　　　　（Thomas Wentworth Higginson）

翻　　　譯：孔謐

發 行 人：黃振庭

出 版 者：崧燁文化事業有限公司

發 行 者：崧燁文化事業有限公司

E - m a i l：sonbookservice@gmail.com

粉 絲 頁：https://www.facebook.com/
　　　　　　sonbookss/

網　　　址：https://sonbook.net/

地　　　址：台北市中正區重慶南路一段六十一號八
　　　　　　樓 815 室

Rm. 815, 8F., No.61, Sec. 1, Chongqing S. Rd.,
Zhongzheng Dist., Taipei City 100, Taiwan

電　　　話：(02)2370-3310

傳　　　真：(02)2388-1990

印　　　刷：京峯彩色印刷有限公司（京峰數位）

律師顧問：廣華律師事務所 張珮琦律師

-版權聲明

定　　　價：420 元

發行日期：2023 年 03 月第一版

◎本書以 POD 印製

國家圖書館出版品預行編目資料

東方英語詩的開創者朗費羅：一首
〈人生頌〉將西洋詩引入大清，以
文學展現靈魂，美國最偉大的浪
漫主義詩人 / [美] 湯瑪斯·溫特沃
斯·希金森 (Thomas Wentworth
Higginson) 著，孔謐譯. -- 第一版.
-- 臺北市：崧燁文化事業有限公司，
2023.03
面；　公分
POD 版
譯 自：Henry Wadsworth
Longfellow.
ISBN 978-626-357-147-1(平裝)
1.CST: 朗 費 羅 (Longfellow,
Henry Wadsworth) 2.CST: 傳 記
3.CST: 美國
785.28　112000854

電子書購買

臉書